Eva Gruberová, Helmut Zeller

CITY|TRIP PRAG

Nicht verpassen!

Karte S. 3

2 Gemeindehaus [J6]
Das schönste Jugendstilgebäude der Stadt ist ein Kunstwerk und es hat Symbolkraft: In dem Haus wurde 1918 die Geburt der Ersten Tschechoslowakischen Republik gefeiert (s. S. 22).

4 Altstädter Ring [H6]
Mittelalterlich anmutende Häuserfassaden, Märkte, Fiaker, Musikanten und Straßencafés – das Herz der Stadt schlägt im Takt der über 500 Jahre alten Astronomischen Uhr am Rathausturm (s. S. 24).

13 Bethlehemskapelle [H7]
Hier hat der Kirchenreformator und Märtyrer Jan Hus vor 600 Jahren seine Protestpredigten gehalten – auf Tschechisch, versteht sich. Sein rebellischer Geist lebt noch heute in den Pragern fort (s. S. 32).

16 Karlsbrücke [G6]
Die berühmteste Brücke Prags vibriert unter den Schritten Tausender von Touristen, aber das 650 Jahre alte Bauwerk ist stabil: Die Baumeister haben einst unzählige Eier als Bindemittel in den Mörtel gemischt (s. S. 34).

19 Alter Jüdischer Friedhof [H6]
Unter schattigen Baumkronen drängen sich 12.000 verwitterte und teilweise abgesunkene Grabsteine aneinander und zeugen von der großen Vergangenheit der Prager jüdischen Gemeinde (s. S. 38).

25 Wenzelsplatz [I8]
Das Bild ging um die Welt: Tausende Prager stellten sich im August 1968 sowjetischen Panzern in den Weg. Die Flaniermeile war Schauplatz wichtiger politischer Umwälzungen (s. S. 42).

38 Kirche des hl. Nikolaus auf der Kleinseite [E6]
Ein barockes Meisterwerk: Ihre mächtige Kuppel zählt zu den Wahrzeichen Prags, das prunkvolle Deckenfresko über dem Hauptschiff ist mit fast 1500 m² eines der größten in Europa (s. S. 52).

42 Prager Burg [E5]
Die Prager Burg erzählt von 1000 Jahren Kampf der Tschechen um nationale Selbstbestimmung – und ist Baukunstwerk von europäischer Bedeutung (s. S. 56).

53 Vyšehrad [H12]
Ein Ort des Gedenkens: Neben der sagenumwobenen Burgruine der Fürstin Libuše auf dem Moldaufelsen ruhen große Tschechen wie Antonín Dvořák oder Alfons Mucha auf dem Ehrenfriedhof (s. S. 68).

Leichte Orientierung mit dem cleveren Nummernsystem

Die Sehenswürdigkeiten sind im Text und im Kartenmaterial mit derselben **magentafarbenen ovalen Nummer** 1 markiert. Alle anderen Lokalitäten wie Geschäfte, Restaurants usw. tragen ein **Symbol und eine fortlaufende rote Nummer** (1). Die Liste aller Orte befindet sich auf S. 152, die Zeichenerklärung auf S. 156.

Prag auf einen Blick

◁ *Kalorien von der Stange: Trdelník, ein traditionell slowakisches Gebäck (Foto: 065pr-he)*

Zeichenerklärung

★★★ nicht verpassen
★★ besonders sehenswert
★ wichtig für speziell interessierte Besucher

[A1] Planquadrat im Kartenmaterial. Orte ohne diese Angabe liegen außerhalb unserer Karten. Ihre Lage kann aber wie die von allen Ortsmarken mithilfe der begleitenden Web-App angezeigt werden (s. S. 155).

Vorwahl

Vorwahl für Tschechien und Prag: 00420 – dann die meist mit 2 beginnende Teilnehmernummer (ohne Ortsvorwahl!)

Abkürzungen siehe Seite 156.

Längst schon ist die Zukunft in Prag angekommen. Aus der grauen und düsteren Stadt der Wendezeit ist eine glanzvolle mitteleuropäische Metropole geworden. Mittlerweile gehört die tschechische Kapitale zu den weltweit beliebtesten Reisezielen. Es sind vor allem die märchenhafte Kulisse und die einzigartige Konzentration verschiedener Baustile und Denkmäler, die die Besucher so faszinieren. Die Stadt hat aber noch andere Reize, und jedes Jahr kommen neue hinzu:

Reise in die Urzeit

Seine Filmtricks und Spezialeffekte beeinflussten die Großen der Weltkinematografie: Im kleinen, interaktiven Karel-Zeman-Museum gleich neben der Karlsbrücke wird die Magie der Filme aus einer Zeit lebendig, in der es noch keine Computer gab (s. S. 74).

Gastronomietipp

In dem kleinen, charmanten Tagescafé Nový Svět wird man freundlich bedient und genießt dabei die Atmosphäre einer der schönsten Gassen Prags, der Nový svět (s. S. 64). Der Duft frisch gebrühten Kaffees und selbstgemachter Plätzchen hüllt den Besucher an diesem wohligen Ort ein (s. S. 85).

Entspannen auf der Moldau

Auf der Slawischen Insel kann man sich abends ein Boot ausleihen, in dem nur eine Petroleumlampe für romantisches Licht sorgt. Auf der Insel findet man auch einen Kinderspielplatz mit einer Mini-Replik eines historischen Dampfzuges (s. S. 105 und S. 128).

004pr Abb.: he

PRAG ENTDECKEN

Prag für Citybummler

Wie zu Kafkas Zeiten

Die Moldaumetropole bietet viel mehr als nur Bierkneipen und Hradschin: Das gesamte historische Zentrum gleicht einem Freilichtmuseum, sowohl Liebhaber der barocken Architektur und klassischer Musik als auch Bewunderer der modernen Kunst oder Fans der Kaffeehauskultur kommen voll auf ihre Kosten.

Prag lädt dazu ein, sich treiben zu lassen. Die Stadt bietet an fast jeder Ecke Sehenswertes und Überraschendes. Die Stadtbesichtigung kann man am **Wenzelsplatz** 25 beginnen, dem einzigen Prager Boulevard. Über die Einkaufstraße Na Příkopě [I7–J6] geht es weiter ins Herz der Altstadt. Es wäre schade, nach Hause zu fahren, ohne zumindest einmal auf eigene Faust auf Entdeckung gegangen zu sein. Schon wenige Schritte vom Altstädter Ring 4 entfernt, stößt man auf stille Gassen. Zum Beispiel die **Kozí**, die kopfsteingepflasterte Ziegenstraße, die an einer Stelle so eng ist, dass man mit ausgestreckten Armen die gegenüberliegenden Hausmauern berühren kann. Im Straßenwirrwarr der Altstadt, ob in seinem nördlichen oder in seinem südlichen Teil, findet man nette Cafés, Museen, Kneipen und Boutiqen. Besonders schön sind Spaziergänge am Abend und in der Nacht, wenn die Gassen von spärlichem Laternenlicht beleuchtet werden. Bei Nacht erwacht in den Gassen das **mystische Prag** zum Leben. Über die Karlsbrücke 16, die einen unvergesslichen Blick auf die Prager Burg bietet, gelangt man auf die romantische Kleinseite (s. S. 50). Auch durch die Burghöfe auf dem Hradschin kann man nach der Abenddämmerung bummeln und das Goldene Gässchen 46 mit ein bisschen Glück für sich allein haben. Von der Burgrampe blickt der Besucher auf das erleuchtete **Prag und die Moldau.** Vielleicht öffnet man dann im Gewirr der Gassen die Tür zu einer authentischen Kneipe und findet sich etwa im **Lokal U Černého vola** (s. S. 81) mitten unter Pragern, die über Gott und die Welt philosophieren.

◁ Vorseite: Die Astronomische Uhr am Rathaus 5 zählt seit 500 Jahren die Zeit in Prag

Auf Prager Art

Am Tag nimmt der Flaneur die **Straßenbahn.** Die **Linie 22** fährt am Nationaltheater 32 vorbei, überquert die Moldau und bringt die Fahrgäste bis zur Kleinseite. Von hier aus ist es nur ein Stück zur Prager Burg 42 oder zum Kloster Strahov 51, Haltestelle Pohořelec. Die **Linie 17** führt am Moldauufer entlang zum Vyšehrad 53 (Haltestelle Výtoň) und am extravaganten Tanzenden Haus 33 vorbei (Haltestelle Jiráskovo nábřeží), dessen herausdrehende schwungvolle Fassade die Prager zu dem Spitznamen „Ginger & Fred“ nach Hollywoods Tanzduo inspirierte. Mit der **Seilbahn** gelangt man auf den Laurenziberg 52, ein beliebtes Ausflugsziel der Prager. Ein Spazierweg über den Berg führt zum Prager Aussichtsturm, einer Kopie des Eiffelturms, der einen grandiosen Ausblick auf die Stadt und das geschwungene Band der Moldau gewährt.

Prag an einem Wochenende

1. Tag

Morgens

Den Prag-Besuch beginnt man am besten mit einem Frühstück im **Jugendstilcafé des Gemeindehauses** (s. S. 83). Zum **Altstädter Ring** 4 ist es von hier aus nicht weit. Den schönsten Blick auf seine prächtigen Bauwerke hat man von der **Aussichtsgalerie des Rathausturms** 5.

Der auf S. 11 beschriebene Spaziergang führt zu den wichtigsten Sehenswürdigkeiten der Altstadt, der Kleinseite und der Burganlage. Wer eher shoppen möchte, geht am besten in die Straße **Na Příkopě** [I7–J6]. Dort, wie auch am Wenzelsplatz 25, findet man mehrere schicke Boutiquen und moderne Einkaufspassagen, für exklusive Designergeschäfte ist die Pařížská-Straße [H5/6] bekannt.

Ein Bummel über den **Gallus-Markt** (s. S. 104) mit seinen Obst- und Souvenirständen lohnt sich schon allein wegen der Atmosphäre. Für Kunstinteressierte empfiehlt sich die **Kubismus-Ausstellung** im **Haus zur Schwarzen Madonna** 3, eine gute Auswahl an moderner Kunst bieten das **Kampa-Museum** 35 und der auch in architektonischer Hinsicht sehr sehenswerte **Messepalast** (s. S. 77).

Für Kinder eignen sich das **Spielzeugmuseum** (s. S. 76), das interaktive **Karel-Zeman-Museum** (s. S. 74) oder das **Spiegellabyrinth** (s. S. 67) am **Laurenziberg** 52.

Mittags

Gute und preiswerte böhmische Küche bietet das Lokal **V Kolkovně** (s. S. 88), französische Gemütlichkeit strahlt das Bistro **Chéz Marcel** (s. S. 89) am malerischen Platz Haštalské náměstí aus. An beiden führt der auf S. 13 beschriebene Spaziergang vorbei. Abseits der Touristenwege entdeckt man dabei die pittoreske Welt der Altstadtgassen und des ehemaligen Judenviertels.

An der Kasse der **Spanischen Synagoge** 22 erhält man das Sammelticket für die Sehenswürdigkeiten dieses Viertels (18–23), das nun besichtigt werden kann.

Abends

Zum Abendessen empfiehlt sich das gute Restaurant **Století** (s. S. 92), für Vegetarier das **Lehká hlava** (s. S. 91).

Jazz-Fans müssen unbedingt in den berühmten **Reduta-Klub** (s. S. 96), Jazz auf hohem Niveau wird auch im **AghaRTA** gespielt (s. S. 96).

Liebhaber der klassischen Musik können je nach Programm das **Rudolfinum** 12, das **Nationaltheater** 32 oder das **Ständetheater** 9 besuchen.

Ein Erlebnis für alle Altersgruppen ist eine romantische **Schifffahrt** (s. S. 133), im Sommer kann man bis Mitternacht sogar selbst auf der Moldau paddeln (s. S. 105).

Eine angesagte Adresse für einheimische und internationale Partyfans ist der **Club Roxy** (s. S. 95). Im **Karlovy Lázně** (s. S. 95) an der Karlsbrücke 16 amüsieren sich hauptsächlich junge Touristen bis in die frühen Morgenstunden. Wer sich lieber unter die Prager mischen will und Kontakt zu den Einheimischen sucht, wird in einer der zahllosen böhmischen Kneipen bestens unterhalten – sprichwörtlich steckt ja in jedem Tschechen ein Musiker.

2. Tag

Vormittags

Für diesen Tag kann man sich die **Kleinseite** und die **Prager Burg** 42 vornehmen. Der schönste Weg dorthin führt über die **Karlsbrücke** 16. Für eine Besichtigung der Burganlage sollte man mind. vier Stunden einplanen. Seit 2016 finden vor den Eingängen **Sicherheitskontrollen** statt (s. S. 64). Ein Spektakel ist die **Wachablösung** (s. S. 58) vor dem Haupteingang. Wer schon am Vortag den Spaziergang 1 absolviert hat, kann sich für den dritten (s. S. 16) oder vierten (s. S. 19) entscheiden.

Familien werden den Besuch des **Zoos** (s. S. 129) nicht bereuen.

Für Liebhaber klassischer Malerei sind die Museen der **Prager Nationalgalerie** (s. S. 77) ein Muss, wem barocke Baukunst gefällt, der sollte die **Kirche des hl. Nikolaus** 38 besuchen. Die schönsten (und teuersten) Marionetten bekommt man bei **Truhlář Marionety** (s. S. 104), Souvenirshops säumen die Nerudagasse 41.

Mittags

Sehr gut speist man im eleganten Lokal **Hergetova cihelna** (s. S. 89) an der Moldau, wo man als Zugabe eine tolle Sicht auf die Brücken hat. Am Nachmittag geht man entspannt im **Kampa-Park** 34 oder auf dem **Laurenziberg** 52 spazieren, besucht das ehrwürdige **Agneskloster** 11 oder das **Tschechische Musikmuseum** (s. S. 76).

Abends

Musicalfans können es den Pragern nachmachen und den Abend im **Musiktheater Karlín** (s. S. 96) oder im **Hybernia-Theater** (s. S. 97) verbringen. Auf der Schützeninsel finden im Sommer fast täglich **Open-Air-Konzerte** statt (s. S. 105). Ein Erlebnis ist auch das **Black Light Theatre Srnec** (s. S. 97), mit Kindern kann man auch ins **Nationale Marionettentheater** (s. S. 97) gehen. Eine abendliche **Rundfahrt in einem Oldtimer** (s. S. 133) bietet sich als stimmungsvoller Schlussakkord eines Pragbesuches an.

Das gibt es nur in Prag

- *Die Bierkneipe als Ort, an dem aus Stammtischgesprächen Literatur entsteht und wahre Geschichten über das Leben erzählt werden.*
- *Ein Volk von Lesern: Nirgendwo sonst sieht man so viele Menschen in der Metro und an öffentlichen Plätzen in Bücher vertieft.*
- *Schwarzer Humor und Selbstironie: Wo sonst trägt ein Café den Namen „Leichenhaus“, heißt eine ganze Siedlung „Halsabschneider“, ein Krankenhaus „Schwindelgefühl“ oder der Weg zu einer mittelalterlichen Hinrichtungsstätte „Zum Paradiesgarten“?*
- *In der Stadt lebt die Undergroundkultur noch heute: Hier werden Rockstars und Popkünstler wie Lou Reed, Frank Zappa und Andy Warhol verehrt – von jungen Menschen, die ihr Haar so lang wie in den 1970er-Jahren tragen.*
- *Keine andere Stadt hat so viele Türme. Deshalb nennt man Prag die hunderttürmige Stadt, tatsächlich sind es fast eintausend.*

Stadtspaziergänge

Spaziergang 1: der Klassiker mit Abstechern

Länge: knapp 5 km
Dauer: 3–3½ Stunden (ohne Besuch der Sehenswürdigkeiten)
Startpunkt: Pulverturm ❶, Metro B: Náměstí Republiky
Endpunkt: Metro A: Staroměstská

Im Mittelpunkt dieses Spazierganges steht das Wichtigste, was man in Prag in kurzer Zeit besichtigen kann. Man folgt dabei dem Weg, den früher die tschechischen Könige am Tag ihrer Krönung gingen. Entlang der touristischen Hauptroute, die von der Altstadt hinauf zum Veitsdom ㊸ *und wieder zurück führt, verlässt man immer wieder den ausgetretenen Pfad.*

Der Spaziergang beginnt am gotischen **Pulverturm** ❶. Wer keine Kaffeepause einlegen möchte, sollte wenigstens einen kurzen Blick in das wunderschöne **Jugendstilcafé** (s. S. 83) im Erdgeschoss des **Gemeindehauses** ❷ werfen. Hochrangige böhmische Künstler der Jahrhundertwende beteiligten sich an seiner Ausschmückung.

Danach geht es weiter über die Straße Celetná – unterwegs passiert man das kubistische Haus zur Schwarzen Madonna ❸ – zum **Altstädter Ring** ❹. Hier ragen die Türme der **Teynkirche** ❻ hoch in den Himmel und zu jeder vollen Stunde drehen sich in den Fenstern der Astronomischen Uhr des **Altstädter Rathauses** ❺ zwölf Apostelfiguren. Über das verschlungene Teyngässchen (Týnská), das vom Altstädter Ring nach Osten führt, gelangt man über einen Durchgang in den etwas versteckten Teynhof [I6]. Der Häuserkomplex rund um den **Innenhof Ungelt** war im 11. Jh.

⊡ *Der Weg vom Hradschin hinunter auf die Kleinseite*

Der hier beschriebene Spaziergang ist mit einer rotbraunen Linie im Faltplan eingezeichnet

ein umzäunter Hof, in dem Kaufleute aus fremden Ländern übernachteten. Dafür mussten sie Zoll – Ungelt – bezahlen. Heute befinden sich hier kleine Geschäfte, Galerien und Lokale.

Zurück auf dem Altstädter Ring, geht man in Richtung **St.-Nikolaus-Kirche** 8 und setzt den Spaziergang fort, indem man durch die Straße Kaprova in Richtung Moldau geht.

Fast dort angekommen, biegt man nach links ab und geht entlang der Straßenbahnlinie bis zur **Kreuzherrenkirche** 15, die am Fuß der **Karlsbrücke** 16 steht.

Der Weg über die berühmte Brücke bietet einen unvergesslichen Blick auf den Hradschin. Jenseits der Karlsbrücke folgt die **Kleinseite,** ein pittoresker Stadtteil mit verwinkelten Gassen, schattigen Innenhöfen und Barockpalästen. Sein Zentrum bildet der **Kleinseitner Platz** 37 mit mittelalterlich anmutenden Laubengängen und der schönsten Barockkirche Prags, der **Kirche des hl. Nikolaus** 38. Auf der Nordseite des unteren Platzes steht das Smiřický-Palais (Nr. 18), in dem sich 1618 Vertreter der protestantischen böhmischen Reichsstände zu einer Geheimsitzung trafen und den sogenannten **Zweiten Prager Fenstersturz** beschlossen (s. S. 58). Das Hinauswerfen der kaiserlichen Statthalter führte zur Eskalation der Proteste gegen die Habsburger und schließlich zum Dreißigjährigen Krieg.

Um dem größten Touristenstrom auszuweichen, biegt man nach rechts in die Zámecká-Straße ein. Über die Straße Thunovská und die Schlosstreppe (Zámecké schody) gelangt man zum Vorplatz der **Prager Burg** 42. Man durchquert die ersten zwei Burghöfe und steht dann vor dem größten und wichtigsten Sakralbau Prags, dem **Veitsdom** 43. Für seine Besichtigung – mit Ausnahme des kostenlos zugänglichen Eingangsbereichs – sowie für einen Besuch des unweit gelegenen **Goldenen Gässchens** 46 und weiterer Sehenswürdigkeiten, benötigt man ein Sammelticket (s. S. 59). Wer nur kurz in Prag ist, kann sich das Geld und die Zeit sparen – schon an den Sicherheitskontrollen und Warteschlangen vor den Kassen kann man in der Hochsaison verzweifeln. Stattdessen erkundet man lieber den barocken, kostenlos zugänglichen **Königsgarten** 47.

Für einen Imbiss eignet sich das **Café im Museum des Lobkowicz-Palais** (10–18 Uhr, s. S. 75). Von seiner nur im Sommer geöffneten Terrasse hat man einen tollen Blick auf die Dächer der Kleinseite.

Über das östliche Tor verlässt man die Burganlage und steigt über die Alte Schlossstiege und die Straße Pod Bruskou zur Metrostation Malostranská hinab. Nach der Überquerung der Brücke Mánesův most ist man wieder in der Altstadt.

Am Moldauufer steht das im Stil der Neorenaissance erbaute **Rudolfínum** 12, in dem jedes Jahr das bekannte Festival „Prager Frühling“ (s. S. 107) stattfindet. Der Platz vor dem Gebäude ist nach Jan Palach benannt, jenem Studenten, der sich 1969 am Wenzelsplatz 25 aus Protest gegen die Besetzung seines Landes verbrannte. An der Fassade des Gebäudes der Philosophischen Fakultät schräg gegenüber vom Rudolfinum erinnert eine Gedenktafel an diesen Akt der Verzweiflung. Gleich nebenan befindet sich die Metrostation, wo der Spaziergang endet.

[>] *Abseits der Touristenwege durch die nördliche Altstadt*

Spaziergang 2: durch die Gassen der Altstadt und der Josefstadt

Länge: ca. 4 km
Dauer: 2½–3 Stunden (ohne Besuch der Sehenswürdigkeiten)
Startpunkt: Rudolfinum ⑫, Metro A: Staroměstská
Endpunkt: Metro B: Národní třída

Enge Gassen, alte Straßenlaternen, prachtvolle Palais – die Plätze rund um den Altstädter Ring üben einen magischen Zauber aus. Die Synagogen und der Alte Jüdische Friedhof bezeugen wiederum den einstigen Reichtum des Prager jüdischen Lebens, wecken aber auch Erinnerungen an das Leid der Juden.

Der Spaziergang beginnt beim **Rudolfinum** ⑫, in dem während der Besatzung im Zweiten Weltkrieg der stellvertretende Reichsprotektor Heydrich häufig zu Gast war. Nach Prag kam er mit dem klaren Auftrag, die Deportation der Juden einzuleiten.

Wie bedeutend einst die Prager Judenstadt war, wird schon nach einigen Schritten sichtbar: Man überquert die viel befahrene Straße 17. Listopadu und biegt in die Široká (Breite)-Gasse ein. Linker Hand erstrecken sich die Mauern des berühmten **Alten Jüdischen Friedhofs** ⑲, nebenan erblickt man die **Pinkas-Synagoge** ⑱. Auf der anderen Seite des Friedhofs stehen die barocke **Klausen-Synagoge** ⑳ und das pseudo-romanische **Gebäude der ehemaligen Begräbnisbruderschaft** (s. S. 37). Von dessen Balkon wurden früher die Grabreden gehalten.

Im **Jüdischen Rathaus** (s. S. 40) in der Maiselova 8, die die Široká kreuzt, tagte früher der Ältestenrat. Heute hat hier die Prager jüdische Gemeinde ihren Sitz. Das Gebäude erkennt man an seinem Turm mit den zwei Uhren: Eine hat ein lateinisches Ziffernblatt, die andere ein hebräisches. Wie die Straße ist auch die **Maisel-Synagoge** ㉑ nach Mordechai Maisel benannt, Ende des 16. Jh. Gemeindevorsteher der Judenstadt. Er besaß einen ausgeprägten Geschäftssinn und finanzierte nicht nur wichtige Bauten im Getto, sondern auch Rudolfs II. Krieg gegen die Türken.

081pr Abb.: he

Spaziergang 2
0
1 cm = 90 m
200 m
© Reise Know-How 2017
Vltava (Moldau)
Beneše
Čechův most
nám. Curieových
Dvořákovo nábřeží
Nábř. na Františku
Na Františku
Min. prům. a obch.
Nemocnice na Františku
Agnes-kloster
Řásnovka
Haštalská
U milosrdných
Josefov (Josefstadt)
UK
ČVUT Konzervatoř
17. listopadu
Břehová
Pařížská
Bílkova
Elišky Krásnohorské
Dušní
Kozí
U obec. dvora
sv. Haštal
Haštalské nám.
Za Haštalem
Rybná
Dlouhá
Na Rejdišti
Alšovo nábř.
Rudolfinum
Nám. Jana Palacha
Klausen-Synagoge
Altneu-synagoge
Spanische Synagoge
Jüdisches Museum
Vězeňská
Alter Jüdischer Friedhof
Pinkas-Synagoge
Široká
Pariser Straße
Kolkovně
Salvator
Kostečná
Benediktská
Masná
Maisel-Synagoge
Valentinská
Žatecká
Maiselova
Jáchymova
Týnská ulička
Malá Štupartská
sv. Jakub
Jakubská
Templová
VSUP
Staroměstská
Kaprova
Marionetten-theater
Veleslavínova
St. Nikolaus-Kirche
Jan Hus
Goltz-Kinský Palais
Ungelt
Štupartská
Týnská
Nám. Fr. Kafky
Altstädter Ring
Teynkirche
Haus zur schwarzen Madonna
Celetná
Králodvorská
Platnéřská
Magistrát
U radnice
Mikulášská
Altstädter Rathaus
Kleiner Ring
Mariánské nám.
Linhartská
Clam-Gallas-Palais
Klementinum
Křižovnická
Kreuzherren-kirche
St.-Salvator-Kirche
Seminářská
Husova
Karlova
Železná
Kamzíková
Karolinum
Ovocný trh
Ständetheater
Divadlo Broadway
Muz. středověku
Kožná
Melantrichova
Havelská
St.-Gallus-Kirche
Liliová
Anenské nám.
Anenská
Řetězova
Jalovcova
Jilská
Michalská
Na Příkopě
sv. Kříž
Havířská
Provaznická
Rytířská
Na zábradlí
Stříbrná
Zlatá
Kirche des hl. Ägidius
Bethlehems-kapelle
Vejvodova
St. Město (Altstadt)
Na Můstku
Muz. vosk. figurín
Můstek
Náprstkova
Betlémské nám.
Náprstkovo muz.
Skořepka
Uhelný trh
Perlová
Betlémská
Konviktská
Kláštěr šed. sester
Průchodní
Na Perštýně
Martinská
Platýz-Hof
St Martin in der Mauer
28. října
Jungmannovo nám.
Jungmannova
Maria-Schnee-Kirche
Václavské náměstí
Bartolomějská
Divadlo Metro
Národní třída
Café-Restaurant Adria
Františkánská zahrada
Karoliny Světlé
Nationalstraße
Mikulandská
Spálená
Charvátova
Národní
Vorsilská
Laterna magika
Ostrovní
Purkyňova
Palackého
Vodičkova
Div. Rokoko
Lucerna
Panská
Jindřišská
H
I
5
6
7

Von der Maiselova-Straße geht es nach rechts in die Červená-Gasse, wo die gotische **Altneue Synagoge** 23 steht. Noch heute werden hier Gottesdienste abgehalten. Man biegt wieder nach rechts in die elegante Einkaufsstraße Pařížská (Pariserstraße) ab, die auf beiden Seiten von Jugendstilhäusern gesäumt ist, schreitet sie einige Meter ab und geht nach links in die Široká-Straße. Über die Vězeňská-Straße kommt man zur **Spanischen Synagoge** 22. In ihrer Nachbarschaft steht seit mehreren Jahren ein eigenwilliges Kafka-Denkmal.

Der Haštalská folgend gelangt man zum malerischen Platz **Haštalské náměstí** mit der Kirche des hl. Haštal [I5]. 1968, während der Besatzung der Tschechoslowakei, befand sich im Gebäude des heutigen Hotels Haštal (Haštalská 16) das sowjetische Hauptquartier. Auch die Seitenstraßen im Norden des Platzes sind eine Erkundung wert: In der verwinkelten Řásnovka (man geht um die Kirche herum und biegt im Nordosten des Platzes nach rechts ab) oder der schattigen U Milosrdných (von der Anežská im Norden des Platzes nach links) führen Prager gerne ihre Hunde aus, in der Anežská 1043/4 steht zudem das kleinste Haus der Altstadt (s. S. 28). Hier befindet sich auch der Eingang zum **Agneskloster** 11.

Zurück am Haštal-Platz, geht es durch die Rybná-Straße im Süden des Platzes weiter.Nach einigen Metern biegt man nach rechts in die Dlouhá ein. Am **Altstädter Ring** 4 angekommen, überquert man diesen in Richtung **Rathaus** 5. Über den Platz Malé náměstí, dessen auffälligstes Gebäude (Nr. 3) eine der europaweit größten Filialen der Restaurantkette Hard Rock beherbergt, führt der Weg in die stets überfüllte **Karlsgasse** (Karlova). Im Haus Nr. 4 fast am Ende der Karlova wohnte 1608–1612 der deutsche Astronom Johannes Kepler (s. S. 27). Heute ist hier das Johannes-Kepler-Museum untergebracht. Durch den Häuserdurchgang, von vielen „Keppler-Durchgang" genannt, gelangt man links in die Anĕnská-Straße und zum kleinen **Anna-Platz** (Anĕnské náměstí). Nur einige Meter von der Haupttouristenroute entfernt herrscht hier eine wohltuende Ruhe. Im Südwesten steht das Gebäude des Theaters am Geländer, wo in den 1960er-Jahren als Kulissenschieber, später als Bühnenautor der damalige Dissident und spätere tschechische Präsident **Václav Havel** arbeitete.

Die Silbergasse (Stříbrná) im Süden ist so eng, dass nur zwei Fußgänger nebeneinander gehen können. Sie mündet in die Náprstkova, der man nach links folgt, um zum beschaulichen Betlehemsplatz (Betlehémské náměstí) zu gelangen. Zwischen 1402 und 1412 predigte in der **Bethlehemskapelle** 13 der Reformator Jan Hus (s. S. 31).

Der östlich gelegene Gebäudekomplex beherbergt das ethnologische **Náprstek-Museum.** Über die Straße Na Perštýnĕ im Süden des Platzes gelangt man vorbei am Bierlokal U Medvídků (s. S. 81), in dem es Bier aus eigener Herstellung gibt, zur belebten Einkaufsstraße Národní třída. Man überquert sie und geht in die Spálená-Straße. An der Metrostation Národní třída, vor dem Hinterausgang des Kaufhauses Quadrio (s. S. 100), erblickt man das neueste Werk des Künstlerprovokateurs David Černý: eine 39 t schwere Kafka-Büste, die an eine Discokugel erinnert. Das Kunstwerk hat in Prag für viel Aufregung und Diskussionen gesorgt. Gleich nebenan steht das Kaufhaus My.

Spaziergang 3: über die Alt- in die Neustadt

Länge: ca. 4 km
Dauer: 2½–3 Stunden (ohne Besuch der Sehenswürdigkeiten)
Startpunkt: Pulverturm 1, Metro B: Náměstí Republiky
Endpunkt: Straßenbahnhaltestelle Jiráskovo náměstí, Linie 17 bis zur Metro-Station Staroměstská

Der Spazierweg führt von der nördlichen Altstadt in Richtung Süden. Man trifft dabei auf kleine Plätze, verwinkelte Passagen und Häuserdurchgänge, taucht kurz am Wenzelsplatz auf und erkundet schließlich das pulsierende Herz der Neustadt, den Karlsplatz.

Vom **Pulverturm** 1 führt der Weg zuerst durch die Celetná-Straße. Am **Haus zur Schwarzen Madonna** 3 biegt man nach links zum Obstmarkt (Ovocný trh) ab, an dem das klassizistische **Ständetheater** 9 steht. Vis-à-vis erblickt man das zentrale Gebäude der Karlsuniversität, das ehrwürdige **Karolinum** 10. Von dem ursprünglichen Bau ist allerdings nur der gotische Kerker der Hauskapelle erhalten.

Einige Schritte weiter in südliche Richtung stößt man in der Straße Havelská auf die **St.-Gallus-Kirche** (Kostel sv. Havla, [I7]) aus dem ersten Drittel des 13. Jh. Sie entstand zusammen mit der damals selbständigen Gallusstadt, die innerhalb der Altstadt wichtige Geschäftsprivilegien besaß. Hier befand sich der größte städtische Warenumschlagplatz, der vom Obstmarkt bis zum **Kohlenmarkt** (Uhelný trh, [H7]) reichte und die Straßen **Rytířská, Havelská** mit ihren schö-

1 cm = 80 m
0
200 m
© Reise Know-How 2017
schwarzen Madonna
Celetná
Králod v. Celetná
Pulver-turm
Hybe
Kleiner Ring
Altstädter Rathaus
Železná
Kamzíková
Karolinum
Ovocný trh
Divadlo Broadway
Na Příkopě
Palace Cinemas
Senovážná
Muz. středověku
Kožná
Ständetheater
Slovanský dům
Havelská
Melantrichova
St.-Gallus-Kirche
Havířská
sv. Kříž
Nekázanka
Jilská
Michalská
Rytířská
Provaznická
Panská
Mucha-Museum
Jindřišská
Vejvodova
St. Město (Altstadt)
V Kotcích
Na Můstku
Muz. vosk. figurin
Můstek
Uhelný trh
Perlová
28. října
Václavské náměstí
V cípu
Bredov. palác
Martinská
Platýz-Hof
Jungmannovo nám.
Maria-Schnee-Kirche
St Martin in der Mauer
Politických vězňů
Národní třída
Café-Restaurant Adria
Jungmannova
Františkánská zahrada
Spálená
Charvátova
Vodičkova
Wenzelsplatz
Purkyňova
Palackého
Div. Rokoko
Opletalova
Lucerna Palais
Vladislavova
V Jámě
Štěpánská
Školská
Ve Smečkách
Krakovská
Magdalény Rettigové
Lazarská
Omladiňářů
Novoměstská radnice
Měst. soud
Navrátilova
Řeznická
Příčná
Mezibranská
V. Hálek
Žitná
Karlovo náměstí
Karlsplatz
Malá Štěpánská
Na Rybníčku
V tůních
Hálkova
Sokolská
Fakultní poliklinika
sv. Štěpán
Ječná
7
8
9
I
J

nen Laubengängen und **V Kotcích** (Zu den Marktbuden) umfasste. Bis 1807 stand in der Mitte des mittelalterlich anmutenden Kohlenmarktes eine alte Köhlerei, doch statt Kohle verkaufte man hier Gemüse und Blumen.

Dominiert wird der Platz von einem Brunnen aus dem Jahr 1797. Eine Gedenktafel an der Fassade des Arkadenhauses Nr. 1 erinnert daran, dass dort 1787 **Mozart** wohnte.

Eine weniger ruhmvolle Geschichte weist die **Perlová-Straße** auf, die linkerhand vom Uhelný trh wegführt: Bis vor einigen Jahren war hier der bekannteste Straßenstrich Prags. Im Haus Platýz in der Martinská-Straße 10, einige Schritte südlich vom Kohlenplatz, trat 1840 **Franz Liszt** auf. Unter seinen Zuhörern war auch der 16-jährige **Bedřich Smetana**, der später einer der bekanntesten tschechischen Komponisten wurde.

In der nahen, abends eindrucksvoll beleuchteten Kirche **St. Martin in der Mauer** [H7] – sie entstand im 12. Jh. als Teil der Stadtmauer – setzten Hussiten 1414 eine ihrer Hauptforderungen um und reichten den Kelch mit Messwein erstmals auch den einfachen Gläubigen.

Über den Platýz-Hof am Kohlenmarkt gelangt man in die Geschäftsstraße Národní (Nationalstraße) und geht dort nach links zum **Jungmannovo náměstí** (Jungmann-Platz). An seiner Ecke (Haus Nr. 40) steht das architektonisch bemerkenswerte rondokubistische **Palais Adria** aus den 1920er-Jahren (mehr über Rondokubismus s. S. 23). Ein kurzer Rundgang durch seine mit Marmor und Messing verzierte Passage lohnt sich, gehört sie doch zu den schönsten in Prag. Im oberen Stockwerk ist das **Adria Café-Restaurant** (s. S. 83) untergebracht.

Die imposante **Maria-Schnee-Kirche** ([I7], tägl. 9–18 Uhr) gab Karl IV. in Auftrag. Ihr frühbarocker Altar ist der höchste in ganz Prag. Den Eingang findet man im Innenhof des Österreichischen Kulturinstituts.

Rechter Hand geht es in den versteckt liegenden **Franziskanergarten**, wo sich Prager zwischen blühenden Rosensträuchern von der Hektik der Großstadt erholen. Über die Alfa-Einkaufspassage gelangt man zum **Wenzelsplatz** 25, geht ihn kurz hinauf und biegt nach rechts in die Vodičkova-Straße ein. In der nostalgischen Passage des **Lucerna-Palais** (Nr. 36, s. S. 43) sollte man sich ein beliebtes Fotomotiv nicht entgehen lassen: Von der Decke hängt kopfüber

082pr Abb.: he

ein riesiges Pferd, auf dessen Bauch der heilige Wenzel sitzt. Das provokative Werk stammt von tschechischem Star-Künstler David Černý.

Der Vodičkova folgend, passiert man das Gebäude **Dům U Nováků** (Nr. 30), das durch seine farbenfrohe Jugendstilfassade besticht. In seinem verwinkelten Passagensystem lohnt die kleine **Konditorei Saint Tropez** (s. S. 86) eine Einkehr. Die leckeren Kuchen und das duftende Gebäck lassen wohl jeden schwach werden.

Vorbei an der populären Neustädter Brauerei (Novoměstský pivovar, s. S. 81) erreicht man den **Karlsplatz** (Karlovo náměstí 29), dessen Wahrzeichen der markante Eckturm des Neustädter Rathauses (s. S. 44) ist.

Musikinteressierte können einen Abstecher in östliche Richtung machen: In der Žitná Nr. 14 lebte von 1877 bis zu seinem Tod der bedeutendste tschechische Komponist, **Antonín Dvořák.**

An der Ecke des Karlovo náměstí zur Ječná-Straße erhebt sich die **Jesuitenkirche des hl. Ignatius** aus dem 17. Jh. [H9]. Man biegt nach rechts ab. Der Straßenbahnlinie folgend überquert man die nächste Kreuzung. Über die Resslova geht man weiter bis zum Symbol des modernen Prags, dem **Tanzenden Haus** 33. Unterwegs passiert man rechter Hand die geschichtsträchtige **Kathedrale des hl. Kyrill und Method** 31. Rechts vom Tanzenden Haus befindet sich auf der gegenüberliegenden Straßenseite eine Straßenbahnhaltestelle.

Auf der Kampa-Insel 34 ist vor allem im Sommer viel los

Spaziergang 4: von der Kleinseite zum Hradschin und der grünen Kampa-Insel

Länge: 7,3 km (inkl. Besichtigung der Gärten)
Dauer: 4 Stunden (ohne Besuch der Sehenswürdigkeiten und Sicherheitskontrollen vor der Burg)
Startpunkt: Metro A: Malostranská
Endpunkt: Metro A: Malostranská

Der Spaziergang bringt Sie zu den schönsten Plätzen, Gärten und Gassen der Kleinseite und des Hradschin. Abseits der Touristenwege findet man faszinierende Fotomotive und geschichtsträchtige Gebäude.

Links von der Metrostation Malostranská erstreckt sich ein kleiner Garten, den man durchquert und links in die Valdštejnská-Straße einbiegt.

Im Häuserdurchgang Nr. 12 bis 14 befindet sich der Eingang in die miteinander verbundenen, nicht kostenlos zugänglichen **Palastgärten** 39 (geöffnet: April–Okt.).

Weiter geht es zum Platz Valdštejnské náměstí, der vom mächtigen **Waldsteinpalais** 40 beherrscht wird. Sein einstiger Besitzer, Albrecht von Waldstein (auch als **Wallenstein** bekannt) starb auf tragische Weise: Einer der einflussreichsten Männer der europäischen Gegenreformation wurde 1634 ermordet. Heute hat hier der tschechische Senat seinen Sitz.

Durch den ersten Hof gelangt man in den schönen (und erfreulicherweise kostenlos zugänglichen) **Waldsteingarten**, in dem nicht nur Besucher, sondern auch ein paar Pfauen gerne umherstolzieren (April–Okt.).

Von der Tomášská Straße, die vom Platz wegführt, biegt man nach rechts

Spaziergang 4

in die enge **Thunovská-Gasse.** Wenn man die alten Torbögen und Laternen sieht, versteht man, warum Filmproduzenten dieses Viertel lieben.

Man erklimmt die Schlosstreppe (Zámecké schody) und wird am **Burg-Vorplatz** 42 mit einem fantastischen Panoramablick belohnt.

Nach einem Rundgang durch die Burghöfe verlässt man die Burg über den Haupteingang und überquert den **Hradschinplatz** 48, an dessen rechter Seite das Erzbischöfliche Palais (Nr. 16) steht. Der Platz ist von Renaissance- und Barockpalais umgeben, in dreien sind Ausstellungen der **Nationalgalerie** zu sehen (s. S. 77). Bei der Abzweigung geht man rechts in die Kanovnická-Gasse, sie führt in die **Neue Welt** 49 (Nový svět). Viele halten sie für die schönste Gasse Prags.

Eine gemütliche Atmosphäre herrscht im gleichnamigen **Café** (s. S. 85). Am Ende der Gasse biegt man nach links in die **Černínská-Gasse** ein, rechter Hand erblickt man ein dörflich wirkendes Holzhaus, in dem ein Hotel untergebracht ist.

Am Platz Loretánské náměstí sorgt die **Loretokapelle** 50 zu jeder vollen Stunde zwischen 9 und 18 Uhr mit ihrem melancholischen Glockenspiel für eine entsprechende Stimmung. Direkt gegenüber erstreckt sich das imposante Gebäude des **Czernín-Palais**, in dem das tschechische Außenministerium untergebracht ist.

Von dem Platz Pohořelec führt eine Treppe im Häuserdurchgang rechts neben dem Café Melvin (Nr. 8) hinauf zur Straße **Úvoz.** Wer will, kann dort nach rechts abbiegen und bergauf zum **Strahov-Kloster** 51 gehen. Ansonsten gelangt man über die absteigende Úvoz-Straße in die **Nerudagasse** 41. Davor passiert man dabei linker

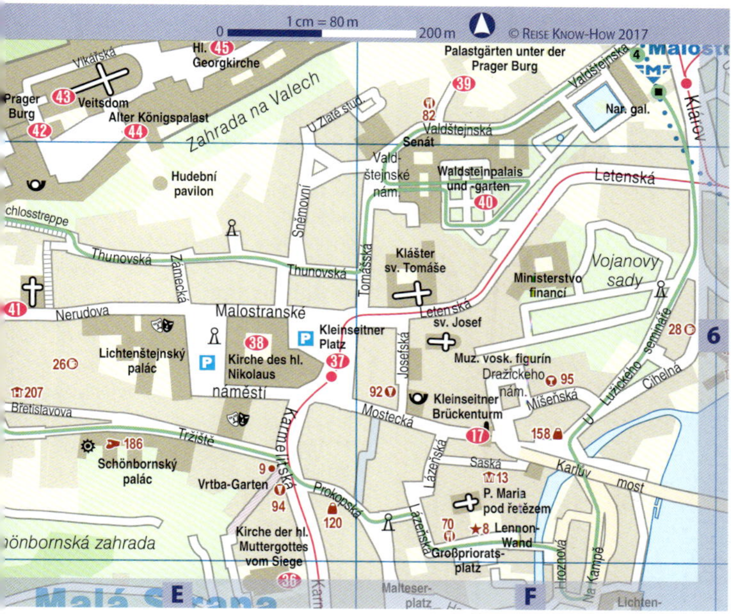

Hand das beliebte böhmische **Restaurant Rainer Maria Rilke** (s. S. 87).

Eine Treppe führt von der Nerudova-Straße nach rechts zum **Johannesbergl** (Jánský vršek, s. S. 55). Rund um die Gasse findet man weitere schöne Fotomotive.

Im barocken **Palais Lobkowicz**, dem Sitz der Deutschen Botschaft (nicht zu verwechseln mit dem gleichnamigen Palais auf der Burg) in der steilen Vlašská, wurde ein Stück deutscher Geschichte geschrieben: Vom Balkon des Gebäudes sprach der westdeutsche Außenminister Hans-Dietrich Genscher am Abend des 30. 9. 1989 zu Tausenden dort kampierenden DDR-Flüchtlingen und verkündete, dass deren Ausreise genehmigt wurde.

Die Straße Tržiště mündet in die Karmelitská, man überquert diese und geht in die kurze Prokopská-Straße. Es folgt ein Bummel durch die malerischen **Malteser-** und **Großprioratsplätze**, die Miloš Forman als Drehorte für seinen Film „Amadeus“ nutzte. Mehrere kleine Cafés und Bistros (darunter Café de Paris, s. S. 85) laden zum Verweilen ein. An der **„Lennon-Wand“** am Großprioratsplatz [F6/7] – man erkennt sie an den bunten Graffiti – versammelten sich vor 1989 zu jedem Todestag von John Lennon dessen Fans mit Kerzen und Gitarren.

Über eine kleine Brücke gelangt man zur **Insel Kampa** 34, auf der man wunderbar spazieren oder in einem Café sitzen kann. Fans der modernen Kunst sollten sich das **Kampa-Museum** 35 nicht entgehen lassen. Anschließend geht man unter einen Brückenbogen der **Karlsbrücke** 16 hindurch, die Straße U Lužického semináře führt zur Metrostation, wo dieser Spaziergang endet.

030pr Abb.: gz

Die Altstadt

Bereits im 10. Jh. erstreckte sich am rechten Moldauufer eine Marktsiedlung. 1230 wurde die Altstadt zur Königsstadt erhoben. An keinem anderen Prager Platz herrscht so viel Trubel und Gedränge wie am Altstädter Ring 4. Die historischen Gebäude mit Zinnen und Erkern, Kirchen, die weltberühmte **Astronomische Uhr** am Altstädter Rathaus 5 und das Denkmal des Jan Hus verleihen dem Ort einen besonderen Charme. Der Pulverturm 1 steht an der Grenze zwischen der Alt- und Neustadt. Hier begann im Mittelalter der symbolische „**Königsweg**", heute die wichtigste Touristenroute durch Prag. Sie führt über die Celetná Straße zum Altstädter Ring 4, windet sich in die enge Karlsgasse zur **Karlsbrücke** 16 und endet oben auf der Prager Burg 42. Ganz intensiv spürt man den Genius Loci der Altstadt abseits der Touristenwege, auf malerischen Plätzen und in verwinkelten, stillen Gassen.

Hinter dem Pulverturm beginnt die Altstadt

1 Pulverturm (Prašná brána) ★ [J6]

Der markante, 65 m hohe Turm am Platz der Republik ist der beliebteste Ausgangspunkt für die Besichtigung der Altstadt. 13 Tore führten einst in die befestigte Altstadt. 1475 ließ König Władisław II. Jagiełło einen neuen Turm bauen, als er in unmittelbarer Nachbarschaft seinen Hof errichtete. Zum Ärger der Stadträte musste die Stadt das Bauwerk finanzieren. Sie rächten sich mit der Inschrift „Zur Ehre und zum Ruhm der Einwohner der Stadt". Als der geizige König nach Unruhen und einer Pestepidemie 1483 auf die Burg 42 umsiedelte, verlor der Turm seine repräsentative Funktion. Später diente er als Schießpulverarsenal. Im 19. Jh. wurde er neogotisch umgebaut. Ein weiter Blick über die Dächer der Stadt belohnt den Aufstieg über 186 Steinstufen.

› Na Příkopě, Metro B: Náměstí Republiky, Okt./März tägl. 10–20 Uhr, Nov.–Febr. 10–18 Uhr, April–Sept. 10–22 Uhr, Eintritt 90 Kč

2 Gemeindehaus (Obecní dům) ★★★ [J6]

An der farbenfrohen Außen- und Innenverzierung des prächtigen Jugendstilgebäudes gleich neben dem Pulverturm 1 beteiligten sich nam-

EXTRATIPPS

Abstecher in die Na Poříčí [K6]

Restaurant Imperial

Das Lokal liegt zwar streng genommen nicht mehr in der Altstadt, ist aber nur einen kurzen Fußweg vom Pulverturm und Gemeindehaus ❷ entfernt. Seine Geschichte reicht bis ins Jahr 1914 zurück, als sich in ihm die Prager Avantgarde traf. Die schöne Jugendstil-Wandkeramik im Restaurantteil ist nicht der einzige Grund, warum das Lokal beliebt ist. Viele Gäste kommen wegen der Kochkünste des Chefkochs Zdeněk Pohlreich, der in Tschechien aus vielen Fernsehauftritten bekannt ist. Die Speisekarte enthält tschechische und internationale Gerichte zu etwas höheren Preisen, aber die Leistung stimmt. Ein Teil des Restaurants dient als Café. Zum Espresso oder Kaffee wird oft ein Krapfen gratis gereicht – eine Tradition, die aus der ersten Republik stammt (s. S. 84).

Prager Rondokubismus

Liebhaber der modernen Architektur sollten sich neben dem Haus der Schwarzen Madonna ❸ ein weiteres sehenswertes Werk von Josef Gočár nicht entgehen lassen: die ehemalige Legiobank in der Straße Na Poříčí 24 [K6] (Metro B, C: Florenc). Das in den Jahren 1921–1923 erbaute Gebäude ist das herausragendste Beispiel des Rondokubismus, einer spezifisch tschechischen Stilrichtung, der sich Gočár nach der Gründung der Tschechoslowakischen Republik im Jahre 1918 zuwandte. Zu ihren charakteristischen Merkmalen zählen die plastische Fassadengestaltung und überwiegend runde Formen. Die Fassade ist ein Werk von Otto Gutfreund und Jan Štursa. Im rechten Flügel im Erdgeschoss ist das **Café Archa Barista** untergebracht (s. S. 84).

hafte tschechische Künstler wie Alfons Mucha oder Josef V. Myslbek.

Das Haus am Platz der Republik zählt zu den architektonischen Juwelen Prags. Es steht an historisch bedeutsamer Stelle: Ende des 14. bis Ende des 15. Jahrhunderts residierten hier die böhmischen Könige. Ende des 19. Jahrhunderts wuchs innerhalb des tschechischen Bürgertums der Wunsch nach einem repräsentativen Gebäude, das das wachsende Nationalselbstbewusstsein dieser gesellschaftlichen Gruppe widerspiegeln sollte. Viele hochrangige **Künstler der Jahrhundertwende** beteiligten sich 1905 bis 1911 an seiner Gestaltung. Am 28.10.1918 wurde hier die Erste Tschechoslowakische Republik ausgerufen. An der Ecke der Hauptfassade, die in eine Kuppel gipfelt, ist im Bogengiebel ein Mosaikbild „Huldigung Prags" von Karel Špillar angebracht. Im Erdgeschoss, links vom Eingang, lädt das schöne Jugendstilcafé zum Verweilen ein (s. S. 83), im Souterrain befindet sich eine gepflegte Bierstube mit bunten Zeichnungen des tschechischen Künstlers Mikoláš Aleš und bemalten Wandkacheln anderer Jugendstilkünstler. Eine breite Treppe führt zum **Smetana-Saal** mit seinen beeindruckenden Deckenfresken, in dem klassische Konzerte stattfinden. In der Nachbarschaft stehen weitere prächtige Jugendstilbauten, das **Hotel Paris** (s. S. 135) und **Hotel Bohemia.**

› Náměstí Republiky 5, Metro B: Náměstí Republiky, www.obecnidum.cz, Tel. 222002101. Besichtigungen (nur in englischer Sprache) kann man im Informationszentrum des Gemeindehauses vereinbaren. Eintritt 290 Kč. Es gibt Infoblätter auf Deutsch.

3 Haus zur schwarzen Madonna (Dům U Černé Matky Boží) ★ [I6]

An der Ecke der Straße Celetná und Ovocný trh steht ein viergeschossiges Haus mit zwei zurückspringenden Mansardenetagen, das zu den bekanntesten Beispielen des Prager Kubismus Anfang des 20. Jh. zählt. Erbaut wurde es in den Jahren 1911–1912 als erstes kubistisches Wohnhaus Europas. Die kleine schwarze Madonna hinter Gittern schmückte schon seinen barocken Vorgänger. Die kubistische Form mit ihren gebrochenen, steigenden und fallenden Flächen ist an dem Bauwerk von **Josef Gočár** (1880–1945) im Detail wie an der Gesamtkonstruktion sichtbar. Im Obergeschoss ist das Grand Café Orient (s. S. 84) untergebracht, im Erdgeschoss ein neues, elegantes Restaurant und eine Verkaufsgalerie. Seit Ende 2015 ist in der ersten und zweiten Etage die neue Dauerausstellung **„Tschechischer Kubismus“** zu sehen (s. S. 76). Im 4. Stock werden Wechselausstellungen gezeigt.

› Ovocný trh 19, Metro B: Náměstí Republiky, Ausstellung: www.czkubismus.cz/en, Tel. 778543901, Di. 10–19, Mi.–So. 10–18 Uhr, Eintritt 150 Kč

4 Altstädter Ring (Staroměstské náměstí) ★★★ [H6]

Auf engem Raum stehen hier die meisten Sehenswürdigkeiten der Altstadt. Der geschichtsträchtige Platz ist heute Dreh- und Angelpunkt des großstädtischen Lebens.

Fremdenführer bahnen sich verzweifelt den Weg durch die Menschenmasse, um ihre Gruppen rechtzeitig zum stündlichen Schaulaufen der Apostelfiguren (tägl. 9–23 Uhr) im oberen Teil der Astronomischen Uhr am Rathausturm 5 zu bringen. Studenten mit Perücken und in barocken Kostümen verteilen Flugblätter mit Konzert- und Theaterankündigungen, Kunsthandwerker bieten an Marktständen ihre Waren an. Pferdekutscher rufen Vorbeigehenden in singendem tschechischen Akzent zu: „Eine Stadtfahrt gefällig?“. Kellner der aneinandergereihten Restaurants und Cafés auf der Süd- und Westseite des Platzes spannen bereits in den frühen Morgenstunden riesige Sonnenschirme auf. Zu jeder Jahreszeit ist der Platz voller Touristen. Überall, wo man hinschaut, entdeckt man steinerne Zeugen der Geschichte. Bereits im 13. Jahrhundert standen hier romanische Bauten. Bei archäologischen Ausgrabungen in der zweiten Hälfte des 20. Jahrhunderts wurden ihre Überreste in den Kellern einiger Häuser gehoben. Am besten erhalten sind die Bürgerhäuser mit meist barocken Fassaden auf der Südseite des Platzes.

Der Altstädter Ring war oft Schauplatz wichtiger politischer Ereignisse: der Unruhen nach der Hinrichtung des Hussitenführers Jan Želivský im Jahre 1422, der Krönung Georgs von Poděbrady im Jahre 1458. Am 21. Juni 1621, sieben Monate nach der Niederlage der böhmischen Stände am Weißen Berg, wurden hier 27 adelige Anführer der Revolte hingerichtet. 27 Kreuze auf dem Pflaster vor dem Ostflügel des Rathauses 5 markieren den Ort der Hinrichtung. Am 25. Februar 1948 verkündete vom Balkon des **Goltz-Kinský-Palais** 7 der erste kommunistische Präsident, Klement Gottwald, den

Umsturz im Lande. Vom selben Platz aus sprach im Februar 1990 der Dissident und späterere Präsident Václav Havel über seine Vision von der demokratischen Erneuerung des Landes.

Von besonderer Bedeutung für die Prager ist das monumentale **Jan-Hus-Denkmal**, ein Werk des tschechischen Bildhauers Ladislav Šaloun, das 1915 zum 500. Todestag des Kirchenreformators (s. auch Exkurs S. 31) enthüllt wurde. Nachdem Jan Hus von der Inquisition in Konstanz auf dem Scheiterhaufen verbrannt worden war, brachen in Prag Unruhen aus, die zu den Hussitenkriegen führten. Anfang Juli 2015, pünktlich zum 600. Jahrestag seiner Hinrichtung, wurde die bislang letzte große Restaurierung des Denkmals abgeschlossen.

Die Astronomische Uhr

„Die Zeit ist an allem schuld", heißt es in einem tschechischen Lied. Wenn die Zeiger der Astronomischen Uhr (auf Tschechisch „orloj") am Altstädter Rathaus 5 *in der Silvesternacht stehen bleiben, droht dem tschechischen Volk eine Katastrophe, heißt es. In dieser Nacht haben der Legende nach die Geister der 27 vor dem Rathaus hingerichteten böhmischen Adligen die Kontrolle über die Uhr. Deshalb passt der Prager Uhrmacher Otakar Zámečník, dessen Firma das historische Uhrwerk wartet, ganz besonders zu Silvester auf den „Orloj" auf. Nicht, dass er auf den Aberglauben etwas gäbe, aber in der Silvesternacht 2001 blieb die Uhr stehen – und Tschechien wurde im folgenden Jahr von einer gewaltigen Überschwemmung heimgesucht.*

Aber die Uhr muss schon wegen der unzähligen Touristen, die zu jeder vollen Stunde das Apostel-Figurenspiel sehen wollen, funktionieren. Das verläuft so: Zunächst erscheint oben im Turm der Sensenmann zu hellem Glockengeläut. Danach treten aus blauen Türchen über der astronomischen Tür die zwölf Apostel heraus. Zum Schluss kräht ein Hahn und die Turmuhr schlägt die Stunde. Die Astronomische Uhr läuft seit 1410 beinahe ununterbrochen. Das komplizierte Uhrwerk von Meister Hanusch, einem Astronomen der Karls-Universität, zeigt nicht nur die Zeit, sondern auch die Position der Planeten an. Auf dem äußeren Scheibenring zeigen arabische Ziffern die mitteleuropäische Zeit an. Der innere Kreis markiert die Stellung der Tierkreiszeichen. Bei der Restaurierung der Uhr im Jahr 1865 wurde ein kreisförmiges Kalendarium mit einem Medaillon für jeden der 12 Monate vom Maler Josef Mánes hinzugefügt. Das Original befindet sich im Museum der Hauptstadt (s. S. 75), es wurde 1962 durch eine Kopie ersetzt. ***Für 2018 ist ihre Generalsanierung geplant. Aus diesem Grund wird die Astronomische Uhr von Januar bis Anfang Juni 2018 abmontiert.***

Da es keine Konstruktionszeichnungen mehr gibt, wird dies keine leichte Aufgabe für die Firma von Otakar Zámečník sein, die als einzige in Prag das Uhrwerk in Gang halten kann.

067pr Abb.: gz

5 Altstädter Rathaus (Staroměstská radnice) ★★ [H6]

1468 ließ sich hier Georg von Poděbrady zum böhmischen König wählen. Heute träumen viele junge tschechische Paare davon, im Altstädter Rathaus zu heiraten. Dafür müssen sie sich aber frühzeitig anmelden, denn der Ansturm ist riesengroß. Die erste Ehe wurde hier am 5. März 1871 geschlossen.

Seit Ende des 13. Jh. bemühten sich die Altstädter um ein Rathaus. Doch erst 1338 gewährte ihnen Johann von Luxemburg diese Gunst. Das Rathaus symbolisierte ja die Schwächung der Macht des Königs zugunsten der des Bürgertums. Den Kern des Gebäudekomplexes, der im Laufe der Zeit entstand, bildet das ursprünglich einstöckige Steinhaus aus dem 14. Jh. Den südlichen Flügel begrenzt das **Haus U Minuty** (Zur Minute) vom Anfang des 15. Jh. Seine Fassade schmückt ein Renaissancegraffiti mit mythologischen und biblischen Motiven. Zwischen 1869 und 1896 bewohnte das Haus der Schriftsteller Franz Kafka mit seinen Eltern, 1892 kam hier seine geliebte Schwester Ottla auf die Welt. An der Ostseite des Rathauses entstand Mitte des 14. Jh. der Turm und 1381 eine Erkerkapelle. Nach der Schlacht auf dem Weißen Berg mussten die Stadträte vor ihren Sitzungen in der Kapelle beten. In der zweiten Hälfte des 19. Jh. wurde das Rathaus um das **Haus U Kohouta** (Zum Hahn) mit seiner klassizistischen Fassade erweitert. Zur **Aussichtsgalerie** in 70 m Höhe gelangt man entweder über eine schmale Treppe oder mit einem Lift. Von oben blickt man bis zur Burg jenseits der Moldau. Im Erdgeschoss liegt ein Touristenbüro.

⌃ Die Teynkirche 6 überragt die Altstadt

› Staroměstské náměstí 1/3, www.staromestskaradnicepraha.cz, Tel. 236002629, Metro A: Staroměstská, ganzjährig Mo. 11–19 Uhr, Di.–So. 9–19 Uhr, Turm Mo. 11–22 Uhr, Di.–So. 9–22 Uhr, Eintritt Turm und Rathaus 250 Kč. Abendführungen in deutscher Sprache beginnen um 20 Uhr, Dauer: 120 Min., Eintritt p. P. 250 Kč, Buchung an der Kasse, telefonisch oder schriftlich über Tel. 775443438 bzw. staromestskaradnice@prague.eu. **Achtung:** Im Frühjahr 2016 begann die Generalsanierung des Turms. Bis November 2017 bleibt er für Besucher geschlossen, zwischen Dezember 2017 und April 2018 wird die Rathauskapelle nicht zugänglich sein. Im Januar 2018 wird die Aposteluhr abmontiert, ab Juni 2018 soll sie wieder zu sehen sein. Während der Arbeiten enthält der Eintrittspreis als Ersatz den Aufstieg auf den Turm des Neustädter Rathauses am Karlsplatz 29

EXTRAINFO

Wie starb Tycho Brahe?

2010 exhumierte ein tschechisch-dänisches Expertenteam medienwirksam die sterblichen Überreste des dänischen Astronomen Tycho Brahe, um nach jahrzehntelangen Diskussionen die Todesursache des berühmten Wissenschaftlers zu klären. Ihr Fazit: Brahe starb, weil er sich während eines Banketts bei Rudolf II. nicht auf die Toilette getraut hatte. Allerdings halten die Experten eine ohne äußere Einmischung gerissene Blase für eher unwahrscheinlich. Spekulationen zufolge könnte Brahe vergiftet worden sein. Zum „Kreis der Verdächtigen" zählte auch der Wissenschaftler und Rivale **Johannes Kepler.** Das wiederum bestreitet der Rostocker Wissenschaftler Ludwig Jonas, der 2012 Brahes Barthaare untersucht hatte. Ihm zufolge starb der Astronom wohl deshalb, weil er bei der Herstellung von Quecksilberpräparaten giftigen Dämpfen ausgesetzt war.

6 Teynkirche (Týnský chrám) ★★ [I6]

Die Kirche ist ein weiteres Wahrzeichen des Altstädter Rings. Ihre schlanken Türme mit vergoldeten Verzierungen tauchen den Platz in eine märchenhafte Atmosphäre. In ihrer Geschichte war sie immer wieder ein hart umkämpftes Objekt der widerstreitenden Religionsparteien.

Während der hussitischen Reformation war sie die städtische Hauptkirche. Ihren gotischen Giebel schmückte ein großer goldener Kelch, Symbol der Utraquisten. Darunter stand die Statue des Königs Georg von Poděbrady mit dem Schwert in der Hand. Nach der Niederlage der Hussiten fiel die Kirche an die Katholiken, die die Symbole der Rebellion beseitigten und an ihrer Stelle 1626 eine Figur der Jungfrau Maria aufstellten. Die Kirche wurde im 14. Jh. auf romanischen und frühgotischen Fundamenten erbaut. An ihrem Nordportal arbeitete die Bauhütte des Lieblingsarchitekten von Karl IV., Peter Parléř. Beachtenswert sind vor allem die kunstvollen Steinmetzarbeiten. Der Südturm wurde Anfang des 16. Jh. fertiggestellt. 1942 hatten die deutschen Besatzer die Originalglocken geraubt. 2008 bekam die Teynkirche drei neue Glocken und somit ihren alten Klang zurück.

Im Innenschiff der Kirche liegt hinter der gotischen Kanzel das **Grab des dänischen Astronomen Tycho Brahe** (1546–1601, siehe Extrainfo oben). In Prag gab er Johannes Kepler seine Daten über die Berechnung der Marsbahn. Mit ihrer Hilfe entwickelte das mathematische Genie die nach ihm benannten Gesetze. Der Eingang

EXTRATIPP

Rund um den Haštal-Platz [I5]

Viel Charme haben Gassen und Plätze rund um den **malerischen Haštalské náměstí**, nur einen Steinwurf vom Altstädter Ring entfernt. Die enge Kozí **(Ziegengasse)** findet Erwähnung im Werk gleich dreier großer Schriftsteller: Jaroslav Hašek, Bohumil Hrabal und Egon Erwin Kisch. Das Haus in der Anežská 1043 dürfte mit seiner nur 2,25 m hohen Straßenfront das **kleinste Haus in der Altstadt** sein.

zur Kirche führt über die Laubengänge der frühgotischen **Teynschule** mit ihren schönen venezianischen Giebeln aus dem 16. Jh. Nebenan im gotischen **„Haus zur steinernen Glocke"** werden Ausstellungen und Konzerte veranstaltet.

› Staroměstské náměstí (Durchgang im Haus Nr. 14), Metro A: Staroměstská, www.tyn.cz, Öffnungszeiten für Touristen: März–Dez. Di.–Sa. 10–13 und 15–17 Uhr, So. 10–12 Uhr, Eintritt 25 Kč oder 1 € (auf freiwilliger Basis). Reisegruppen müssen sich vorher per Mail unter dkc@cmail.cz anmelden.

7 Goltz-Kinský-Palais (Palác Golz-Kinských) ★ [I6]

Das elegante Rokokogebäude, das in den Altstädter Ring 4 vorspringt, ist das **Goltz-Kinský-Palais**, erbaut 1755–1765 von Anselm Lurago nach den Plänen von Kilian I. Dientzenhofer. Sein Besitzer bestach angeblich drei Stadträte, um sein Palais zum Neid der Nachbarn weiter in den Platz hinein bauen zu können. Als das Baugerüst beseitigt war, reagierten die anderen Stadtväter ausgesprochen verärgert und ließen die drei korrupten Kollegen am Platz erhängen. Der Graf aber blieb unangetastet. Der Familie Kinský gehörte das Palais bis 1786. 1893 wurde das Gebäude in ein deutsches Gymnasium umgewandelt, zu dessen Schülern von 1893 bis 1901 auch Franz Kafka gehörte. Sein Vater betrieb im Erdgeschoss ein Geschäft. Auch Max Brod, Franz Werfel und Karl Kraus besuchten das Gymnasium. Heute ist hier eine Zweigstelle der Nationalgalerie untergebracht. In der Ausstellung werden Kunst aus Asien und Afrika sowie interessante Wechselausstellungen präsentiert.

› Staroměstské náměstí 12, Metro A: Staroměstská, www.ngprague.cz, Di.–So. 10–18 Uhr, Eintritt 150 Kč (für Jugendliche bis 18 und Studenten bis 26 Jahre freier Eintritt zur Dauerausstellung). Sammelticket für alle Objekte der Nationalgalerie s. S. 77.

8 St. Nikolaus-Kirche (Chrám sv. Mikuláše) ★ [H6]

An der Nordwestseite des Altstädter Rings 4 erhebt sich die **Barockkirche St. Nikolaus.** Sie ist eine der drei Kirchen dieses Namens in Prag, ein Werk von Kilian Ignaz Dientzenhofer, Böhmens größtem Barockmeister, aus den Jahren 1732–1735. Die schöne Stuckdekoration im Kirchenschiff stammt von Bernardo Spinetti, die Wandfresken von dem bayerischen Maler Damian Asam und die Plastiken von Antonín Braun. Die Kirche wurde 1787 säkularisiert und diente als Lagerhaus. Nach dem Zweiten Weltkrieg übergab sie der Staat der Tschechoslowakischen Hussitischen Kirche. Neben Gottesdiensten finden hier fast täglich Konzerte statt.

› Staroměstské náměstí, Metro A: Staroměstská, www.svmikulas.cz, Mo.–Sa. 10–16 Uhr, So. 12–16 Uhr. Konzerte Apr.–Nov. tägl. 17 und 20 Uhr, www.koncertyvpraze.eu

9 Ständetheater (Stavovské divadlo) ★★ [I6]

„Meine Prager verstehen mich", bedankte sich der Überlieferung zufolge der sichtlich gerührte Mozart bei dem Publikum, das ihm hier nach der Uraufführung seiner Oper „Don Giovanni" im Oktober 1787 stürmisch applaudierte.

Das klassizistische Gebäude des Ständetheaters am Obstmarkt (Ovocný trh) bleibt für immer mit dem Namen von **Wolfgang Amadeus Mozart** verbunden. Im Januar 1787 dirigierte er hier „Die Hochzeit des Figaro", einige Monate später folgte die Weltpremiere von „Don Giovanni". Er war nicht der einzige berühmte Künstler, der hier wirkte. Im Dezember 1828 spielte auf derselben Bühne an sechs Abenden der berühmte Geigenvirtuose Niccolo Paganini; Carl Maria von Weber und Gustav Mahler leiteten zeitweise das Theater. Das Gebäude hatte ein Prager Deutscher, Kunstmäzen Graf Franz Anton Nostiz-Rieneck, in den 1780er-Jahren auf seinem Grundstück erbauen lassen. Er wollte damit die deutsche Oper und das deutsche Theater fördern, ab und zu erlaubte er aber auch eine tschechische Produktion. Nach seinem Tod erwarben die böhmischen Stände das Theater, das fortan das „Königliche Ständetheater" hieß. Aber der Kampf um das Hausrecht ging weiter: Mitte des 19. Jh. zog das Deutsche Landestheater ein, in den Anfangsjahren der 1. Tschechoslowakischen Republik wurde das Theater von tschechischen Kunstschaffenden beschlagnahmt. Das verstimmte den Präsidenten Masaryk derart, dass er seitdem das Gebäude nie mehr betrat. 1948 wurde die Bühne in Tyl-Theater umbenannt, 1990 erhielt sie ihren ursprünglichen Namen zurück und ist heute Teil des Nationaltheaters 32.

› Ovocný trh 1/Železná, Metro A, B: Můstek, www.narodni-divadlo.cz, Kasse tägl. 10–18 Uhr, Tel. 224901448, www.narodni-divadlo.cz

10 Karolinum ★ [I6]

Viele tschechische Eltern träumen davon, dass ihr Kind aus dem ehrwürdigen Karolinum (Karlsuniversität) mit einem Hochschuldiplom herausspaziert. Der Studienabschluss an der Karlsuniversität gilt in Tschechien nach wie vor als besondere Auszeichnung. Kaiser Karl IV. gründete 1348 die älteste Universität Mitteleuropas. Als Hörsaal dienten zunächst Räume in umliegenden Klöstern. 1383 stiftete Wenzel IV. der Universität ein eigenes Lehrgebäude, von dessen einstiger Pracht heute nur noch der gotische Erker zeugt. Zu den berühmtesten Rektoren zählte Jan Hus. Die Universität wuchs zu einem stattlichen Gebäudekomplex, der später von den Jesuiten übernommen und barockisiert wurde.

› Železná/Ovocný trh 3. Im Kellergewölbe ist die Dauerausstellung über die Geschichte der Karlsuniversität zu sehen (tägl. 10–17 Uhr, Eintritt 50 Kč).

11 Agneskloster (Anežský klášter) ★★ [I5]

Es war das erste Klarissenkloster nördlich der Alpen, gegründet von der Tochter des Königs Přemysl Ottokar I., einer bemerkenswerten Frau.

Nahe der Moldau im Stadtviertel Na Františku erstreckt sich der älteste frühgotische Baukomplex Böhmens. 1231–1234 gründete die hl. Agnes zwei Klöster: eines für Minoriten und das andere für Klarissen. 1237 wurde sie zur ersten Äbtissin des Klarissenklosters ernannt. Agnes galt als Vorbild für eine demütige und asketische Lebensführung. Obwohl um ihre Hand mehrere Könige warben – darunter der englische König Heinrich III. – wandte sie sich dem geistlichen Leben zu. Aber sie nahm auch Einfluss auf die Politik: Die Herrscher schätzten sie als Ratgeberin bei Staatsgeschäften. Nach ihrem Tod sollen sich mehrere Wunder ereignet haben. Das Kloster wurde von Josef II. aufgelöst, in den verfallenden Gebäuden später ein Armenheim eingerichtet. Bei der Rekonstruktion 1980 fanden Arbeiter in der frühgotischen **Salvator-Kirche** die Gräber der hl. Agnes und weiterer Přemysliden. 1989, 700 Jahre nach ihrem Tod, wurde Agnes heiliggesprochen. In den Klosterräumen wird mittelalterliche Kunst ausgestellt, im Erdgeschoss informiert seit 2016 eine neue Ausstellung über die Geschichte des Klosters. Erhalten blieben der **hochgotische Kreuzgang** aus dem 14. Jh., der **Alte Kapitelsaal, die Klostergärten** und das **Alte Refektorium.**

› Anežská 12, Metro A: Staroměstská, Tel. 221810628, www.ngprague.cz, Di.–So. 10–18 Uhr, Eintritt 220 Kč (für Kinder und Jugendliche unter 18 Jahren und Studenten bis 26 Jahre frei). Sammelticket für die Objekte der Nationalgalerie s. S. 77.

100pr Abb.: gz

12 Rudolfinum ★★ [G6]

Das Rudolfinum am rechten Moldauufer ist ein Ort herausragender Konzerte. Die internationale Filmbranche nutzt es gerne als historische Kulisse.

Das Neorenaissancegebäude ist ein Werk der tschechischen Architekten Josef Zítka und Josef Schulz, die auch das Nationaltheater 32 und das Nationalmuseum 26 entwarfen. Die deutsche Filiale der Böhmischen Sparkasse spendete Prag dieses repräsentative Kunstzentrum. Zur feierlichen Einweihung 1885 wurde u. a. Antonín Dvořáks „2. Slawische Rhapsodie" aufgeführt. Elf Jahre später stand der Maestro selbst auf der Bühne und dirigierte seine Symphonie „Aus der neuen Welt". Seitdem trägt der große Konzertsaal mit seiner Weltklasse-Akustik den Namen des berühmten tschechischen Komponisten. Auch während des Zweiten Weltkriegs wurde hier Musik gespielt – allerdings nur die der deutschen Besatzer. Seit 1946 ist das Rudolfinum **Sitz der Tschechischen Philharmonie** und **Zentrum des Musikfestivals Prager Frühling.**

› Alšovo nábřeží 12, Metro A: Staroměstská, www.ceskafilharmonie.cz, www.rudolfinum.cz/en, Tel. 227059227, Ticketschalter Mo.–Fr. 10–18 Uhr, Juli/Aug. 10–15 Uhr, an Wochenenden 2 Std. vor dem Beginn. Eintrittskarten kann man auch online kaufen. Neben Konzerten und anderen kulturellen Veranstaltungen finden in der Galerie interessante Wechselausstellungen statt, Di./Mi. u. Fr.–So. 10–18 Uhr, Do. 10–20 Uhr: www.galerierudolfinum.cz, Eintritt ca. 130 Kč.

Gottlose Nation: Jan Hus – oder warum die Tschechen Hussiten sind

„Wir mögen keine Kirchen und keine Predigten. Kneipe und fette Wurst, darauf stehen wir.“ In diesem ironischen Satz des tschechischen Musikers Michael Kocáb steckt Wahres: Die vielen majestätischen Kirchen im Stadtbild Prags trügen. Anders als etwa Polen oder die Slowakei gehört Tschechien zu den am wenigsten religiösen Ländern Mitteleuropas. Fast zwei Drittel der Tschechen gehören keiner Kirche an.

Das Trauma mit der Kirche entstand durch die Ermordung von Jan Hus. Die Tschechen warten bis heute auf die Bitte um Verzeihung. Papst Johannes Paul II. hat das Verbrechen und die „nachfolgende Wunde“ lediglich bedauert. Das aber ist den meisten Tschechen zu wenig, denn ihr Jan Hus starb „für die Wahrheit“, wie sie sagen.

Über die Kindheit des Mannes, der neben Martin Luther und Johannes Calvin zu den bedeutendsten Persönlichkeiten der Reformation zählt, weiß man wenig. Er wurde um 1372 im südböhmischen Husinec geboren. Sein Vater war wahrscheinlich Bauer. 1390 kam Hus nach Prag, um Theologie und Philosophie zu studieren, 1400 wurde er zum Priester geweiht.

Beeinflusst von der radikalen Lehre John Wyclifs von der Universität Oxford und vom aufkommenden Nationalbewusstsein an der Prager Universität, predigte Hus von nun an in tschechischer Sprache von der Kanzel der Bethlehemskapelle vehement gegen die Verweltlichung der Kirche. Er sah in der Bibel die einzige Autorität in Glaubensfragen und in Jesus Christus das einzige Oberhaupt der Kirche, an das sich Christen direkt und ohne Vermittlung durch Priester wenden können.

1408 war Jan Hus in ganz Europa bekannt, Papst und Inquisition beschuldigten ihn der Ketzerei und vertrieben ihn aus Prag. Im Exil schrieb er seine bedeutendsten Aufsätze und predigte weiter. 1414 wurde er mit dem Versprechen eines freien Geleits zum Konstanzer Konzil gerufen. Hus weigerte sich standhaft, seine Thesen zu widerrufen und wurde am 6. Juli 1415 auf dem Scheiterhaufen verbrannt.

Die Nachricht von seinem Tod rief in Prag gewaltige Proteste hervor und führte zu den Hussitenkriegen (1415–1422), die sich gegen König, Kaiser, Kirche und den Papst richteten. Nach der Niederlage der tschechischen Protestanten gegen die Habsburger im Jahr 1620 erlitt das Land dann eine Zwangsrekatholisierung. Der Kampf gegen den Katholizismus spielte auch während der tschechischen Nationalbewegung des 19. Jh. eine wichtige Rolle. Präsident T. G. Masaryk berief sich 1914 auf die Hussiten als Vorbild.

Für die Tschechen ist Jan Hus ein Wegbereiter der Nation, sein Märtyrertod schuf einen Opfermythos. Der Gedanke „Europa hat uns verlassen“ kehrte immer wieder zurück: 1938 beim Münchener Abkommen oder 1968, nach der Zerschlagung des Prager Frühlings.

◁ Das Jan-Hus-Denkmal ist seit 1915 das Wahrzeichen des Altstädter Rings

13 Bethlehemskapelle (Betlémská kaple) ★★ [H7]

Auch wenn das Gebäude auf dem beschaulichen Betlehemplatz nur eine Rekonstruktion ist, hat es für die Tschechen eine besondere Symbolkraft. Hier predigte einst Jan Hus – auf Tschechisch.

Zwei Prager Bürger, Johann von Mühlheim und Krämer Kříž, ließen das Haus 1391 in einem Armenviertel der Altstadt errichten. Die schlichte Bauart war Programm: Das Gotteshaus spiegelte die neue revolutionäre Sicht von der eigentlichen Stellung der Kirche wider und war somit der erste Kirchenbau Europas, der dem Geist der Reformation entsprach. Zwischen 1402 und 1412 strömten die Menschen zu den Predigten des Kirchenreformators Jan Hus. Bis zu 3000 Menschen sollen sich in der Kirche und davor versammelt haben. Auch nach dem päpstlichen Verbot 1410 predigte Hus weiter. Die Kapelle wurde zum Symbol der hussitischen Bewegung in Böhmen. 1622 verwandelten die Jesuiten das Haus in eine katholische Kirche. 1786 wurde die Kapelle abgerissen. Nach dem Zweiten Weltkrieg wurde nach alten Zeichnungen und Illustrationen die Kapelle als Symbol der nationalen Identität rekonstruiert. Die Wände zieren Repliken der ursprünglichen Malereien sowie Texte hussitischer Lieder. Das Gebäude dient der Technischen Hochschule und als Konzertsaal. Vom benachbarten **Haus des Predigers** sind einige Wandfragmente, Teile der Sakristei sowie das Wohnzimmer erhalten geblieben.

› Betlémské náměstí 255/4, Metro B: Národní třída, Tel. 224248595, www.bethlehemchapel.eu/de, April–Okt. tägl. 10–18.30 Uhr, Nov.–März tägl. 10–17.30 Uhr, Eintritt 60 Kč, Dauer der Besichtigung ca. 45 Min. Es liegen Infoblätter auf Deutsch aus.

KLEINE PAUSE

Café Montmartre

Die Gästeliste des ehemaligen **Künstlercafés Montmartre** in der engen Řetězová Straße liest sich wie ein „Who's who" in der Prager deutschsprachigen Literatur. Zu den Stammgästen zählten Franz Kafka, Max Brod, Jaroslav Hašek, Gustav Meyrink, Johannes Urzidil oder Egon Erwin Kisch. Damals befand sich hier ein Kabarett, die Schriftsteller entspannten sich bei Tanz und Musik. Besonders der „rasende Reporter" Kisch soll auf dem Tanzboden eine gute Figur gemacht haben. Das mittlerweile in die Jahre gekommene, alternativ angehauchte Café ist heute ein Treffpunkt der Studenten (s. S. 85).

14 Klementinum ★★ [H6]

1556 ließen sich die Jesuiten im ehemaligen Dominikanerkloster östlich der Karlsbrücke nieder. Auf einer zwei Hektar großen Fläche erbaute der Orden in 150 Jahren das Klementinum, das zum Zentrum der Gegenreformation wurde.

Nach der Prager Burg 42 ist das Klementinum der größte Gebäudekomplex Prags mit fünf Höfen und drei Kirchen. Zu ihnen gehört die 1578 erbaute und bis Mitte des 17. Jh. ausgebaute **St.-Salvator-Kirche,** damals die jesuitische Hauptkirche in Böhmen. Neben der Kirche, die dem Kreuzherrenplatz zugewandt ist, führt der Eingang zum ersten Hof.

Ein bemerkenswert reiches barockes Interieur weist die zu Beginn des 18. Jh. erbaute und von außen eher schlicht wirkende **St.-Clemens-Kirche** auf, die ebenfalls wie die ältere **Wel-**

EXTRAINFO

Ein wertvoller Zufallsfund

Anfang 2017 wurde in der **St.-Salvator-Kirche** [G6] am Kreuzherrenplatz ein gotischer Christuskopf entdeckt. Das Fragment stammt aus dem 14. Jahrhundert und ist 14 Zentimeter groß. Gefunden wurde er nicht etwa bei archäologischen Grabungen, wie man meinen würde, sondern ganz profan – beim Staubsaugen. Nun soll das Kunstwerk wissenschaftlich erforscht werden.

sche Kapelle über den gemeinsamen Säuleneingang in der Karlsgasse erreichbar ist. In das Gebäudeensemble sind mehrere Profanbauten integriert – Schulen, Bibliotheken und das Kolleg. Die Jesuiten hatten ein Theater, eine Sternwarte und eine eigene Druckerei. Im Ostflügel, der an den Marienplatz grenzt, liegen **Spiegelkapelle, Bibliothekssaal** und **der Meridiansaal**, in dem früher Messungen und Berechnungen durchgeführt wurden.

Das Jesuitenkolleg gehörte neben der Karlsuniversität zu den führenden Bildungseinrichtungen im böhmischen Königreich. Nach der Aufhebung des Jesuitenordens 1773 wurde in den Gebäuden ein Teil der Prager Universität untergebracht. Heute ist im Klementinum die Sammlung der Nationalbibliothek mit mehr als sechs Millionen Büchern, darunter viele wertvolle alte Manuskripte, aufbewahrt. Für Besucher zugänglich sind die barocke Bibliothek, die Spiegelkapelle (sofern dort keine Veranstaltung stattfindet), der Meridiansaal und der 52 m hohe astronomische Turm. **Bis Ende 2017 ist wegen der Gebäudesanierung keine Besichtigung möglich.**

› Eingang: Křižovnická 190, Mariánské náměstí 5 oder Karlova 1, Metro A: Staroměstská, Tel. 733129252, www.klementinum.com

EXTRAINFO

2015 wählten die Leser des populären amerikanischen Kunst-, Kultur- und Kreativ-Servers **Bored Panda** die barocke Bibliothek im Klementinum (14) zur **schönsten Bibliothek der Welt.**

(15) Kreuzherrenkirche (Kostel sv. Františka z Assisi) ★ [G6]

An der Nordseite des stets überfüllten Kreuzherrenplatzes (Křižovnické náměstí) steht die barocke Kreuzherrenkirche, eine Nachbildung der Peterskirche in Rom. Das Bauwerk entstand im letzen Drittel des 17. Jahrhunderts bewusst als Gegenstück zur gegenüberliegenden jesuitischen Hauptkirche St. Salvator. Der um 1230 gegründete einzige böhmische Orden der Kreuzherren stand in Konkurrenz zu den mächtigen Jesuiten.

035pr Abb.: gz

Die jesuitische St.-Salvator-Kirche

Das **Kuppelfresko** zeigt das Jüngste Gericht von Wenzel Lorenz Reiner (1689–1743). Das Klostergebäude wurde nach Plänen von Carlo Lurago 1661–1662 erbaut. Der nördliche Gebäudeteil entstand Anfang des 20. Jahrhunderts. Vor der Kirche ragt eine **Statue Karls IV.** auf, die 1848 zum 500-jährigen Bestehen der Prager Universität errichtet wurde.

Im Nebengebäude, dem ehemaligen Spital der Kreuzherren, ist heute das **Museum der Karlsbrücke** untergebracht. Ausgestellte Modelle, Bilder und Kopien der Statuen informieren über die Entstehungsgeschichte und Gegenwart des berühmten Bauwerks. Besichtigen kann man auch die barocke Grotte unterhalb der Kreuzherrenkirche.

› Křižovnické náměstí 3, Metro A: Staroměstská, www.krizovnici.eu, April–Nov. tägl. 10–19 Uhr. Im Winter kann man durch eine Glastür hineinsehen.
› **Muzeum Karlova mostu** (Museum der Karlsbrücke), www.muzeumkarlovamostu.cz, Mai–Sept. 10–20, Okt.–April 10–18 Uhr, Eintritt 170 Kč. Angeschlossen ist ein gemütliches Café.

16 Karlsbrücke (Karlův most) ★★★ [G6]

Sie erlebte Krönungs- und Begräbniszüge der böhmischen Könige, Ritterturniere, Hussitenkriege und mehrere Hochwasserkatastrophen. An einem ihrer Brückenerker befand sich ein Hinrichtungsplatz. Die „Mutter aller tschechischen Brücken“ wird verehrt wie ein Nationalheiligtum.

Von daher ist auch zu verstehen, dass Karl IV., der die weltberühmte Brücke im Jahr 1357 erbauen ließ, in einer landesweiten Umfrage zum „größten Tschechen aller Zeiten“ gekürt worden ist. Seinen Namen trägt die 520 m lange, 9 m breite und von 16 Pfeilern getragene Brücke übrigens erst seit dem 19. Jh. Früher hieß sie einfach die „Steinerne“ oder „Prager Brücke“.

Auf einem Brückenpfeiler unterhalb der Brücke (von der Altstadt kommend links, kurz vor der Kleinseite) steht die **Kopie des Ritters Bruncvík.** Sein Zauberschwert soll laut einer bekannten Legende dem hl. Wenzel in Zeiten der Bedrohung des tschechischen Volkes helfen.

Nur wenige europäische Städte können sich eines so imposanten mittelalterlichen Brückenbauwerks rühmen, dessen Vorbild die **Regensburger Brücke** war. Die frühere Judithbrücke wurde 1342 fast vollständig von der Moldauflut zerstört, weshalb sich Karl IV. für die Grundsteinlegung der neuen Brücke den **Rat der Astrologen** holte. Und sie planten minutiös: Am 9. Juli 1357 um 5.31 Uhr war es soweit – angeblich deshalb, damit die ungeraden Zahlen in aufsteigender und absteigender Folge angeordnet werden konnten: 135797531. Einer weiteren Legende nach beschloss der erste Baumeister Peter Parléř, der auch den Veitsdom 43 entwarf, den Mörtel mit Eidotter anzureichern, um die Brücke haltbarer zu machen. Aus allen Landesteilen mussten die Untertanen Eier nach Prag bringen. Noch heute eilt einer Kleinstadt der Spott der Prager nach, weil ihre Bürger angeblich die Eier vor dem Transport sicherheitshalber hart kochen ließen. Seit mehr als sechs Jahrhunderten verbindet die Karlsbrücke die Stadtteile Altstadt und die Kleinseite. Heute drängen sich unzählige Touristen auf der Brücke – zur Freude der einheimischen Musiker, Souvenirverkäufer und Porträtzeichner. Den Spaziergang über die Karlsbrücke, den Blick auf den Hradschin und über die Moldau bis zum Nationaltheater 32 wird niemand vergessen.

Die **Freilichtgalerie von Barockplastiken** auf der Brücke stammt aus der Zeit an der Wende vom 17. zum 18. Jh. Führende Bildhauer wie Matthias B. Braun, Johann Brokoff und seine Söhne Michael Johann und Ferdinand Maximilian schufen die Statuen. Die bekannteste und älteste ist die des heiligen Johannes von Nepomuk (von der Altstadtseite kommend die achte auf der rechten Seite) von Johann Brokoff aus dem Jahr 1683. Vor mehr als 600 Jahren fiel Nepomuk bei König Wenzel IV. in Ungnade, er wurde gefesselt von der Brücke in die Moldau geworfen. Das Plattenrelief an der Statue ist blank gerieben: Wer die Hand darauf legt, hat in seinem Leben – wenn er daran glaubt – viel Glück. Die bildhauerisch wertvollste Statue ist die der heiligen Luitgard aus dem Jahr 1710 (die 13. auf der linken Seite) von Matthias Bernhard.

Die meisten kostbaren Originalstatuen befinden sich im Lapidárium (s. S. 75) und wurden durch Kopien ersetzt. Eine gute Entscheidung: Im März 2007 mussten die Taucher der Stadtpolizei einen Monat lang in der eiskalten Moldau nach Bruchstücken der Statuen suchen, die von randalierenden Touristen in den Fluss geworfen worden waren. Jetzt sollen Überwachungskameras für die Sicherheit der Brückenheiligen sorgen. Einsame Spaziergänge auf der Brücke, wie im 19. Jh. beschrieben, sind heute un-

036pr Abb.: gz

Die Karlsbrücke mit ihren Statuen ist ein Nationalheiligtum

möglich, es sei denn, man kommt um drei Uhr nachts oder am frühen Morgen. In den nächsten Jahren stößt der Besucher auf wandernde Baustellen: Seit 2008 wird die Brücke einer **Generalüberholung** unterzogen. Die erste Phase wurde im Nov. 2010 beendet und betraf den oberen Bau, wann die zweite beginnt, ist ungewiss (Stand: Juni 2017). An die Reihe kommen dann die Brückenpfeiler. Die Arbeiten werden voraussichtlich 10 Jahre dauern. Die Brücke bleibt begehbar.

17 Brückentürme (Mostecké věže) ★★ [F6, G6]

Das Kommen und Gehen auf der Karlsbrücke lässt sich aus luftiger Höhe, vom gotischen Altstädter-Brückenturm am Kreuzherrenplatz, sehr gut beobachten.

Baumeister Peter Parléř aus Schwäbisch Gmünd begann mit dem Bau des Altstädter Brückenturms unter Karl IV., fertigstellen konnte er ihn erst 1385 unter dessen Sohn Wenzel IV. Die beiden Herrscher sind oberhalb des Torbogens als Sitzfiguren abgebildet. Über ihnen thronen die Statuen der böhmischen Schutzheiligen, St. Adalbert und St. Sigismund. Noch weiter oben waren zehn Jahre lang die Köpfe der Anführer des böhmischen Ständeaufstandes aufgepfählt, die 1618 gegen die Habsburger rebellierten. An der Turmseite, die der Altstadt zugewandt ist, überraschen zwei erotische Steinplastiken, die eine Nonne und einen Mönch darstellen. Um die Karlsbrücke 16 aus der Vogelperspektive betrachten zu können, muss man 138 Treppenstufen überwinden.

Am anderen Ende der Brücke erheben sich die **Kleinseitner Brückentürme**, durch die ein Tor führt. Nur der höhere Turm (Baujahr 1464) ist öffentlich zugänglich und ermöglicht eine wunderbare Aussicht auf die Kleinseite. Der kleinere ist sogar noch älter als die Karlsbrücke 16 und gehörte zur Befestigung vom 12. Jh.

› www.muzeumprahy.cz/prazske-veze, beide Türme tägl. Okt./März 10–20 Uhr, Nov.–Febr. 10–18 Uhr, April–Sept. 10–22 Uhr. Eintritt jeweils 90 Kč. Im Altstädter Brückenturm ist auch das Untergeschoss aus dem 14. Jh. zugänglich.

Josefstadt

Glanz und Trauer sind hier ineinander verwoben: Sechs Synagogen, das Jüdische Rathaus und der Alte Jüdische Friedhof zeugen von der ruhmreichen Vergangenheit der Prager jüdischen Gemeinde – die 77.297 Namen der Naziopfer an den Wänden der Pinkas-Synagoge von ihrem Untergang.

Vergeblich suchen heute Touristen das Prager Getto des sagenhaften Golems. Ende des 19. Jh. ist die überfüllte Josefstadt (Josefov) mit ihren desolaten hygienischen Wohnverhältnissen abgerissen worden. Erhalten geblieben sind sechs Synagogen, das Jüdische Rathaus und ein Teil des **Alten Jüdischen Friedhofs** 19. Bedeutende Rabbiner lehrten im Getto, die Juden prägten die Geschichte Prags. Von Beginn an wurden sie aber auch diskriminiert und verfolgt. Zum ersten großen Pogrom mit mehr als 3000 Opfern kam es 1389, als den Juden die Schuld an der Pest gegeben wurde. Eine Blütezeit erlebte die Gemeinde im 16. Jh. Der Alt-Prager Jude und Bürgermeister Mordechai Maisel baute ein Spital, öffentliche Badehäuser, eine Talmudschule, schuf das Rathaus in jener Zeit, als der **berühmte Rabbi Löw** in Prag lebte. 1744 verfügte Kaiserin Maria Theresia die Vertreibung der Juden, nahm dann aber den Erlass zurück. Im 18. Jh. stellten die etwa 12.000 Juden ein Drittel der Prager Einwohnerschaft. Die mittelalterliche Gettomauer wurde 1848 abgerissen. 1867 wurden Juden erstmals rechtlich Christen gleichgestellt. In der Tschechoslowakischen Republik von 1918 schien die Überwindung des Antisemitismus möglich. Dabei spielte Staatspräsident Masaryk eine große Rolle, der antijüdischem Denken energisch entgegentrat. Aber schon in der 1930er-Jahren kam es erneut, zunächst in deutschen Siedlungsgebieten, zu Ausschreitungen. Die Nazis schließlich deportierten die etwa 135.000 Juden Böhmens und Mährens nach Theresienstadt und in Vernichtungslager. Von 35.000 Juden im Vorkriegsprag überlebten nur wenige Hundert. Heute zählt die Gemeinde ungefähr 1700 Mitglieder.

ℹ1 [H6] **Informations-und Reservierungszentrum,** Maiselova 15, Tel. 222317191, www.jewishmuseum.cz, Nov.–März Mo.–Fr. und So. 9–16.30, April–Okt. Mo.–Fr. und So. 9–18 Uhr, Sa. und an jüdischen Feiertagen geschlossen. Hier kann man sich Eintrittskarten für die Objekte des Prager jüdischen Viertels kaufen, die im „Jüdischen Museum" integriert sind (Ticketpreise siehe rechts) sowie Audioguides ausleihen. Angeschlossen ist ein kleines Café mit koscheren Produkten. **Tipp:** Wer sich die langen Wartezeiten ersparen will, bestellt die Tickets online (www.jewishmuseum.cz/e-shop) – nur ausgedruckte Tickets werden akzeptiert.

18 Pinkas-Synagoge (Pinkasova synagoga) ★ [H6]

Die zweitälteste Synagoge Prags ist heute vor allem eine **Gedenkstätte für die Opfer des Holocausts in Böhmen und Mähren.** Im ersten Stock sind erschütternde Kinderzeichnungen ausgestellt, die zwischen 1942 und 1944 im Getto Theresienstadt entstanden sind. Vor ihrer Deportation nach Auschwitz hat die Malerin Friedl Dicker-Brandeis 4500 Zeichnungen versteckt. Fast alle Kinder und die Künstlerin sind in Auschwitz vergast worden.

Rabbi Pinkas ließ das Bethaus um 1492 an der Široká ulice, der ehemaligen Hauptstraße im jüdischen Getto, auf den Resten einer romanischen Synagoge aus dem 11. Jh. erbauen. Unter dem gotischen Netzgewölbe von 1535 war Platz für 177 Männer, auf der Frauenseite sind weitere 100 Sitze sowie noch einmal 143 Sitze auf der Galerie. Die Synagoge wurde von 1984 bis 1996 gründlich restauriert. Im Souterrain kann man die historische Mikwe (Ritualbad) besichtigen.

› Široká 3, Metro A: Staroměstská, www.jewishmuseum.cz, Nov.–März So.–Fr. 9–16.30 Uhr, April–Okt. So.–Fr. 9–18 Uhr, Sa. und an jüd. Feiertagen geschl. **Sammelticket** für den Besuch der Pinkas-Synagoge, des Alten Jüdischen Friedhofs, der Klausen-, Maisel-, Spanischen und Altneuen Synagoge, der Robert-Guttmann-Galerie (s. S. 39) sowie des Zeremoniensaals der Begräbnisbruderschaft 500 Kč, für Kinder sowie für Stud. bis 26 Jahre 340 Kč, Sammelticket ohne Altneue Synagoge Erw. 330 Kč, Kinder zwischen 6 und 15 Jahren/Stud. 220 Kč, Familientickets: Erw. 330 Kč, Kinder 100 Kč, mit der Altneuen Synagoge 23 500/160 Kč. Einzeltickets sind nur für den Besuch der Robert-Guttmann-Galerie und der Altneuen Synagoge erhältlich. Die Sammeltickets kann man in der Pinkas-Synagoge, in der Klausen- 20 und in der Spanischen Synagoge 22 sowie im Informations- und Reservierungszentrum kaufen (siehe links) erstehen. Das Ticket ist sieben Tage gültig.

19 Alter Jüdischer Friedhof (Starý židovský hřbitov) ★★★ [H6]

Das meistbesuchte Grab ist das des Rabbiners Jehuda Löw ben Bezalel aus dem Jahr 1609. Bis heute hat sich der Brauch erhalten, an seiner Grabstätte kleine Zettel zu verstecken, auf die Besucher ihre Wünsche geschrieben haben.

An der Pinkas-Synagoge 18 befindet sich auch der Eingang zum Alten Jüdischen Friedhof, der wohl bekanntesten jüdischen Begräbnisstätte der Welt. Da der Platz im Getto knapp war, wurden hier von 1439 bis 1787 etwa 100.000 Tote übereinander bestattet. Unter Baumkronen drängen sich etwa 12.000 verwitterte und schiefe, teilweise abgesunkene Grabsteine aneinander. Abseits des gekrümmten Weges ist fast kein Durchkommen zu den einzelnen Gräbern. Inschriften und Symbole auf den Steinen erzählen vom Alltag des Gettolebens, geben Auskunft über Namen und Beruf der Toten. So ist etwa eine Krone auf dem Grabstein ein Symbol gelehrter Männer, eine Pinzette steht für einen Arzt, ein Frauenrelief mit Ring erinnert an eine Frau, die als Braut gestorben ist.

Die alten Grabmäler sind aus Sandstein, die jüngeren aus Marmor und mit Plastiken verziert. Das älteste Grab stammt aus dem Jahr 1439 und gehört dem Dichter Avigdor Karo. Der Friedhof ist von einer Mauer umschlossen, auf der einen Seite begrenzt ihn die Pinkas-Synagoge 18, auf der anderen die Klausen-Synagoge 20. Am Ausgang erhebt sich das neoromanische Gebäude mit dem **Zeremoniensaal der Begräbnisbrüderschaft.** Ein 15-teiliger Bilderzyklus (1772) zeigt die Aufgaben der Brüderschaft, die Kranke und Sterbende betreute. Die Mitglieder durften weder Spiel noch Trunk ergeben sein.

› Široká 3, Metro A: Staroměstská, Tickets und Öffnungszeiten siehe 18

037pr Abb.: gz

20 Klausen-Synagoge (Klausova synagóga) ★★ [H6]

Die barocke Klausen-Synagoge (1689–1694) wurde an einer Stelle erbaut, an der früher ein rituelles Badehaus, eine Synagoge und jene Talmudschule standen, an der auch Rabbi Löw lehrte. Ihre Inneneinrichtung wurde im Zweiten Weltkrieg zerstört. Heute befindet sich hier eine Dauerausstellung zu Traditionen und Bräuchen der Juden in Böhmen und Mähren.

› U starého hřbitova 3a, Tickets und Öffnungszeiten siehe 18

Weltweit bekannt: der Alte Jüdische Friedhof

21 Maisel-Synagoge (Maiselova synagóga) ★★ [H6]

Die einst größte Prager Synagoge ließ Ende des 16. Jh. Mordechai Maisel bauen. Die Ausstellung informiert über die Geschichte der böhmischen Juden von den Anfängen bis ins 18. Jh. Mittels einer audiovisuellen Projektion kann man sich in die engen Gassen des Prager Gettos hineinversetzen.

› Maiselova 10, Tickets und Öffnungszeiten siehe 18

22 Spanische Synagoge (Španělská synagóga) ★★ [H6]

Architektur und Fassade der Spanischen Synagoge mit maurisch anmutenden Ornamenten sowie ihre Innenausstattung erinnern an die Alhambra in Granada. František Škroup, der Komponist der tschechischen Nationalhymne, war hier als Organist tätig. Die Nazis nutzten das Gotteshaus als Lagerhalle für geraubtes jüdisches Eigentum. Wegen ihrer guten Akustik wird die Synagoge heute als Konzertsaal genutzt. Im hinteren Trakt des Gebäudes zeigt die **Robert-Guttmann-Galerie** interessante Wechselausstellungen (Eingang U Staré školy 3, April–Okt. So.–Fr. 9–18, Nov.–März So.–Fr. 9–16.30 Uhr, Eintritt 40 Kč).

› Vězeňská 1, Metro B: Náměstí Republiky, Tickets und Öffnungszeiten siehe 18

23 Altneue Synagoge (Staronová synagóga) ★★★ [H6]

Durch ein Eisentor geht der Besucher ein paar Stufen hinab in den düsteren Innenraum des Hauses, das seit dem 13. Jh. kaum verändert worden ist. Die Synagoge ist die älteste in Mitteleuropa und eines der ältesten gotischen Bauwerke Prags.

EXTRATIPP

Franz Kafkas letzte Ruhestätte

Franz Kafka (1883–1924) ist auf dem **Neuen Jüdischen Friedhof** beerdigt worden. Der Schriftsteller wurde in der ersten Reihe bestattet und ruht hier zusammen mit seinen Eltern (nach dem Eingang geht man nach rechts entlang der Mauer bis zum weißen Schild mit der Nr. 21). Der Weg ist ausgeschildert. Seit seiner Entstehung im Jahre 1890 ist der Neue Jüdische Friedhof die zentrale Begräbnisstätte der Prager jüdischen Gemeinde. Auch die Gräber der Schriftsteller Ota Pavel (1930–1973) und Arnošt Lustig (1926–2011, s. S. 40) kann man hier besuchen.

•2 **Neuer Jüdischer Friedhof (Nový židovský hřbitov),** Izraelská 1, Metro A: Želivského, Tel. 226235248, www.synagogue.cz/de, April–Okt. So.–Do. 9–17 Uhr, Nov.–März So.–Do. 9–16 Uhr, Fr. 9–14 Uhr, Sa. und an jüdischen Feiertagen geschlossen. Letzter Einlass ist eine halbe Stunde vor Schließung.

Um die Entstehung der Altneuen Synagoge ranken sich viele Legenden. Eine besagt, Engel hätten sie aus dem Gelobten Land nach Prag gebracht und jede Veränderung verboten, weshalb auch alle Baumeister und ihre Auftraggeber verunglückt seien. Das Gebetshaus soll um 1270 wegen des Zuzugs von Juden aus Worms, Speyer und Regensburg entstanden sein. Die Tür auf der Südseite öffnet sich in einen niedrigen Umgang und führt zum Raum der Frauen, die nur durch schießschartenartige Öffnungen den Gottesdienst verfolgen konnten. Der hohe zweischiffige Saal ist für die Männer gedacht, **ein Sitz** bleibt **zu Ehren von Rabbi Löw** bis heute leer. In das Gewölbe ist eine fünfte Rippe eingezogen, vermutlich um kein Kreuz als Symbol entstehen zu lassen. Der

Jüdische Literatur in Prag

„No? Haben Sie den Golem gefunden?" forscht der Hausmeister der Altneuen Synagoge 23 *ironisch. In seinen Gettogeschichten hat* ***Egon Erwin Kisch*** *(1885–1948) augenzwinkernd über seine Suche nach dem Golem auf dem Dachboden der Synagoge berichtet. Kisch gehörte zum* ***Prager Kreis*** *wie* ***Franz Werfel*** *(1890–1945),* ***Max Brod*** *(1884–1968) und* ***Franz Kafka*** *(1883–1924), die sich im Café Arco regelmäßig trafen und auf Deutsch schrieben. Zunächst waren die Juden Prags der deutschen Sprache und Kultur zugewandt. Aber 1900, mit der wachsenden Nationalbewegung der Tschechen, bekannte sich bereits mehr als die Hälfte der rund 18.000 Juden in Prag zur tschechischen Kultur. Viele deutschsprachige Schriftsteller, Juden wie Nichtjuden, verließen die Stadt: Rainer Maria Rilke, Franz Werfel, Paul Kornfeld, Ernst Weiss.*

Kafkas Werk *spiegelt die zerrissene Identiät jüdischer Schriftsteller am eindringlichsten wider. Auch er war nach Berlin gegangen, kehrte aber wieder zurück, denn Prag – „dieses Mütterchen hat Krallen" – ließ ihn nie los. Kafka konnte kaum Tschechisch und schrieb auf Deutsch. Seine jüdische Identität war ihm wichtig, bot ihm aber auch keine Heimat. Die Verlorenheit des modernen Menschen hat in seinem Werk Ausdruck gefunden. Egon Erwin Kisch schrieb für die Anerkennung der tschechischen Kultur und schuf die literarische Reportage. Franz Werfels frühe Lyrik war Ausdruck der expressionistischen Revolte.*

Die meisten jüdisch-deutschen Schriftsteller wurden in den Gaskammern der Nazis ermordet. Paul Eisner überlebte diese Zeit (1973 in Prag gestorben) und schrieb 1945: „Der Zweite Weltkrieg liquidierte fast alle Juden bei uns. Und wer blieb, der wird schon nie mehr ein deutscher und von der deutschen Kultur befruchteter Jude sein." Überlebende wie Arnošt Lustig (1926–2011) schrieben auf Tschechisch über das Schicksal der Juden unter den Nazis. Zu nennen wären noch Ivan Klíma (1931), Johannes Urzidil (1896–1970), Egon Hostovský (1908–1973) und der wunderbare Romancier Ota Pavel (1930–1973).

EXTRAINFO

Jüdisches Rathaus

Nur in Prag hatten Juden in der Diaspora ein eigenes Rathaus. Das Gebäude, 1541 erstmals erwähnt, liegt in der Maiselova-Gasse 18 und hat einen Turm mit zwei Uhren, eine mit lateinischem Zifferblatt, die andere mit hebräischem, deren Zeiger sich in entgegengesetzter Richtung bewegen. Für Touristen ist der Sitz der Prager jüdischen Gemeinde nicht zugänglich.

●3 [H6] **Jüdisches Rathaus**

Altarraum ist von einem Eisengitter umschlossen, der große neunarmige Leuchter, ein goldbestickter Thora-Vorhang und andere Kultgegenstände schimmern geheimnisvoll in dem dunklen und stillen Raum.

› Maiselova 18/Ecke Červená 2, Metro A: Staroměstská, www.synagogue.cz/de, Nov.–März So.–Do. 9–17 Uhr, April–Okt. So.–Do. 9–18 Uhr, Fr. ab 9 Uhr, Schließung eine Stunde vor Beginn des Sabbats, Sa. und an jüdischen Feiertagen geschlossen, Eintritt 200 Kč oder als Teil eines Rundgangs. Preise siehe 18.

24 Jüdisches Museum (Židovské muzeum) ★ [H6]

1994 war es so weit: Die jüdische Gemeinde erhielt vom Staat ihr 1906 gegründetes und nach dem Krieg verstaatlichtes Museum zurück.

Ursprünglich wollten Salomon Hugo Lieben und Dr. Augustín Stein Archivalien und Kultgeräte aus den Synagogen retten, die bei der Sanierung der Josefstadt abgerissen wurden. 1942, während der deutschen Okkupation des Landes, errichteten hier die Nazis das Jüdische Zentralmuseum, in dem die Kunstgegenstände aus allen aufgelösten Synagogen gehortet werden sollten. Dr. Stein und einigen jüdischen Fachleuten gelang es, die deutschen Behörden zu überzeugen, dass die Sammlung erfasst werden muss. Auf diese Weise blieben **über 100.000 Exponate** – Thorarollen, Handschriften, Silbergegenstände, Tempelvorhänge – erhalten. Heute **sitzt im Gebäude die Verwaltung;** es beherbergt eine Bibliothek und ein Archiv. Die Sammlungen sind in den Objekten 18–22 zu sehen.

› U Staré školy 1, Metro A: Staroměstská, Tel. 222749211, www.jewishmuseum.cz, Tickets und Öffnungszeiten siehe 18.

Die Neustadt

Nachdem die Altstadt nicht mehr wachsen konnte, beschloss Karl IV. 1348, eine neue Stadt zu gründen. Im Gegensatz zur Altstadt mit ihren engen Gassen bot sie genug Platz für den Handel mit Pferden, Vieh und Geflügel. Nach den radikalen Bauveränderungen in der zweiten Hälfte des 19. Jh. ging der historische Charakter der Neustadt fast verloren. Deshalb bietet sie heute weniger Sehenswürdigkeiten als Altstadt, Hradschin oder Kleinseite. Die ursprüngliche Architektur ist zersplittert, konzentrierter lässt sie sich noch am Karlsplatz 29 oder in Straßen wie Hybernská oder Panská finden. Dennoch ist die Neustadt sehenswert: In keinem anderen Viertel schlägt der **Puls der tschechischen Hauptstadt** schneller – das merkt der Besucher rasch am **geschäftigen Wenzelsplatz** 25, während einer Straßenbahnfahrt über den Karlsplatz 29 oder beim Einkaufen an den zwei großen Bou-

Das Nationalmuseum 26 vor seiner Generalrekonstruktion, die bis Herbst 2018 dauern soll

066pr Abb.: gz

levards, Národní třída (Nationalstraße) und Na Příkopě (Am Graben), die die Neustadt von der Altstadt trennen. Auch kulturell hat die Neustadt viel zu bieten.

25 Wenzelsplatz (Václavské náměstí) ★★★ [I8]

Er war Schauplatz und Bühne aller großen und tragischen Momente in der Geschichte. Wann immer Anlass zu Jubel oder Protest war – die Prager versammelten sich zu Füßen der Reiterstatue des heiligen Wenzel, des Schutzpatrons der Tschechen, auf dem seit 1912 nach ihm benannten Platz.

So war es am 28. Oktober 1918, als die erste unabhängige Tschechoslowakische Republik ausgerufen wurde. Im **August 1968** protestierten Tausende gegen die brutale Zerstörung des Traumes von einem Sozialismus mit menschlichem Antlitz. Die Bilder von Pragern, die sich in ohnmächtiger Wut und Verzweiflung den sowjetischen Panzern in den Weg stellten, gingen um die Welt. Der 21-jährige Philosophiestudent **Jan Palach verbrannte sich fünf Monate später aus Protest** nahe der Wenzelstatue. Die friedlichen Massendemonstrationen, die zum Fall des Regimes führten, erreichten im Dezember 1989 auf dem Wenzelsplatz ihren Höhepunkt. Als „stolzesten Boulevard der Welt“ hat der deutsche Dichter Detlev von Liliencron den 700 m langen und 60 m breiten Platz 1898 beschrieben. An seinen Längsseiten und in verwinkelten Einkaufspassagen reihen sich Geschäfte, Banken, Cafés, Restaurants, Hotels, Kinos, Nachtklubs und Diskotheken. Eigentlich wirkt der Wenzelsplatz gar nicht wie ein Platz, sondern wie eine **Flaniermeile**, auf der tagsüber Prager und Touristen unterwegs sind. Nachts strömen erlebnishungrige Jugendliche aus aller Welt herbei, aber auch Gauner, alkoholisierte Touristen, Drogendealer, aufdringliche Türsteher und Prostituierte. Die Prager empfanden es als eine Zumutung. Die Stadt erließ deshalb ein generelles Alkoholverbot an touristisch wichtigen Orten und versucht, mit verstärkten Polizeikontrollen für mehr Sicherheit zu

EXTRAINFO

Grandhotel Evropa – Schauplatz der einzigen öffentlichen Lesung von Franz Kafka

Im Spiegelsaal des bis 2019 wegen Umbaus geschlossenen Grandhotels Evropa hat Franz Kafka im November 1912 das erste und einzige Mal in Prag aus seinem Werk öffentlich gelesen. Der Schriftsteller las bei einem Prager Autorenabend aus seiner Erzählung „Das Urteil“ vor. Der so scheue Kafka hat sich nicht einmal daran gestört, dass er wegen der lauten Musik aus den Hotelsälen fast schreien musste. An seine spätere Verlobte Felice Bauer schrieb er: „Liebste, ich lese nämlich höllisch gerne vor, in vorbereitete und aufmerksame Ohren der Zuhörer zu brüllen, tut dem armen Herzen so wohl.“

★4 [J7] **Grandhotel Evropa,** Václavské nám. 25

EXTRATIPP

Lucerna Music Bar

Jeden Freitag und Samstag finden in der Lucerna Music Bar (s. S. 95) in der Lucerna Passage Retrodiscos und Videopartys mit Musik der 1980er- und 1990er-Jahre statt. Vor allem die Samstagspartys genießen unter den Fans geradezu Kultstatus.

sorgen. Der Wenzelsplatz erhält nach und nach ein neues Gesicht, mit viel mehr Bäumen, weniger Autoverkehr und breiteren Gehsteigen.

Seine heutige Gestalt erhielt der Platz erst 1890, nach der Fertigstellung des Nationalmuseums 26. Das älteste Haus ist das **Hotel Adria** aus dem letzten Drittel des 18. Jh. (Nr. 26), ansonsten ist nach der Stadtsanierung nicht mehr viel erhalten geblieben. Doch auch Häuser jüngeren Datums haben etwas zu erzählen – allen voran das **Grandhotel Evropa** (siehe links). 1904 errichteten Alois Dryák und Bedřich Bendelmayer dieses Glanzstück des Jugendstils der „Prager Schule". Gegenüber liegt der **Lucerna-Palais** (Nr. 38) von 1912–1916 mit einer für diese Zeit typischen verwinkelten Einkaufspassage. Vom Balkon des **Melantrich-Gebäudes** (Nr. 36) verkündeten am 26. November 1989 der Dissident Václav Havel und die Symbolfigur des Prager Frühlings 1968, der ehemalige Parteichef Alexander Dubček, der jubelnden Menschenmenge das Ende der kommunistischen Ära. Durch die Einkaufspassage des **Alfa-Palastes** (Nr. 28) führt ein Weg in den abgeschiedenen **Franziskanergarten**, in dem die Prager sich gerne zwischen blühenden Rosensträuchern und Apfelbäumen entspannen.

26 Nationalmuseum (Národní muzeum) ★★ [J8]

In seiner fast 200 Jahre langen Geschichte ist das monumentale Bauwerk am oberen Ende des Wenzelsplatzes zur Zielscheibe von Luftangriffen und 1968 von Panzergranaten der sowjetischen Armee geworden. Die kommunistischen Stadtplaner bauten direkt vor der Tür des Museums eine Autobahn. Der Zustand des Gebäudes war so schlecht, dass das Museum 2011 für sieben Jahre schließen musste. Es brauchte dringend eine Generalsanierung.

Das 1818 im Neorenaissancestil erbaute Gebäude beherbergt die größte und älteste Sammlung des Landes mit fast 20 Millionen Exponaten aus den Bereichen Paläontologie, Ethnografie, Geologie, Zoologie und Anthropologie. Dabei hat das Heimatmuseum, wie es bis 1922 hieß, ganz bescheiden angefangen: Böhmische Adelige schenkten ihm ihre privaten Sammlungen, einen wichtigen Teil seiner paläontologischen Exponate hinterließ ihm der französische Wissenschaftler Joachim Barrande. Das Museum informiert auch über die Frühgeschichte von Böhmen, Mähren und der Slowakei. Die **breite Ehrentreppe** führt hinauf zum Pantheon großer Tschechen.

Derzeit (Sommer 2017) ist das Nationalmuseum wegen einer Generalrenovierung und einem Teilumbau geschlossen. Im Oktober 2018 sollen seine Pforten wieder öffnen. Das historische Gebäude wird an das moderne Nachbargebäude, den ehemaligen Sitz des föderalen tschechoslowakischen Parlaments und zwischen 1994 und 2009 Sitz des US-Senders Radio Free Europe, angeschlossen.

› **Historisches Gebäude:** Václavské nám. 68, Metro A: Muzeum
› Neues Gebäude des Nationalmuseums: Vinohradská 1, Metro A: Muzeum, Tel. 224497111, www.nm.cz. Die zoologische Ausstellung „Arche Noah" präsentiert über 1500 Exponate von Lebewesen, die einst unsere Erde bewohnten oder noch bewohnen, auch Wechselausstellungen werden hier gezeigt. Do.–Di. 10–18, Mi. 9–18, 1. Mi. im Monat bis 20 Uhr, Eintritt 200 Kč, Familien 340 Kč.

27 Staatsoper (Státní opera) ★★ [J8]

Die häufige Namensänderung des Hauses spiegelt die wechselvolle neuere Geschichte des Landes wider. Mal hieß es Theater des 5. Mai, dann Smetana-Theater, eröffnet wurde es 1888 als das Neue deutsche Theater.

Nur ein paar hundert Meter vom Wenzelsplatz 25 entfernt steht das Gebäude der Prager Staatsoper. Deutsche und Tschechen konkurrierten Ende des 19. Jh. nicht nur politisch, sondern auch kulturell. Nachdem 1883 das tschechische Nationaltheater 32 eröffnet war, begann der Deutsche Theaterverein Geld für eine **neue deutsche Bühne** zu sammeln. Das heutige Ständetheater, konnte den gewachsenen Ansprüchen der Prager Deutschen nicht mehr gerecht werden. Die neue Bühne erreichte ein hohes künstlerisches Niveau. Zur Premiere am 5.1.1888 wurden **Richard Wagners „Meistersinger von Nürnberg"** aufgeführt, seine böhmische Erstaufführung erlebte hier auch sein Opernzyklus „Der Ring des Nibelungen". Finanziert wurde der Theaterbetrieb hauptsächlich durch Spenden reicher deutscher Industrieller. In der Staatsoper mit klassizistischer Fassade und Interieur im Neorokokostil versucht man, beim Repertoire an die große Tradition der deutschen Oper anzuknüpfen. Neben Werken von Wagner und Strauss werden hier auch einige italienische Opern gespielt.

Wegen Renovierungsarbeiten ist die Staatsoper bis 2019 geschlossen.

› Wilsonova 4, Metro A: Muzeum

☒ *Der Karlsplatz galt als zwielichtige Gegend - damals*

28 Mucha-Museum ★★ [J7]

Eine schöne Frau, dekorative Blumenmuster und feine Pastellfarben, das sind die typischen Kennzeichen von Muchas Werken.

Der weltweit gefeierte tschechische Jugendstilkünstler Alfons Mucha (1860–1939) begann seine Karriere als einfacher Bühnen- und Porträtmaler in Wien, bis ein reicher Mäzen auf den talentierten Jungen aufmerksam wurde und sein Kunststudium finanzierte. Die Ausstellung zeigt Muchas dekorative Werke der Jahrhundertwende, Beispiele seiner berühmten Pariser Plakate für die Schauspielerin Sarah Bernhardt – zu den Höhepunkten zählt das Originalplakat „Gismonda", das die Entstehung des Mucha-Stils markiert – aber auch die weniger bekannten „Tschechischen Plakate". Persönliche Gegenstände des Künstlers, Familienfotos, Zeichnungen und Ölgemälde runden die Sammlung ab.

› Panská 7, Metro A, B: Můstek, Tel. 224216415, www.mucha.cz, tägl. 10–18 Uhr, Eintritt 240 Kč

29 Karlsplatz (Karlovo náměstí) ★ [H9]

Der markante Eckturm des Neustädter Rathauses inmitten eines Parks, Häuserfassaden im Stil des Klassizismus, der Renaissance und der Secession, aber auch viel Autoverkehr und Lärm – so präsentiert sich heute der größte Platz Prags. Man erreicht ihn zu Fuß über die Vodičkova Straße vom Wenzelsplatz 25 oder man fährt mit der Metrolinie B bis zur gleichnamigen Haltestelle. Das gotische **Neustädter Rathaus** (Anfang 15. Jh.) war Schauplatz des **Ersten Prager Fenstersturzes:** Am Morgen des 30. Juli

Legende um den Karlsplatz: das Faust-Haus

Dem Volksmund galt der Karlsplatz früher als gefährlicher und geheimnisvoller Ort, ein Sumpfgebiet, durch das angeblich mehrere unterirdische Gänge führten. Man erzählte sich von Räubern und zweifelhaften Existenzen, und über kaum einen anderen Platz sind so viele Legenden entstanden. Die bekannteste betrifft das Haus Nr. 40 und seinen Besitzer Mladota. Die vielen seltsamen chemischen Experimente und pyrotechnischen Versuche, die er in seinem Labor unternahm, versetzten seine Umgebung in Angst und Schrecken. Viele Jahre nach seinem Tod, beim Umbau des Hauses, sind die Maurer angeblich auf eine Öffnung gestoßen, die man trotz aller Bemühungen nicht mehr vermauern konnte. Niemand wollte der recht plausiblen Erklärung glauben, dass das Loch wahrscheinlich durch eine Kanonenkugel geschlagen wurde. Interessanter klang die zweite Version, nach der durch diese Öffnung der Teufel mit dem Doktor Johann Faust geflogen ist. Der verrückte Magier und Wissenschaftler, der wirklich existierte und mit seiner Geschichte einen Teil zur Faust-Sage beitrug, soll dem Gehörnten seine Seele als Gegenleistung für sieben Jahre Wunscherfüllung verschrieben haben.

Und noch ein dunkles Geheimnis birgt das Faust-Haus: Bei einer weiteren Rekonstruktion nach dem Zweiten Weltkrieg wurden, eingemauert in die Mauer, Skelette von sieben Katzen gefunden. Es gibt keinen Hinweis, wer die Tiere getötet hat.

•5 *[H10]* ***Faust-Haus (Faustův dům)***

Gasthaus „Zum Kelch" (Restaurace u Kalicha) – Stammkneipe der literarischen Figur Schwejk

„Bis der Krieg vorbei sein wird, so komm mich besuchen. Du findest mich jeden Abend ab sechs Uhr beim ‚Kelch'", sagt Schwejk zu seinem Kumpan Woditschka. „Na Bojišti, komm lieber um halb sieben, wenn ich mich irgendwo verspäten möchte", ruft Schwejk ihm hinterher. Diese Abschiedsszene aus dem satirischen Kultroman „Die Abenteuer des braven Soldaten Schwejk" ist bekannt. Das Gasthaus „Zum Kelch" in Na Bojišti 14 war eines der Stammlokale des Autors, des tschechischen Schriftstellers Jaroslav Hašek. Anfang 1915 wurde der damals 32-Jährige, autoritätsfeindliche und trinkfeste Bohemien, der sich bislang durch Schreiben kleiner Geschichten über Wasser hielt, auf der Prager Schützeninsel für das Militär gemustert. Er lief bald zu den Russen über und meldete sich zur Tschechischen Legion, die gegen Österreich kämpfte. Hašek trat 1918 der Kommunistischen Partei bei und wurde Leiter einer tschechischen Agitationsgruppe der Roten Armee. Nach seiner Rückkehr nach Prag kehrte der Lebemann zu seinen alten Gewohnheiten zurück, verbrachte die Tage trinkend in Lokalen, was letztendlich zu seinem frühzeitigen Tod im Januar 1923 führte.

Im Gasthaus „Zum Kelch" boomt der Schwejk-Tourismus, vom Charme der Geschichte Schwejks blieb nicht viel übrig. Aber die Romanfigur wirkt nach. Übrigens, im Roman hat Schwejk sein Versprechen gehalten: Er war nach dem Krieg da (s. S. 81).

1419 versammelte sich der radikale Flügel der Hussitengemeinde in der Maria-Schnee-Kirche zur Predigt ihres Anführers Jan Želivský. Die Menge stürmte danach das Rathaus und warf die Ratsherren aus den Fenstern. Dieser Gewaltakt löste den fünfzehn Jahre dauernden Hussitenkrieg aus. Legenden ranken sich um das **Faust-Haus** (Faustův dům, Nr. 40) am Südrand des Platzes (siehe S. 45).

•6 [H8] **Neustädter Rathaus (Novoměstská radnice),** Karlovo nám. 23, Metro B: Karlovo náměstí, Tel. 224948229, www.nrpraha.cz, Rathaus- und Turmbesichtigung (kein Aufzug!) April–Nov. Di.–So. 10–18 Uhr, Eintritt 60 Kč, in der Winterzeit geschlossen. Die Ausstellung informiert über die Geschichte der Prager Neustadt. Zum Besichtigungsprogramm gehört auch die Wohnung des Neustädter Stadtwächters. Der Eintritt zum Turm erfolgt von der Vodičkova-Straße. Es liegen Infoblätter in deutscher Sprache vor. Im Rathaus wird seit 2011 die „Unsichtbare Ausstellung" (s. S. 76) gezeigt.

30 Emmaus-Kloster (Klášter Emauzy) ★ [H10]

Seine ungewöhnliche Dachkonstruktion sticht in der Vyšehradská Straße sofort ins Auge: Statt der Kirchentürme ragen **zwei asymmetrische Flügel** aus weißem Beton in den Himmel. Frantisek Černý entschied 1964 mit diesem Entwurf den öffentlichen Architektenwettbewerb. Das Kloster der slawischen Benediktiner sollte mit Einwilligung von Papst Clemens IV. die altslawische Liturgie in Prag verbreiten. Der 1353 beendete Bau war bis zu den Hussitenkriegen ein Zentrum von Bildung und Kunst. Im Juli **1941 besetzte die Gestapo** das Kloster und ließ den Abt Arnošt Vykoukal und andere Mönche in das Konzentrationslager Dachau deportieren. Der Abt starb ein Jahr später an den Folgen der Haft. Die Mönche kehrten 1946 zurück, wurden aber in den 1950er-Jahren von den Kommunisten verfolgt und mussten wegziehen. Seit 1990 gehört das Kloster mit seinen wertvollen **gotischen Wandfresken** im Kreuzgang wieder dem Orden. Heute leben hier allerdings nur drei Mönche.

› Vyšehradská 49/320 (der unscheinbare Eingang führt durch die Klostermauer und befindet sich direkt an der Vyšehradská-Straße), Metro B: Karlovo náměstí, Straßenbahn 2, 3, 18, 14, Haltestelle Moráň, Tel. 221979228, www.emauzy.cz, April/Okt. Mo.-Fr. 11-17 Uhr, Mai-Sept. Mo.-Sa. 11-17 Uhr, Nov.-März Mo.-Fr. 11-14 Uhr, Eintritt 60 Kč

31 Kathedrale des hl. Kyrill und Method (Katedrála sv. Cyrila a Metoděje) ★ [H9]

Die Resslova Straße führt zur barocken Kathedrale des hl. Kyrill und Method (1730-36), die nach Plänen von Kilian Ignaz Dientzenhofer und Pavel Ignaz Bayer erbaut worden ist. In ihrer Krypta versteckten sich im Juni 1942 sieben tschechoslowakische Fallschirmspringer nach dem **Attentat auf den stellvertretenden Reichsprotektor Reinhard Heydrich** in Prag. Zwei von ihnen hatten am 27. Mai 1942 Heydrichs Wagen in Holešovice angegriffen, Heydrich starb an einer Infektion seiner Wunden. Die Nazis ermordeten aus Rache mehr als 5000 Menschen. 1000 Prager Juden wurden am Tag von Heydrichs Begräbnis in Vernichtungslager transportiert, die tschechisen Dörfer Lidice und Ležáky niedergebrannt, alle Männer erschossen, Frauen und Kinder in Konzentrationslager verschleppt. Das Versteck der Widerstandskämpfer wurde verraten, stundenlang wehrten sie sich gegen die übermächtige SS. Bevor die Krypta eingenommen wurde, begingen die Männer Selbstmord. Die Priester der Kirche wurden hingerichtet. Die Widerstandsaktion führte zur Anerkennung der Tschechoslowakei in ihren Grenzen von 1918 durch die Alliierten. Das Münchner Abkommen wurde annulliert. Seit 1995 beherbergt die Kirche eine **nationale Gedenkstätte für die Opfer des Widerstandes.**

› Resslova 9a, Metro B: Karlovo náměstí oder Straßenbahn 17, Haltestelle Jiráskovo náměstí, www.pamatnik-heydrichiady.cz, Nov.-Febr. Di.-Sa. 9-17, März-Okt. Di.-So. 9-17 Uhr, Eintritt frei

32 Nationaltheater (Národní divadlo) ★★ [G8]

In vielen Bauwerken drückt sich der Stolz der tschechischen Nation aus, mit dem Nationaltheater im Neorenaissancestil haben sich die Tschechen aber ein Denkmal gesetzt. Gleich zweimal haben die Prager den Bau durch Spenden finanziert.

Im letzten Drittel des 19. Jh. reifte der Gedanke, eine nationale Bühne als Symbol der Emanzipation der Tschechen zu errichten. Unter dem Motto „Národ sobě - das Volk für sich" wurden in der ganzen Republik Spenden gesammelt. Die Grundsteinlegung am 16. Mai 1868 wurde zu einem nationalen Fest. In feierlichen Umzügen wurden drei Grundsteine herbeigetra-

041pr Abb.: gz

Für den Bau des Nationaltheaters 32 haben viele Tschechen Geld gespendet

KLEINE PAUSE

Café Louvre

Die Atmosphäre alter Prager Cafés ist hier lebendig geblieben. Das Kaffeehaus in einem Jugendstilbau an der Nationalstraße bietet 260 Plätze, internationale Zeitungen, die ab 8 Uhr zum Frühstück ausliegen, Billardtische in einem eigenen Salon und eine aufmerksame Bedienung. Der traditionelle Intellektuellentreff kann sich mit berühmten Stammgästen wie Franz Kafka, Max Brod oder Albert Einstein rühmen, auch die 2008 gestorbene letzte deutschsprachige Schriftstellerin Prags, Lenka Reinerová, gehörte dazu. 1925 wurde im Louvre die tschechoslowakische Sektion des internationalen Schriftstellerverbandes PEN gegründet (s. S. 83).

Das Tanzende Haus 33 am Moldauufer

gen: vom Berg Říp, wo einst der böhmische Urvater Čech seinem Volk das gelobte Land gezeigt haben soll, vom Berg Vítkov und aus dem mährischen Radhošť. Mit der Oper „Libuše“ von Bedřich Smetana wurde das Theater eröffnet und auch 1883, zur Wiedereröffnung nach dem katastrophalen Brand, hob sich der Vorhang für seine historische Oper. Von 1886 bis 1874 war Smetana Kapellmeister des Nationaltheaters. Besonders reizvoll wirkt das Theater am Abend, wenn sich sein vergoldetes Kuppeldach in der Moldau spiegelt. Seine äußere und innere Ausstattung schufen Künstler der sogenannten Generation des Nationaltheaters – darunter Mikoláš Aleš oder Josef Myslbek. Der futuristische Bau mit der Glasfassade gleich nebenan, die **Neue Bühne**, ist ein Teil des Nationaltheaters und die Heimatbühne der avantgardistischen Multimediashow Laterna Magica (s. S. 97), einem Mix aus Musik, Tanz und Bildprojektion.

› Národní 2, Metro B: Národní třída, Tel. 224901448, www.narodni-divadlo.cz, Kartenschalter Národní 4, Mo.–Fr. 9–18,

Sa./So. 10–18 Uhr. Die Abendkasse (im historischen Gebäude) öffnet 45 Min. vor Beginn der Vorstellung.

7 [G8] **Nová scéna (Neue Bühne),** Národní 4, Kontakte und Kartenverkaufszeiten wie beim Nationaltheater. Im Foyer des zweiten Stocks befindet sich das Theatercafé.

33 Tanzendes Haus (Tančící dům) ★ [G9]

Das extravagante Gebäude auf dem Rašínovo nábřeží tanzt sprichwörtlich aus der Reihe der alten Häuser heraus. 1996 wählte die amerikanische Zeitschrift Time das Gebäude zum Sieger in der Kategorie Design des Jahres. Wegen seiner aneinandergeschmiegten Türme bekam das Haus den Beinamen „Tanzendes Haus". Die Prager nennen es aber „Ginger und Fred" in Anlehnung an das Tanzduo Ginger Rogers und Fred Astaire. Das Projekt des tschechisch-kroatischen Architekten **Vlado Milunič und des amerikanischen Stararchitekten Frank Gehry** füllte eine Baulücke, die seit 1945 nach einem Luftangriff auf Prag klaffte. In dem Gebäude aus Glas, Stahl und Beton sind außer Büros auch eine Kunstgalerie, ein Hotel, eine Bar sowie das elegante französische Restaurant Ginger & Fred untergebracht. Von der Aussichtsterrasse im oberen Stockwerk (für die Gäste des Restaurants gratis) hat man einen fantastischen Blick auf die Altstadt und auf die Burg 42.

- Rašínovo nábřeží 80/Jiráskovo náměstí 6, Metro A: Staroměstská, Straßenbahn 17, Haltestelle Jiráskovo náměstí
- **Galerie Tančící dům**, www.galerietancici dum.cz, mit Buchhandlung, tägl. 9–20 Uhr, Eintritt ca. 190 Kč
- **Restaurant Ginger & Fred** €€-€€€, www.ginger-fred-restaurant.cz, Tel. 221984160, tägl. 11.30–24 Uhr

072pr Abb.: fo © Arestov Andrew

Kleinseite

Der Spaziergänger taucht in ein Gewirr krummer Gassen, enger Durchgänge und finsterer Innenhöfe unter verschachtelten Dächern ein und erlebt auf dem Weg zur Burg das malerischste aller Stadtviertel Prags.

Am besten erwandert man die Kleinseite von der Karlsbrücke 16 aus. Ein Abendspaziergang durch das Viertel gleicht einer Reise in die Vergangenheit, vor allem, wenn der Mond es in ein geheimnisvolles Licht taucht. In seinen **„Kleinseitner Geschichten“** hat der Schriftsteller **Jan Neruda** dem Stadtviertel ein literarisches Denkmal gesetzt. Für die Helden seiner Erzählungen, Dienstboten, Händler, Studenten und Handwerker wäre die Kleinseite heute allerdings zu teuer. Gerne würden die Prager den einzigartigen Zauber von Barockpalästen, Terrassengärten, Laubengängen, Kirchenbauten und urigen Kneipen genießen, aber die **Miet- und Immobilienpreise** liegen sogar über denen der Altstadt. In den Palästen residieren **Botschaften und Firmen**, in alten Bürgerhäusern werden luxuriöse Wohnungen vermietet. Přemysl Ottokar II. hat die Kleinseite 1257 als zweite Prager Stadt gegründet und dabei den Großteil der hier ansässigen tschechischen Bevölkerung vertrieben und norddeutsche Kolonisten angesiedelt. Nach der Schlacht am Weißen Berg errichtete hier der katholische Adel seine Residenzen. Erst als der Adel nach Wien zog, kamen wieder Arbeiter, Handwerker und Beamte. Viele Tschechen haben heute die Kleinseite verlassen, von den 20.000 Bewohnern Anfang der 1990er-Jahre ist nicht einmal ein Viertel geblieben. Souvenirläden und Verkaufsgalerien haben die alten Läden verdrängt.

34 Kampa ★★ [F7]

Die schöne Kampa-Insel mit ihren grünen Parks und pittoresken Häusern liegt nur ein paar Schritte abseits der Touristenströme, die sich täglich über die Karlsbrücke 16 wälzen. Von der Altstadtseite kommend

Die Lennon-Wand am Großprioratsplatz

Kurz nachdem Mark David Chapman im Dezember 1980 John Lennon erschoss, erschien an der heruntergekommenen Wand in einem abgelegenen Winkel der Kleinseite die erste improvisierte Zeichnung des Grabsteines Lennons. Drumherum schrieben seine Fans nach und nach ihre Bekenntnisse und Gedichte nieder. Jedes Jahr an Lennons Todestag trafen sie sich hier, um gemeinsam um ihren Idol zu trauern. Die Versammlung bekam zunehmend einen politischen Charakter. Lennon als Symbol der Freiheit stand im krassen Gegensatz zum kommunistischen Regime. Die Teilnehmer der improvisierten Protestversammlungen wurden schikaniert, vertrieben, manchmal auch in Haft genommen.

Nach der Wende 1989 ist die „Lennon-Mauer“ zur touristischen Attraktion geworden. Als Graffiti und Texte bei der Rekonstruktion übermalt wurden, erschienen am nächsten Tag sofort neue. Auch wenn die heutigen Texte meist recht trivial sind – verewigen kann sich noch immer jeder.

★8 *[F6]* ***Lennon-Wand,*** *Velkopřevorské nám., Metro A: Malostranská, Straßenbahn 12, 20, 22, 15, Haltestelle Hellichova* geht man links eine Treppe hinunter. Wegen der Hochwassergefahr gab es hier früher nur Mühlen und Gärten. In der zweiten Hälfte des 16. Jahrhundert fanden auf der Kampa regelmäßig **Töpfermärkte** statt. Diese Tradition ist heute wiederbelebt worden. Der malerische Winkel, den ein Moldauarm unter der Karlsbrücke bildet, wird Teufelsbach *(Čertovka)* oder auch **Prager Venedig** genannt. Von der Altstadt kommend, sieht man von der Karlsbrücke 16 aus auf der linken Seite das 600 Jahre alte, noch heute betriebene **Großprioratsmühlrad.**

35 Museum Kampa ★★★ [F7]

In der alten Sova-Mühle auf der Kampa-Insel kann man eine aufregende Auswahl an zeitgenössischer tschechischer und mitteleuropäischer Kunst bewundern.

Nach der Rekonstruktion der alten Mühle von 1393 sollte das Museumsgebäude im September 2002 seine Pforten öffnen. Doch dann kam das Hochwasser, und der Termin musste um ein Jahr verschoben werden. Das Museum verdankt seine Existenz der **tschechisch-amerikanischen Kunstsammlerin Meda Mládková** (Jahrgang 1919). Mit ihrem inzwischen verstorbenen Mann trug sie eine bemerkenswerte Sammlung zusammen, in deren Mittelpunkt die Werke des großen tschechischen Vorreiters der abstrakten Kunst, **František Kupka** (1871–1957), stehen. Den Künstler kannte sie aus gemeinsamen Studienjahren in Paris. In den 1960er-Jahren begann die Kunsthistorikerin, sich auch für Bilder, Grafiken und Zeichnungen anderer Künstler aus kommunistischen Ländern zu interessieren. Die Ausstellung zeigt auch Plastiken des bedeutenden tschechischen Bildhauers **Otto Gutfreund** (1889–1927).

› U Sovových mlýnů 2, Insel Kampa 34, Metro A: Malostranská, Straßenbahn 12, 20 oder 22, Haltestelle Újezd, Tel. 257286147, www.museumkampa.com/en, tägl. 10–18 Uhr, Eintritt 240 Kč, Wechselausstellungen ab 70 Kč

36 Kirche der hl. Muttergottes vom Siege (Kostel Panny Marie Vítězné) ★★ [E7]

Die 47 cm große, aus Spanien stammende Wachsfigur des Prager Jesuleins ist das Ziel von Wallfahrern aus der ganzen Welt.

Täglich beten vor der kleinen Jesus-Figur Menschen aus vielen Ländern. Der **Kult des Prager Jesuleins** ist in Westeuropa, vor allem in Spanien und Italien, aber auch in Lateinamerika und auf den Philippinen verbreitet. Die Kirche, von 1611 bis 1613 von deutschen Lutheranern errichtet, liegt an der viel befahrenen Karmelitská Straße. Kaiser Ferdinand II. schenkte die Kirche dem Karmeliterorden aus Dank dafür, dass die kaiserlichen Truppen gegen die aufrührerischen böhmischen Stände unter dem Zeichen Marias gesiegt hatten. Das Prager Jesulein steht unter einer Glasglocke am mittleren Altar der Nordwand des Kirchenschiffs. Anfang des 17. Jh. übergab Polyxena von Lobkowitz (1567–1642) dem Karmeliterkonvent die Figur, die in einem Versteck die Plünderung des Klosters durch schwedische Truppen 1631 überstand. Seitdem wurden dem Prager Jesulein mehrmals Wundertaten zugeschrieben.

› Karmelitská 9, Metro A: Malostranská, Straßenbahnn 12, 15, 20, 22, Haltestelle Hellichova, www.pragjesu.cz, Mo.–Sa. 8.30–19 Uhr, So. 8.30–20 Uhr (außer Gottesdienstzeiten)

37 Kleinseitner Platz (Malostranské náměstí) ★ [E6]

Die Kirche des hl. Nikolaus 38 und das mächtige Gebäude des Jesuitenkollegs in ihrer Nachbarschaft teilen den stets belebten Platz in zwei Hälften. Historisch interessant ist das Gebäude mit der Hausnummer 2 in der unteren Hälfte, in dem bis zum 18. Jh. das **Kleinseitner Rathaus** untergebracht war. Das Smiřický-Palais (Nr. 18) ist eine von 13 ehemaligen Adelsresidenzen, die den heutigen Komplex des Abgeordnetenhauses der Tschechischen Republik bilden. Das tschechische Parlament trifft sich zu seinen Sitzungen in der nahen Sněmovní Straße.

38 Kirche des hl. Nikolaus (Kostel sv. Mikuláše) ★★★ [E6]

Ihre mächtige Kuppel und der schlanke Turm sind aus dem Panorama der Kleinseite nicht wegzudenken. Die Kirche zählt zu den wichtigsten Barockbauten Europas und ist unbestritten die schönste in Prag.

Ursprünglich stand an dieser Stelle eine gotische Kirche. 1625, nach der Schlacht am Weißen Berg, sprach sie Kaiser Ferdinand den Jesuiten zu, die sie abreißen ließen. 1703, unter der Federführung von **Christoph Dientzenhofer**, begann der Bau des neuen Gotteshauses. Nach dem Tod seines Vaters setzte **Kilian Ignaz Dientzenhofer** die Arbeit fort. Kurz vor seinem eigenen Tod beendete er sein Meisterwerk – die 70 m hohe Kuppel. Dientzenhofers Schwiegersohn Anselmo Lurago schuf den schlanken Glockenturm (1752–1755). Von der Grundsteinlegung bis zur Vollendung waren

043pr Abb.: gz

fast 60 Jahre vergangen. Die barocke Kirche sollte die Macht des Katholizismus auch durch ihre Innenausstattung versinnbildlichen: An dem prunkvollen, farbenfrohen, von Gold, Marmor und feinsten Schnitzarbeiten nur so strotzenden Kirchenschiff erfreut sich heute auch das Auge des atheistischen Pragers. Das prächtige **Nikolausfresko** (1760) stammt von dem Wiener Bildhauer Johann Lucas Kracker. Eingehende Betrachtung verdient auch die mit Ornamenten und vergoldeten Schnitzarbeiten reich versehene Kanzel (1762–1766). Karel Škréta schuf die wertvollsten Bilder in der Kirche, den **Passionszyklus** auf der Galerie und das **Titelbild des Hauptaltars** links neben dem Eingang in der Kapelle der hl. Barbara („Der Kreuzweg", 1645). Es schmückte bereits die Vorgängerin der heutigen Kirche. Die fast 50 Statuen sind ein Werk von Franz Ignaz Platzer. Von 1950 bis 1989 beobachtete der kommunistische Geheimdienst vom Turm aus die umliegenden westlichen Botschaften. Seit 2016 informiert dort eine neue **Dauerausstellung** darüber, wie ein **Turmwächter** vor 250 Jahren lebte. Zu sehen ist eine rekonstruierte Turmwächterwohnung mit sogenannter Schwarzküche. In der Kirche finden ganzjährig Konzerte statt.

› Malostranské nám. 38, Metro A: Malostranská, Straßenbahn 12, 20, 22, Haltestelle Malostranské náměstí, www.stnicholas.cz/en, März–Okt. tägl. 9–17 Uhr, Nov.–Feb. tägl. 9–16 Uhr, Eintritt 70 Kč, **Turm:** tägl. Okt./März 10–20 Uhr, Nov.–Febr. 10–18 Uhr, April–Sept. 10–22 Uhr, Eintritt 90 Kč

Die prunkvolle Innenausstattung der Kirche des hl. Nikolaus 38

KLEINER ABSTECHER

Vrtba-Garten

Der hinter dem Durchgang zur Karmelitská-Straße versteckte Garten, kaskadenartig am steilen Hang des Laurenzibergs angelegt, zählt heute zum UNESCO-Weltkulturerbe und beeindruckt bereits am Eingang: Die Besucher passieren eine Sala Terrena (Gartensaal) mit schönen Malereien. Der barocke Garten wurde 1720 nach italienischem Vorbild gestaltet, die Skulpturen stammen aus der Werkstatt von Matthias Bernard Braun, die Originale wurden allerdings durch Kopien ersetzt.

•9 [E6] **Vrtba-Garten**, Karmelitská 25, Metro A: Malostranská, Straßenbahn 12, 20, 22, Haltestelle Malostranské náměstí, Tel. 272088350, www.vrtbovska.cz, April–Okt. tägl. 10–19 Uhr, Eintritt 65 Kč

39 Palastgärten unter der Prager Burg (Palácové zahrady pod Pražským hradem) ★★ [F5]

In den versteckt liegenden historischen Gärten unterhalb der Prager Burg findet der Besucher Romantik und Ruhe.

Die Anlage am Südhang der Burg 42 besteht aus fünf verbundenen, terrassenartig angelegten Gärten, die die Namen ihrer früheren Besitzer tragen: der **Ledebour-Garten**, der **Kleine und Große Pálffy-Garten**, der **Kolowrat-** und der **Kleine Fürstenberg-Garten.** Im 16. Jh. sind hier Weingärten der Adligen im italienischen Renaissancestil angelegt worden. Nach der Verwüstung durch die Schweden 1648 wurden die Gärten in barockem Stil aufgebaut, mit reich verzierten Balustraden, Statuen, Treppen, Brunnen und Fontänen. Von den insgesamt gut 30 Terrassen öffnet sich eine herrliche Aussicht auf die Kleinseite und die Altstadt. In der Sala Terrena des Ledebour-Gartens gibt es im Sommer klassische Konzerte.

› Eingang in die miteinander verbundenen Gärten: Valdštejnská 12–14, Metro A: Malostranská, www.palacove-zahrady.cz, tägl. April/Okt. 10–18 Uhr, Mai–Sept. 10–19 Uhr, Eintritt 100 Kč

40 Waldsteinpalais und -garten (Valdštejnský palác a zahrada) ★★ [F6]

Vier Jahre nach der Fertigstellung seiner Prager Residenz wurde Albrecht von Waldstein (1583–1634), einer der einflussreichsten Männer der europäischen Gegenreformation, ermordet. Insgesamt verbrachte er hier nur zwölf Monate.

Der Palast, den er sich 1624 bis 1630 erbauen ließ, war der erste frühbarocke Monumentalbau in Prag. Der gefürchtete General der katholischen Allianz im Dreißigjährigen Krieg wollte mit seiner riesigen Residenz und der großen Gartenanlage der Burg 42 Konkurrenz machen. 1945 wurde das Palais aufgrund der Beneš-Dekrete zum Staatseigentum. Der damals 94-jährigen Gräfin Maria von Waldstein wurde gestattet, bis zu ihrem Tod im Palais zu bleiben. Sie starb 1955 im Alter von 104 Jahren. Ein Großteil des Palais ist heute **Sitz des tschechischen Senats.** Im **Garten** hinter hohen Mauern ist eine künstliche Tropfsteinhöhle erbaut, die Wege säumen Bronzeskulpturen des Niederländers Adriaen de Vries. Die Originale wurden 1648 von den Schweden geraubt.

› **Palais:** Valdštejnské náměstí 4 (Eingang), Metro A: Malostranská, www.senat.cz. An Wochenenden im Okt., April und Mai kann man von 10 bis 17 Uhr, Juni–Sept. 10–18 Uhr, Nov.–März am 1. Wochenende im Monat von 10 bis 16 Uhr **gratis** die historischen Räume des Palais besichtigen, beispielsweise den Mythologischen Saal mit Motiven aus Ovids Werken, den feierlichen Rittersaal mit reichem Wandfresko oder Wallensteins Arbeitszimmer. Es liegen Infoblätter in deutscher Sprache vor.

› Der **Waldsteingarten** (Valdštejnská zahrada, Eingänge: von der Letenská-Straße, 1. Hof des Waldsteinpalais oder von der Metrostation Malostranská, nach dem Ausgang rechts durch das Tor) ist im April, Mai und Okt. tägl. 7.30–18 Uhr (Sa./So. ab 10 Uhr) zugänglich, Juni–Sept. bis 19 Uhr. **Der Eintritt ist frei.** In der Sala Terrena finden im Sommer Konzerte und andere Veranstaltungen statt, im ehem. Pferdestall, der Waldstein-Reithalle (Valdštejnská jízdárna), zeigt die Nationalgalerie wechselnde Ausstellungen.

KURZ & KNAPP

Schillers Wallenstein

Das bewegte Leben Albrecht von Waldsteins fand nach seinem Tod Einzug in die europäische Literatur, zum Beispiel in Schillers Wallenstein-Trilogie (1799). 1859 wurde das Werk auch im Prager Waldsteingarten 40 aufgeführt.

41 Nerudagasse (Nerudova ulice) ★★ [E6]

Über die geschichtsträchtige Lebensader der Kleinseite ritten einst die böhmischen Könige am Tag ihrer Krönung zum Hradschin hinauf.

Aber Adel und Königtum haben die inzwischen wenigen dort lebenden Prager nicht im Sinn, wenn sie liebevoll aus der Vergangenheit der schö-

EXTRATIPP

Über das Johannesbergl in die stille Welt der Kleinseite

Zwischen Nerudova und Vlašská führt – wenn man von der Karlsbrücke kommt – links eine Treppe in das **Gassengewirr der Kleinseite.** Vor Jahrhunderten war an dieser Stelle nur ein bewaldeter Hang – von daher die Bezeichnung Johannesbergl, Jánský vršek. Zu Beginn des 12. Jh. entstand hier ein deutsches Dorf mit engen Gassen. 1645 wurde es in die Kleinseite eingemeindet. Die aufsteigende Vlašská [D6] führt direkt zum **Laurenziberg,** vorbei am Garten des **Strahov-Klosters,** der frei zugänglich ist. Bergab stößt die Vlašská auf das 1705 erbaute **Lobkowitz-Palais** [D6], das zu den bedeutendsten Barockpalästen Prags gehört und heute die deutsche Botschaft beherbergt. Im Spätsommer 1989 wurde das Palais zum **Zufluchtsort von etwa 7000 DDR-Flüchtlingen.** Vom Balkon aus gab Bundesaußenminister Hans-Dietrich Genscher am 30. September 1989 unter dem Jubel der hier kampierenden Menschen bekannt, dass sie in die BRD ausreisen dürfen.

•10 [D6] **Johannesbergl (Jánský vršek)**

nen Straße und erzählen. Auch hier herrscht eben der hussitische Geist. Für sie war die Nerudova das Herzstück der Kleinseite, auch zu der Zeit, als hier noch keine Hotels, Cafés und Geschäfte für Touristen standen, sondern nur alte Häuser mit schmutzigen Fassaden. Bis Anfang der 1990er-Jahre wohnten in der „Nerudovka" noch keine ausländischen Manager, sondern Einheimische, Künstler und Lebenskünstler, die sich am Abend in den Kneipen trafen und zur Musik der tschechischen Undergroundband The Plastic People of the Universe über Nietzsche, Kafka, Politik und über das Sein oder Nichtsein philosophierten. Die frühere Spornengasse verdankt ihren heutigen Namen dem tschechischen Schriftsteller **Jan Neruda** (1834–1891), der 14 Jahre lang im Haus „Zu den zwei Sonnen" (Nr. 47) wohnte. Wie an diesem Haus sind an vielen anderen noch die historischen Hauszeichen erhalten. Im Mittelalter erfüllten sie die Funktion von Hausnummern. So wohnten im Haus „Zu den drei Geigen" (Nr. 12) im 17. und 18. Jh. drei Generationen der berühmten Geigenbauerfamilie Edlinger.

KLEINE PAUSE

Restaurant Rainer Maria Rilke

In der Straße Úvoz, einer Verlängerung der Nerudagasse 41 Richtung Strahov-Kloster 51, tritt man durch eine niedrige Tür in das kleine, 2016 eröffnete böhmische Lokal Rainer Maria Rilke (s. S. 87). Bis 2015 befand sich hier noch die beliebte Kult-Kneipe „Zum erhängten Kaffee" (U zavěšeneho kafe). In dem urigen Restaurant fand sie einen würdigen Nachfolger. In heimeliger Wohnzimmeratmosphäre genießt man hier beste tschechische Kochkunst, wohltemperiertes Bier und die Gastfreundschaft des Hauses. Die Burg 42 ist nur einige Gehminuten entfernt. An Rilke, der hier übrigens nie war, erinnern immerhin Fotografien an den Wänden.

101pr Abb.: gz

Hradschin

Die meisten Pragbesucher verbinden mit diesem Namen nur die **Prager Burg** 42. Hradschin ist aber der ganze Burgberg mit angrenzendem Stadtteil, der historisch gesehen in das 14. Jh. zurückreicht. Neben der obligatorischen Burgbesichtigung lohnt sich auch die Erkundung des ruhigen und malerischen Viertels. Hier und da trifft man auf einsame Burgwachen oder hastig vorbeieilende Priester. Das **Kloster Strahov** 51 ist berühmt für seine Bibliothek und seine Bierbrauerei, das **Palais Sternberg** (s. S. 64) beherbergt einige Meisterwerke der mittelalterlichen Malerei, die **Loretokapelle** 50 ist zum Zentrum der Marienverehrung Böhmens geworden. Bevor man das gewaltige Areal der Burg 42 betritt, sollte man noch den grandiosen **Blick von der Burgrampe** auf den gesamten Moldaukessel und die Stadt genießen.

42 Prager Burg (Pražský hrad) ★★★ [E5]

Hier wurde die Geschichte Tschechiens geschrieben: Hoch über der Stadt erhebt sich der imposante Baukomplex der jahrhundertealten Prager Burg unter den Türmen des Veitsdoms. Seine atemberaubende Silhouette ist zum Wahrzeichen Prags geworden.

Vom Hradschin aus kontrollierten die Herrscher seit dem 9. Jh. das linke Moldauufer und damit den wichtigen Handelsweg von Deutschland nach Russland. Nach und nach entstanden hier Klöster, Kirchen, Residenzen und Armenhäuser. **Přemysl Ottokar II.** (1233–1278) baute die ursprünglich romanische Burgstätte während der mongolischen Angriffe zu einer uneinnehmbaren Festung aus. Eine ihrer Blütezeiten erfuhr die Burg unter **Karl IV.** (reg. 1346–1378). Damals wurde der Bau des

majestätischen **Veitsdoms** 43 in Auftrag gegeben. Eine Zeit lang residierten die böhmischen Könige dann in der Altstadt. Während der Hussitenkriege (1419–1437) und danach verfiel die Anlage. Erst **Władysław II.** (reg. 1471–1516) aus der polnischen Jagiellonen-Dynastie zog wieder auf die Burg und ließ neue Verteidigungsanlagen und den großartigen Wladislav-Saal im Königspalast 44 erbauen. 1526 trat mit Ferdinand I. die Habsburger Dynastie die böhmische Thronfolge an und behielt sie fast ununterbrochen bis 1918. Unter **Rudolf II.** (reg. 1576–1612), der am spanischen Hof aufwuchs und 1575 im Alter von 24 Jahren König wurde, füllte sich die Burg wieder mit Leben. Der melancholische, Kunst und Wissenschaften liebende Kaiser holte Wissenschaftler wie den dänischen Mathematiker Tycho Brahe und Johannes Kepler nach Prag. Im **Spanischen Saal** bewahrte er Kunstwerke und seine Wissenschaftssammlung auf. Nach der Schlacht am Weißen Berg (1620) wurde Böhmen Teil der Habsburger Monarchie – und aus Prag auf einmal Provinz. Erst Kaiserin **Maria Theresia** (reg. 1740–1780) machte die Prager Burg wieder zur Königsresidenz. **1918** erklang auf der Burg wieder die Sprache der ursprünglichen Herrscher: Tschechisch. Der erste tschechoslowakische Präsident, **Tomáš Garrigue Masaryk,** wählte die Burg wie später auch alle seine Nachfolger zu seinem Regierungssitz.

Der Blick von der Burgrampe ist überwältigend

044pr Abb.: gz

Der Zweite Prager Fenstersturz

Nach dem Tod Rudolfs II. verlegte sein Bruder Mathias den Hof nach Wien. Unter den böhmischen Protestanten, die sich von Mathias gedemütigt fühlten, bildete sich eine radikale Gruppierung. Am Morgen des 23. Mai 1618 besetzten die protestantischen Stände die verwaiste Burg und warfen drei habsburgisch-katholische Statthalter kurzerhand „nach alttschechischem Brauch" aus dem Fenster in den mehr als 16 m tiefen Burggraben. Alle überlebten, weil sie auf einen Misthaufen fielen. Als sich die Nachricht vom Fenstersturz verbreitete, brandschatzte das Volk wieder einmal Kirchen und Klöster und plünderte in der Judenstadt. Der Prager Fenstersturz führte zu einer langen Periode von Kriegen. Im Sommer 1619 bildeten die böhmischen Städte einen Bund aller Feinde Habsburgs. Ferdinand (Nachfolger von Mathias) wurde förmlich abgesetzt und die Stände boten die Krone dem deutschen Calvinisten Kurfürst Friedrich von der Pfalz an. Friedrich zog mit seiner Frau 1619 in das jubelnde Prag ein und wurde im Veitsdom gekrönt. Aber nur einige Monate später wurde der „Winterkönig" von Maximilian von Bayern in der ***Schlacht auf dem Weißen Berg*** *(1620) besiegt und aus Böhmen verjagt. Das Schicksal Böhmens war für Jahrhunderte besiegelt. Protestanten wurden enteignet, nichtkatholische Geistliche mussten das Land verlassen. 1624 wurde Böhmen zu einem habsburgischen Erbland.*

Der erste Hof

Der erste Hof, betretbar vom Hradschinplatz 48, ist auch der Haupteingang in die Burg. Noch mehr Aufmerksamkeit als die zwei kämpfenden Giganten von Ignaz Platzer (18. Jh.) erregt zu jeder vollen Stunde (9 bis 18 Uhr) **die Ablösung der Burgwache.** Die himmelblauen Uniformen der Soldaten, die jeden Burgeingang bewachen und nach Körpergröße ausgesucht werden, entwarf der Oscarpreisträger Theodor Pištěk, Kostümdesigner des Forman-Films „Amadeus". Vor allem die feierliche **Wachablösung um 12 Uhr** ist sehr beliebt, man ist also gut beraten, rechtzeitig einen guten Platz zu ergattern (bei Staatsbesuchen oder Bauarbeiten im 3. Hof). Ursprünglich wohnten im ersten Hof die Burghandwerker, heute dient er Repräsentationszwecken.

Der zweite Hof

Durch das barocke **Matthiastor** (1614) geht es in den zweiten Hof. In der Mitte steht ein **barocker Brunnen** (1686). Der zweite, vergitterte Brunnen stammt aus dem frühen 18. Jh. In der Nordwestecke liegen (nur zu besonderen Anlässen zugänglich) der Spanische Saal und die Rudolfsgalerie mit ihrer einst berühmten Sammlung, von der nur ein Bruchteil übrig blieb (darunter Werke von Tintoretto, Tizian und Rubens, zu sehen in der **Gemäldegalerie** auf der linken Seite des Platzes).

Die **Hl.-Kreuz-Kapelle** von Anselmo Lurago (18. Jh.) beherbergt den **Schatz des Veitsdoms** 43, einer der wertvollsten Domschätze Europas. Im Durchgang zum 3. Hof sind Reste der ersten romanischen Festung zu sehen. Über die Pulverbrücke im Norden gelangt man zum Königsgarten 47.

Der dritte Hof

Mit etwas Glück kann man hier den tschechischen Präsidenten sehen, wie er hastig aus der Staatslimousine aussteigt und von Bodyguards bewacht in die Präsidentenkanzlei auf der Südseite des Hofes eilt. Der slowenische Architekt Josip Plečnik hat in den 1920er-Jahren die Burghöfe und einige Gebäude umgestaltet. Der 18 m hohe Granitobelisk von 1928 erinnert an die Gefallenen im Ersten Weltkrieg und das zehnjährige Bestehen der Tschechoslowakei.

- **Wege zur Burg:** 1. Die meisten Besucher gehen die **Nerudova** 41 hoch und biegen am Ende rechts zur Burg ab. 2. Man kann auf der Nerudova starten, dann gleich rechts in die Zámecká-Straße abbiegen und über die **Thunovská-Straße** und die **Neue Schlossstiege** hinaufgehen. 3. **Über die Alte Schlossstiege** in der Nähe der Metrostation Malostranská. 4. **Mit der Straßenbahn 22,** z. B. von Národní třída (Metrolinie B) oder Malostranská (A). Aussteigen kann man an folgenden Haltestellen: Královský letohrádek (Königsgarten), Pražský hrad (2. Burghof) oder Pohořelec, danach über den Hradschinplatz 48 hinunter zum Haupteingang (etwa 10 min.).
- **Das Gelände der Prager Burg** ist ganzjährig tägl. von 6 bis 22 Uhr frei zugänglich.
- **Sicherheitskontrollen** s. S. 64
- **Öffnungszeiten in historischen Objekten:** April–Okt. 9–17 Uhr., Nov.–März 9–16 Uhr, „Schatz des Veitsdoms" in der Hl.-Kreuz-Kapelle, der Südturm des Veitsdoms 43 April–Okt. tägl. 10–18, Nov.–März 10–17, Veitsdom April–Okt. Mo.–Sa. 9–17, So. 12–17, Nov.–März Mo.–Sa. 9–16, So. 12–16 Uhr. Die **Gärten** (freier Eintritt, inkl. Königsgarten 47) April–Okt. 10–18 Uhr, im Winter geschlossen. Garten auf der Bastion (im Westen) ganzjährig 6–22 Uhr geöffnet.
- **Eintrittspreise:** Angeboten werden **drei verschiedene Rundgänge (Tour A–C), die Eintrittskarten sind zwei Tage gültig.** Alle Preise sind in der Reihenfolge Eintrittsgeld/Preisreduktion/Familieneintrittsgeld angeführt. Die Preisreduktion (nach Vorlage eines Ausweises) betrifft Kinder von 6 bis 16 Jahren, Studenten bis 26 Jahre, Familien mit Kindern bis 16 Jahre und Senioren über 65 Jahre. Besucher mit Invalidenausweis und Begleitperson zahlen nichts. Fotografieren (ohne Blitz) kostet extra 50 Kč p. P. **Tour A (Große Tour):** Pulverturm, Mihulka, Königspalast 44 inkl. Ausstellung „Geschichte der Prager Burg", Rosenbergpalast, Hl. Georgkirche, Goldenes Gässchen und Veitsdom – 350/175/700 Kč. **Tour B (kleine Tour):** Königspalast, Hl. Georgkirche 45, Goldenes Gässchen 46, Veitsdom 43 – 250/125/500 Kč. **Tour C:** Schatz des Veitsdoms, Gemäldegalerie – 350/175/700 Kč. Folgende Ausstellungen kann man auch mit Einzeltickets besuchen: **Gemäldegalerie:** 100/50/200 Kč. **Dauerausstellung Geschichte der Prager Burg:** 140/70/280 Kč. **Pulverturm: Mihulka (Burgwache-Ausstellung):** 70/40/140 Kč. **Turm auf der Südseite des Veitsdoms:** 150 Kč. **Schatz des Veitsdoms in der Hl.-Kreuz-Kapelle:** 250/125/500 Kč.
- **Informationsbüros und Verkaufsstellen der Prager Burg:** 2. u. 3. Burghof, Tel. 224372423, www.hrad.cz/en, tägl. 9–17 Uhr, Nov.–März bis 16 Uhr. Im 3. Burghof kann auch eine **deutschsprachige Führung** bestellt werden (oder vorab unter Tel. 224373584 oder info@hrad.cz), p. P./Std. 100 Kč zusätzlich zum Ticketpreis. Audioguides: p. P. 350 Kč/3Std., 450 Kč/Tag. **Tipp:** Ticketschalter **(mit meistens viel kürzeren Wartezeiten)** gibt es auch an den Eingängen des Königspalasts, der Gemäldegalerie (2. Burghof, links), im Goldenen Gässchen (unterer Teil beim Daliborka-Turm) sowie in allen **Tourist-Informationsbüros** (Visitor Centres, s. S. 126).

Der Streit um den Veitsdom

Man möchte meinen, ein Dom gehöre der Kirche. In Tschechien aber ist das anders. Der Streit zwischen Kirche und Staat über die Eigentumsrechte an der bekanntesten Kirche des Landes sorgt seit Jahren für Schlagzeilen. Kathedrale und umliegende Gebäude wurden 1954 von der kommunistischen Regierung konfisziert, Priester und Mönche verfolgt oder gar in Gefängnisse und Arbeitslager verschleppt. Unvergesslich bleiben die Worte von Kardinal František Tomášek, der bei der Messe anlässlich der Heiligsprechung von Agnes von Böhmen am 25. November 1989 sagte: „Ich und die ganze Kirche stehen auf der Seite des Volkes.“ Acht Tage davor hatte die Samtene Revolution begonnen, die schließlich zum Fall des Kommunismus führte. Im Dezember 1989 zelebrierte Tomášek zur Einführung von Václav Havel ins Präsidentenamt einen Gottesdienst. Aber die Harmonie täuschte. Als die katholische Kirche die Rückgabe ihres enteigneten Eigentums verlangte und vor Gericht auch Recht bekam, waren nicht nur die meisten Politiker, sondern auch ein großer Teil der tschechischen Öffentlichkeit dagegen. Sie meinten: Die Kathedrale ist Eigentum des Volkes. Laut Urteil des Obersten Gerichtshofes sollte die Kathedrale in den Händen des Staates bleiben. Doch die Kirche ging in Berufung.

Im Jahre 2010 einigten sich beide Seiten nach 17 Jahren Streit. Ein siebenköpfiges Gremium koordiniert die gemeinsame Nutzung des Doms, der aber weiterhin Eigentum des Staates bleibt. Das neue Restitutionsgesetz aus dem Jahr 2013 ermöglicht zwar der Kirche, ihr einst beschlagnahmtes Eigentum zurückzufordern, die Rückgabe des Doms wurde jedoch von vornherein ausgeschlossen. Der Streit ist also noch nicht beendet.

43 Veitsdom (Katedrála sv. Víta) ★★★ [E5]

Es mag erstaunen, dass eine Gesellschaft, die nicht viel auf den Glauben gibt, gerade eine Kirche für eines ihrer nationalen Symbole hält. Aber in der Kathedrale ruhen böhmische Könige und der hl. Wenzel, der Schutzpatron des Landes.

Unter den Kronjuwelen im Dom befindet sich auch die Wenzelskrone aus dem 14. Jh., die Kaiserin Maria Theresia einst herablassend als „Narenhäubl“ verspottete. Die böhmischen Patrioten befanden ihren Spott als unverzeihlich und jagten Jahrzehnte später die Habsburger zum Teufel. Der erste Domarchitekt war der Franzose **Matthias von Arras**, der sich von den Kathedralen seiner Heimat inspirieren ließ. Nach seinem Tod übernahm die Bauleitung der **geniale Peter Parléř** (1352–1399) aus Schwäbisch Gmünd, dessen Vater bereits am **Kölner Dom** gearbeitet hatte. Parléř arbeitete innovativ mit Streberippen und neuartigen Netzgewölben und kooperierte eng mit Malern und Bildhauern. Seine ganze Sippe aus Söhnen, Brüdern und Neffen war am Bau beteiligt. Bis zu seinem Tod gestaltete Parléř einen Großteil des Ostschiffs mit dem

Der monumentale Veitsdom

Chor und einen Teil des Glockenturms mit der **Goldenen Pforte** an der südlichen Seite, durch die man damals die Kirche betrat. Oberhalb der Pforte stellt ein wunderschönes Mosaikbild (14. Jh.) das Jüngste Gericht dar. In den folgenden Jahrhunderten wurden die Bauarbeiten oft unterbrochen – Kriege, Plünderungen, Brände und das Desinteresse der Habsburger waren die Ursachen. Sein **heutiges Aussehen** bekam der Dom 1873–1929. Aus dieser Zeit stammen das Querschiff, das Dreierschiff und der Westteil mit den beiden frontalen Türmen, durch den man heute den Dom betritt. Das Bronzetor zeigt Szenen aus der Baugeschichte.

Fast ehrfürchtig blickt man in dem 124 m langen und bis zu 60 m breiten Raum hinauf zu dem hohen Gewölbe des Hauptschiffs, das von 28 Säulen getragen wird. Ein Kranz aus 19 Kapellen und zwei Sakristeien säumt den Chor. Die **Kapelle des hl. Wenzel** (die erste hinter dem Querschiff) wurde von Parléř 1362–1367 an der Stelle der ursprünglichen Rotunde mit der Grabstätte des Schutzheiligen erbaut. Eine Stiege führt dort in die Schatzkammer. Ihre Tür wird mit sieben Schlüsseln zugesperrt, die von den sieben höchsten Vertretern des Staates und der Kirche gehütet werden. Der Holländer Alexander Collin schuf das **königliche Mausoleum** aus weißem Marmor (1566–1589) vor dem neugotischen Hauptaltar für Ferdinand I., seine Frau Anna und ihren Sohn Maximilian II. Ihre sterblichen Überreste liegen in Sarkophagen in der öffentlich nicht zugänglichen **Krypta.** Hier wurden auch Karl IV. und Rudolf II. bestattet. An der Innenausstattung waren viele tschechische Künstler der Jahrhundertwende (19./20. Jh.) beteiligt.

EXTRATIPP

Museum im Palais Lobkowicz

Sehr sehenswert ist das **Privatmuseum des Adelsgeschlechts Lobkowicz** an der Ostseite der Burganlage. Neben einer großen Waffensammlung und Gemälden Alter Meister kann man hier auch einige Originalpartituren von Mozart und Beethoven bestaunen. Von der Terrasse des Schlosscafés hat man eine herrliche Sicht auf die Kleinseite. Täglich finden um 13 Uhr Konzerte statt (s. S. 75).

045pr Abb.: gz

Ein **Farbfenster**, durch das flirrende Lichtstrahlen auf den Chor fallen, stammt von Alfons Mucha.

› www.katedralasvatehovita.cz. Die Besichtigung der Kathedrale ist nur im Rahmen der Tour A oder B (s. S. 59) möglich. Am Eingang befindet sich jedoch eine kostenfreie Zone, von der aus man einen Blick in das Innere des Doms werfen kann. **Turm auf der Südseite:** April–Okt. tägl. 10–18, Nov.–März 10–17 Uhr, Eintritt 150 Kč. Letzter Einlass 30 Min. vor Schließung.

44 Alter Königspalast (Starý královský palác) ★★ [E5]

Den dritten Burghof schließt im Osten der Alte Königspalast ab. Vom 11. bis zum 16. Jh. residierten hier die böhmischen Herrscher. Der **Wladislav-Saal** von Benedikt Ried (Anfang 16. Jh.) gilt als der großartigste säkuläre Raum des Mittelalters nördlich der Alpen. In dieser Größe (62 m lang, 16 m breit und 13 m hoch) wurde vorher noch nie gebaut. Im Saal fanden Krönungen und Turniere statt. Damit die Ritter auf ihren Pferden einreiten konnten, wurde eine breite Treppe mit flachen Stufen errichtet. Heute finden hier Präsidentenwahlen statt. Von der südwestlichen Ecke aus betritt man die **Böhmische Kanzlei, Schauplatz des Zweiten Prager Fenstersturzes** (s. Exkurs S. 58). Auf der östlichen Seite führen Stufen auf die Empore der Allerheiligenkirche. Im gotischen Souterrain kann man die **Ausstellung „Geschichte der Prager Burg“** sehen.

Das Goldene Gässchen 46

45 Hl. Georgkirche (Bazilika sv. Jiří) ★★ [E5]

Die rote Georgskirche vom Anfang des 10. Jh. in der Mitte der Burganlage ist der am besten erhaltene romanische Bau in Prag.

Ihre zwei weißen Türme haben sogar Namen: Adam und Eva. Die Sarkophage einiger Herrscher des Přemysliden-Geschlechts, Reste von Fresken aus dem 13. Jh. und die Krypta aus dem 12. Jh. mit der schwarzen Statue der Brigitte, die den Verfall und Vergänglichkeit symbolisiert, sind hier zu bestaunen. Die Georggasse (Jiřská) mündet am östlichen Burgtor. Von hier aus kann man über die Alte Schlossstiege zur Metrostation Malostranská hinabsteigen.

46 Goldenes Gässchen (Zlatá ulička) ★★★ [E5]

Rudolf II. soll in den winzigen Häuschen Alchemisten gefangen gehalten haben, die den Stein der Weisen suchen und Gold herstellen sollten.

In Wirklichkeit wohnten hier im 16. Jh. die Burgwächter. Später kamen Handwerker, darunter auch Goldschmiede, nach denen die Gasse benannt wurde. Im Herbst 1916 mietete Ottla Kafka, die jüngste Schwester des Schriftstellers **Franz Kafka**, das Häuschen Nr. 22 und stellte es ihrem Bruder zum Schreiben zur Verfügung. Bis August 1917 schrieb er hier an seiner Erzählung „Ein Landarzt“. Kafka kam gewöhnlich in den frühen Abendstunden, gegen Mitternacht kehrte er über die Alte Schlossstiege und die Mánes-Brücke zur elterlichen Wohnung am Altstädter Ring 4 zurück. Im Rundturm am östlichen Ende der Gasse wurde 1498 Ritter Dalibor von Kozojed, Anführer eines Bauern-

aufstandes, eingekerkert – nach ihm heißt der Turm **Daliborka.** Einer Sage nach lernte er hier Geige spielen, um die Herzen der Wächter zu erweichen. Diese Geschichte inspirierte Bedřich Smetana zu seiner Oper „Dalibor".

Nach einer Generalüberholung wurde im Goldenen Gässchen 2011 eine Dauerausstellung installiert, die das alltägliche Leben seiner früheren Bewohner anschaulich darstellt. Besichtigen kann man z. B. eine alte Goldschmiedwerkstatt oder das Häuschen einer Kartenlegerin.

Auch der **Wehrgang,** der auf die Dächer der Häuser führt, ist zugänglich. Die Hauseingänge sind so niedrig, dass man sich beim Hineingehen ducken muss.

› Die Besichtigung ist Teil der Rundgänge A und B (s. S. 59). Nach der Schließung ist der Eintritt frei, die Häuser sind allerdings dann nicht mehr zugänglich.

47 Königsgarten (Královská zahrada) ★★ [D5]

Die Wanderung durch die Prager Burg schließt ein Spaziergang durch den Königsgarten ab, der vom zweiten Burghof aus über die Pulverbrücke erreichbar ist. Er wurde 1534 im italienischen Stil angelegt. **Ferdinand I.** ließ hier für seine Frau Anna das „**Belvedere**" errichten, einen der hübschesten Renaissancebauten nördlich der Alpen. Bis auf gelegentliche Wechselausstellungen ist das Gebäude nicht zugänglich. Vor dem Schloss wurde 1573 eine Bronzefontäne errichtet. Zwischen Königsgarten und Hradschin verläuft eine Schlucht, der **Hirschgraben**, der von Kaiser Ferdinand I. als Blumengarten und von Rudolf II. als Tiergehege benutzt wurde.

› April bis Okt. 10–18 Uhr, Eintritt frei. In der südlichen Ecke befindet sich eine Orangerie mit exotischen Pflanzen.

48 Hradschinplatz (Hradčanské náměstí) ★★ [D6]

Der leicht ansteigende, kopfsteingepflasterte Platz vor dem Hauptportal der Burg hat sich seit Jahrhunderten kaum verändert.

In seiner Mitte ragt die barocke Pestsäule Ferdinand Brokoffs (18. Jh.) auf. Ein beliebtes Fotomotiv ist auch der achtarmige Laternenkandelaber (19. Jh.), der seit einigen Jahren wieder mit Gas betrieben wird.

EXTRATIPP

Sicherheitskontrollen auf der Burg: Wo steht man am kürzesten an?

Seit Sommer 2016 werden Besucher vor dem Zutritt auf das Burggelände vor jedem Eingang **strengen Sicherheitskontrollen** unterzogen. Je nach Jahreszeit muss man mit einer **Wartezeit von ca. 30 bis 60 Min.** rechnen. Der größte Andrang herrscht am Vormittag, wenn auch die meisten Reisegruppen unterwegs sind. Am Nachmittag sind die Warteschlangen in der Regel viel kürzer. Am längsten steht man am Tor neben dem bisherigen Haupteingang am **Hradschinplatz** 48 (der jetzt als Ausgang dient), am kürzesten – mit Glück sogar überhaupt nicht – vor dem **Eingang in den Königsgarten** 47, der allerdings nur zwischen April und Oktober geöffnet ist. Man fährt mit der Straßenbahn 22 bis zur Haltestelle Královský letohrádek, überquert die Straße, der Eingang befindet sich direkt gegenüber. Nach der Sicherheitskontrolle spaziert man gemütlich zum Ausgang des Königsgartens. Auf der Pulverbrücke (Prašný most) biegt man nach links ab und passiert das Burgtor. Nicht ganz so lang steht man normalerweise auch vor dem **Eingang zur Pulverbrücke** (Straßenbahn 22, Haltestelle Pražský hrad). Wer den Weg über die Alte Schlossstiege wählt (für Menschen mit Gehproblemen nicht geeignet), wartet nur etwas kürzer als Besucher, die über die Nerudova-Str. und den Hradschinplatz kommen (siehe „Wege zur Burg", S. 59). Große Gepäckstücke sind auf dem Gelände nicht zugelassen.

Der Regisseur Miloš Forman wählte das **Erzbischöfliche Palais** (auf der Nordseite des Platzes) mit seiner Rokokofassade für den Film „Amadeus" als Kulisse. Im angrenzenden **Palais Sternberg** ist italienische, holländische und deutsche mittelalterliche Kunst ausgestellt. Auf der gegenüberliegenden Seite des Platzes fällt durch seine venezianisch inspirierte Sgraffitifassade das **Palais Schwarzenberg** auf (16. Jh.). 1940 beschlagnahmte die Gestapo das Gebäude, nach dem Krieg wurde es verstaatlicht. Die Nachkommen der Eigentümerfamilie führen bis heute einen Rechtsstreit um die Rückgabe. Neben einer Waffenausstellung beherbergt der Bau eine sehenswerte Sammlung böhmischer Renaissance- und Barockkunst. 2014 wurde für die Öffentlichkeit zum ersten Mal das benachbarte klassizistische **Salm-Palais (Salmovský palác)** geöffnet. Präsentiert wird hier Kunst des 19. Jh. vom Klassizismus bis zur Romantik.

› **Palais Sternberg** (Šternberský palác, Hradčanské nám. 15, Metro A: Malostranská, Straßenbahn 22, Haltestelle Pražský hrad (Anfahrt zu allen drei Palais), www.ngprague.cz, Di.–So. 10–18 Uhr, Eintritt 220 Kč, bis 18 Jahre und für Studenten bis 26 Jahre frei. Dieselben Öffnungszeiten und Eintrittspreise gelten auch für das **Palais Schwarzenberg** (Schwarzenberský palác), Hradčanské nám. 2, und für das **Salm-Palais** (Salmovský palác), Hradčanské nám. 2. Sammelticket für sechs Objekte der Nationalgalerie s. S. 77.

49 Neue Welt (Nový svět) ★★ [C5]

Unterhalb des Loretoplatzes laden enge, stille Gassen zu einem romantischen Spaziergang ein. Die schönste trägt den Namen „Neue Welt".

Die Loretokapelle 50 am Platz Loretánské náměstí

Heute ist das Gässchen besonders unter tschechischen Künstlern und Kunsthandwerkern beliebt, im Mittelalter war diese pittoreske Häuserzeile ausschließlich von armen Leuten bewohnt. Im Haus Nr. 76 wohnte 1599 der Hofastronom **Tycho Brahe.**

Im gemütlichen **Café Nový Svět** (s. S. 85) kann man wunderbar entspannen .

50 Loretokapelle (Loreta) ★★ [C6]

Die Loretokapelle ist eine Nachbildung der „Casa Santa", der Wohnung der Jungfrau Maria in Nazareth, die der Legende nach von Engeln nach Loreto bei Ancona getragen worden ist. Die Prager Kapelle betört durch ihr wehmütiges Glockenspiel.

Der Sieg des Kaisers und der Kirche in der Schlacht am Weißen Berg, in dem man das Wirken der Gottesmutter sah, führte zu einer Intensivierung des Marienkults. Benigna Katharina von Lobkowicz gründete 1626 den lauretanischen Wallfahrtsort. Die Kapelle wurde fünf Jahre später eingeweiht. Das **Gnadenbild der Jungfrau Maria von Loreto** aus dem 17. Jh. steht in einer silbernen, geschmückten Nische. Den bedeutendsten Teil des Komplexes, der 1750 vollendet wurde, bildet die Kammer mit dem **lauretanischen Schatz** im ersten Stock des Kreuzganges. Unter den 300 kunsthandwerklichen Gegenständen ist besonders die **barocke Monstranz** (Gefäß zum Tragen und Zeigen der geweihten Hostie) aus dem Jahre 1699 interessant, eine Wiener Arbeit aus vergoldetem Silber. Das 89,5 cm hohe Kleinod ist mit 6222 Diamanten geschmückt, 12 kg schwer und wird wegen seiner Form „Prager Sonne" genannt.

049pr Abb.: gz

› Loretánské nám. 7, Straßenbahn 22, Haltestelle Pohořelec, Tel. 220516740, www.loreta.cz, tägl. April–Okt. 9–17 Uhr, Nov.–März 9.30–16 Uhr, Eintritt 150 Kč, Extrakosten für Fotografieren, Audioguides in deutscher Sprache 150 Kč

51 Kloster Strahov (Strahovský klášter) ★★ [C6]

Hinter mächtigen Mauern blühten einst Wissenschaft und fromme Kunst. Die grandiose Klosterbibliothek in zwei Sälen legt davon ein eindrucksvolles Zeugnis ab.

1140 ließ Fürst Vladislav II. auf dem Strahov-Hügel südlich der Burg ein Prämonstratenserkloster gründen, das im Mittelalter zu den bedeutendsten und reichsten kirchlichen Institutionen in Böhmen gehörte. In der zweiten Hälfte des 17. Jh. erhielt das Klos-

EXTRATIPP

Von Strahov (51) zum Laurenziberg (52)

Oberhalb der Gartenanlage des Strahov-Klosters führt ein schöner, etwa 20-minütiger **Fußweg** zum grünen Petřín-Hügel (Laurenziberg). In dem Waldgebiet links vom Kloster ist ein Teil der Hungermauer erhalten geblieben. Als Teil der Befestigung des gesamten Bergrückens ließ Karl IV. sie 1360 erbauen, als in Prag eine Hungersnot herrschte. So ist vermutlich ihr Name zu erklären. Vom Spazierweg aus blickt man auf die Dächer der Kleinseite. Wer nach dem Spaziergang müde Beine hat, kann vom Laurenziberg mit einer Seilbahn zur Haltestelle Újezd hinunterfahren.

ter sein barockes Aussehen. Während des Kommunismus wurde es aufgelöst, die Mönche kehrten erst 1989 zurück. Auf der Orgel der barocken **Maria-Himmelfahrtskirche** demonstrierte Mozart im Herbst 1787 seine geniale Improvisationskunst. Liebhaber der sakralen Kunst kommen in der **Gemäldegalerie** auf ihre Kosten. Der Besuchermagnet ist aber die auf zwei Säle verteilte **Bibliothek**, die man nur hinter einer Absperrung bewundern kann, damit Bücher, Folianten und Wandfresken keinen Schaden nehmen. Im älteren und kleineren **Theologischen Saal** (1721) sind auch alte Globen aus der ersten Hälfte des 17. Jh. aufbewahrt. Der **Philosophische Saal** (1782–84) erstreckt sich über zwei Stockwerke. Das Deckenfresko des Wiener Malers Franz Anton Maulbertsch (1794) illustriert die Geschichte der Philosophie. Insgesamt umfasst die Strahover Bibliothek fast 200.000 wertvolle Bücher, Manuskripte und Erstschriften, darunter eine Kopie des handgeschriebenen Strahover Evangeliar aus dem 9. Jh.

› Strahovské nádvoří 1/132, Metro A: Malostranská, Straßenbahn 22, Haltestelle Pohořelec, Tel. 233107718, www.strahovskyklaster.cz. Es werden zwei Rundgänge angeboten: **1. Strahover Bibliothek** (separater Eingang neben der Maria-Himmelfahrtskirche): tägl. außer 24./25.12. und Ostersonntag 9–12 und 13–17 Uhr, Eintritt 120 Kč. Fotografieren kostet extra. Bei einer größeren Besucherzahl ist der Einlass begrenzt. Infoblätter auf Deutsch liegen aus. **2. Besichtigung des historischen Konvents und der Gemäldegalerie:** tägl. 9.30–11.30 und 12–17 Uhr, Eintritt 120 Kč.

(52) Laurenziberg (Petřín) ★★ [D7]

Der 318 m hohe Berg am rechten Moldauufer ist der Hausberg der Prager, den ganze Familien für einen Sonntagsspaziergang und Liebespaare als Treffpunkt nutzen.

Vor allem am 1. Mai pilgern viele Paare Hand in Hand zum Denkmal des Dichters Karel Hynek Mácha (1810–1836), der mit seinem Gedicht „Mai“ eine Hymne auf die Liebe geschaffen hat. Man küsst sich vor seiner Statue und hofft auf die ewige Liebe.

Wahrzeichen des Laurenzibergs ist der 63,5 m hohe **Aussichtsturm** (Petřínská rozhledna), eine fünfmal kleinere Kopie des Eiffelturms. Er wurde 1891 für die Prager Weltausstellung errichtet, sein höchster Punkt liegt auf gleicher Meereshöhe wie das französische Vorbild. Wer die 299 Stufen erklommen hat, genießt einen fantastischen Ausblick auf Prag. Eine **Seilbahn** fährt vom Fuß des Petřín-Hügels (Haltestelle Újezd) in 4 Min. nach oben.

Die **Sternwarte** ist ganzjährig geöffnet. Eine weitere Attraktion ist das neben dem Aussichtsturm gelegene **Spiegellabyrinth.**

› **Standseilbahn:** Straßenbahn 12, 20, 22, Haltestelle Újezd, Fahrtzeiten: April–Okt. 9–23.30 Uhr alle 10 Min., Nov.–März 9–23.20 Uhr alle 15 Min. Tickets (einfach) kosten 24 Kč für Erwachsene, 12 Kč für Kinder bis 15 Jahre und Senioren. Im Frühjahr und im Herbst ist die Standseilbahn wegen Wartungsarbeiten für jeweils 14 Tage außer Betrieb, Infos unter www.dpp.cz/de.

› **Aussichtsturm:** http://en.muzeumprahy.cz/198-the-petrin-observation-tower, Tel. 257320112, April–Sept. tägl. 10–22 Uhr, Okt./März 10–20, Nov.–Febr. 10–18 Uhr, Eintritt 150 Kč. Der Aufzug kostet 60 Kč extra, für Senioren ab 65 Jahren 30 Kč, für Behinderte und Kinder unter 6 Jahren ist er kostenlos. Die gleichen Öffnungszeiten gelten auch für das **Spiegellabyrinth,** Eintritt dort 90 Kč, in Kombination mit dem Aussichtsturm 210 Kč.

› **Sternwarte:** www.observatory.cz, Tel. 257320540, Jan./Feb./Nov./Dez. Di.–Fr. 18–20, Sa./So. 11–20 Uhr. März/Okt. Di.–Fr. 19–21, Sa./So. 11–18 und 19–21 Uhr, April/Mai., Di.–Fr. 14–19 u. 21–23 Uhr, Sa./So. 11–19 Uhr, 21–23 Uhr, Juni Mo. 14–19 und 21–23 Uhr, Di.–Fr. 14–19 und 21–23, Sa./So. 11–19 und 21–23 Uhr, Juli/Aug. Mo. 11–19 und 21–23, Di.–Fr. 11–19 und 21–23, Sa./So. 11–19 und 21–23 Uhr, Sept. Mo. 14–18 und 20–22, Di.–Fr. 14–18 u. 20–22 Uhr, Sa./So. 11–18 und 20–22 Uhr, Eintritt 65 Kč, Familien 140 Kč

Blick auf den Laurenziberg 52 *mit seinem markanten Aussichtsturm*

EXTRAINFO

„Der Prozess"

Der Laurenziberg diente als Vorbild für den Schauplatz von Kafkas Roman „Der Prozess". Seine Schlussszene – die Exekution des Protagonisten K. – spielt in einem Steinbruch, den es am Laurenziberg einmal wirklich gab.

047pr Abb.: gz

Entdeckungen außerhalb des Zentrums

53 Vyšehrad ★★ [H12]

Ein Ort des Gedenkens: Neben der sagenumwobenen Burgruine der Fürstin Libuše ruhen große Tschechen wie der Komponist Antonín Dvořák oder der Jugendstilkünstler Alfons Mucha auf dem Ehrenfriedhof.

„Ich sehe eine große Stadt. Ihr Ruhm wird einst bis zu den Sternen reichen", so sprach der Legende nach Fürstin Libuše, Stammmutter der Tschechen und Gründerin der Přemysliden-Dynastie, auf Vyšehrad. Dieser Ort hat für die tschechische Seele eine unauslöschliche Bedeutung. Dem Gründungsmythos zufolge wäre Vyšehrad älter als die Prager Burg 42. Historische Quellen sagen etwas anderes, die Burg wurde 60 bis 70 Jahre vor Vyšehrad („hohe Burg") auf dem südlich gelegenen Felshügel an der Moldau erbaut. Im Zeitalter der Aufklärung ist sie von den tschechischen Patrioten wiederentdeckt worden – als Sitz der ersten Přemysliden und Symbol der Nation. Heute ist der Vyšehrad einer der wenigen historischen Orte Prags, die hauptsächlich von den Tschechen besucht werden. Auf dem **Ehrenfriedhof** hoch über der Moldau ruhen bedeutende Söhne und Töchter der Nation, darunter die Komponisten Antonín Dvořák und Bedřich Smetana sowie die Schriftsteller Božena Němcová, Karel Čapek und Jan Neruda. Von der gleichnamigen Metrohaltestelle folgt man dem ausgeschilderten Weg. Nach ein paar Minuten geht es durch das **Tábortor** aus dem 19. Jh. über einen gepflasterten, von Bäumen gesäumten Weg durch das schöne **Leopoldstor** (1678) zur romanischen **Rotunde des hl. Martin** (11. Jh., für Besucher nicht zugänglich), dem **ältesten Kirchenbau Prags.** Das Wahrzeichen des Vyšehrad ist die **Kirche der hl. Peter und Paul**, erbaut auf den Fundamenten einer romanischen Basilika aus dem 11. Jh. Ihr heutiges neogotisches Aussehen erhielt sie Ende des 19. Jh. Das gotische Tafelbild aus dem 14. Jh. zeigt die Jungfrau Maria und wird „Vyšehrader Madonna" genannt. Vor diesem Bild wurde in Dürrezeiten bei Wallfahrten um Regen gebetet. Zwischen Kirche und einer Weinstube liegt das Steinportal zum **Vyšehrader Park.** Vier monumentale Steinskulpturen verkörpern die Helden der tschechischen Mythen. Im Sommer finden hier Open-Air-Konzerte statt.

› V pevnosti 159, Metro C: Vyšehrad, danach zu Fuß zum Areal. Oder mit der Straßenbahn 2, 17 bis Výtoň, weiter zu Fuß (bergauf) über die Libušina-Str. zur Na Libušince, von hier aus über die Treppe hoch, www.praha-vysehrad.cz, April–Okt. tägl. 9.30–18 Uhr, Nov.–März 9.30–17 Uhr, der Eintritt in das Areal ist frei. Die Informationsstelle befindet sich im erhaltenen Teil des gotischen Turms Špička in der Straße V Pevnosti. Hier kann man auch einen Plan des Geländes und eine Informationsbroschüre in deutscher Sprache kaufen.

› **Ehrenfriedhof:** Nov.–Febr. tägl. 8–17 Uhr, März/April/Okt. 8–18 Uhr, Mai–Sept. 8–19 Uhr, Eintritt frei. Ausstellung im Ziegeltor über die Geschichte Vyšehrads sowie Kasematten und Gorlice: Eintritt 60 Kč, gotischer Keller (mit Exponaten, die eine frühe Besiedlung Vyšehrads belegen): Eintritt 50 Kč.

› **Kirche der hl. Peter und Paul:** www.kkvys.cz, Nov.–März Mo.–Sa. 10–17, So. 10.30–17 Uhr, April–Okt. Mo.–Sa. 10–18, So. 10.30–18 Uhr, Eintritt in die Kirche und in die Schatzkammer 50 Kč, Glockenspiel stündlich zwischen 11 und 21 Uhr

Blick vom Vyšehrad auf die Stadt

54 Fernsehturm in Žižkov (Žižkovská televizní věž) ★ [N8]

Nicht weit von der Metrostation Jiřího z Poděbrad, an der Grenze zwischen den beliebten Stadtvierteln Žižkov und Vinohrady, steht im **Park Mahlerovy sady** ein gigantisches, von Weitem sichtbares Bauwerk. Ist es hübsch oder potthässlich? Die Meinungen darüber gehen weit auseinander. 2012 belegte der Prager Fernsehturm in einer CNN-Hitliste der hässlichsten Bauten der Welt den wenig schmeichelhaften 4. Platz. Auch einen solchen Titel muss man sich zuerst verdienen, sagen sich manche. Auf dem 1. Platz landete übrigens ein Hotel im nordkoreanischen Pjöngjang, die Plätze zwei und drei teilen sich das Hotel Atlantis in Dubai bzw. das Parlamentsgebäude in Bukarest. 2010 besetzte der Fernsehturm in der Liste der architektonischen Weltkatastrophen sogar den 2. Platz (Quelle: australischer Server VirtualTourist). Paradoxerweise pries ihn der englische The Guardian 2007 als den „größten touristischen Magnet" Prags. Über Geschmack lässt sich eben streiten.

Umstritten war der **höchste Bau Prags** bereits zur Zeit seiner Planung 1985. Vielen Pragern missfiel das kommunistische Projekt, weil sie befürchteten, der 216 m hohe Fernsehturm würde später vor allem westliche TV- und Radiowellen stören. Fertiggestellt wurde er zum Glück erst 1992, also nach der politischen Wende.

Es gibt zwei wichtigen Gründe, warum man das Bauwerk besuchen sollte. Erstens: Von der **höchstgelegenen Aussichtsplattform Tschechiens** hat man einen faszinierenden Blick auf die Moldaumetropole. Bei gutem Wetter kann man aus dem 2012 er-

102pr Abb.: gz

richteten **Observatorium**, das aus drei futuristisch anmutenden Kabinen und einem Verbindungsraum besteht, bis zu 100 km weit sehen. Besonders schön ist die Aussicht am Abend, wenn sich die Stadt in viele Lichter hüllt und nur wenige Besucher im Gebäude sind. Zweitens: In 66 Metern Höhe entstand vor ein paar Jahren ein **moderner kulinarischer Komplex**, der aus einem **Restaurant**, einem **Café** und einer eleganten **Bar** besteht. Zwei schnelle Aufzüge bringen die Gäste nach oben.

Die an der Fassade hinaufkletternden „**Riesenbabys**" stammen aus der Werkstatt des Prager Bildhauers David Černý, der auch das verkehrte Reiterstandbild in der Passage Lucerna auf dem Wenzelsplatz 25 geschaffen hat.

Auf der Nordseite des Parks befindet sich ein **Teil des jüdischen Friedhofs** aus dem 17. Jh. Während der Pestepidemie diente er als zentrale Begräbnisstelle der jüdischen Gemeinde Prags, da es damals verboten war, die Toten innerhalb der Stadtgrenze zu bestatten. Genutzt wurde er bis 1890.

Hübsch oder hässlich? Der Fernsehturm 54 in Žižkov.

- **Fernsehturm in Žižkov (Žižkovská televizní věž),** Mahlerovy sady 1, Metro A: Jiřího z Poděbrad, www.towerpark.cz, Tel. 210320081, Eintritt 230 Kč, Senioren (ab 60 Jahren) 160 Kč, Familien 550 Kč, tägl. 9–24 Uhr
- **Restaurant Oblaca** €€€, Mo.–Do. 11.30–24, Fr.–So. 9–24 Uhr, Tel. 210320086, www.oblaca.cz. Die Gerichte im eleganten Raum schmecken lecker, der wirkliche Hit ist jedoch die Aussicht. Um sicher zu sein, dass man einen Tisch am Fenster bekommt, sollte man vorher reservieren. Als Gast zahlt man keinen Eintritt.
- **Café**, tägl. 9–16 Uhr, **Bar** tägl. 10–24 Uhr, **Miminoo-Gartenrestaurant** (unterhalb des Fernsehturms) 9–24 Uhr, Tel. 210320140
- **Jüdischer Friedhof in Žižkov (Židovský hřbitov na Žižkově),** Fibichova 13/2, Mahlerovy sady, So.–Do. 11–16, Fr. 9–13 Uhr, Sa. und an jüdischen Feiertagen geschlossen

55 Schloss Trója (Trojský zámek) ★★

Das rot-weiße Barockschloss im ruhigen Stadtteil Trója, eingebettet zwischen dem Prager Zoo und den Weinbergen im Norden, ist ein beliebtes Ausflugsziel vieler Prager.

Ein schöner Spazierweg im französischen Schlossgarten führt zu der monumentalen Schlosstreppe, die den Hauptsaal mit dem Garten verbindet. Einige der Plastiken auf der Treppe, die den Kampf der Giganten mit den antiken Göttern darstellen, wurden von den Dresdnern Georg und Paul

062pr Abb.: gz

Hermann und dem bekannte Barockmeister Johann Brokoff geschaffen.

Das Schloss selbst wurde im letzten Drittel des 17. Jh. im Stil italienischer Villen von Giovanni Domenico Orsi und Jean-Baptiste Mathey für **Graf Václav Vojtěch von Sternberg** errichtet, der für sich eine repräsentative Sommerresidenz wünschte. Decke und Wände des Hauptsaales schmücken wunderschöne Fresken der niederländischen Künstler Abraham und Izak Godin. Im Schloss Trója werden wechselnde Ausstellungen gezeigt, der Schwerpunkt liegt auf der tschechischen Malerei und Plastik aus dem 19. und 20. Jh.

› U Trojského zámku 1, Metro C: Nádraží Holešovice, danach mit dem Bus 112 bis zur Endstation Zoologická zahrada, links befindet sich der Eingang in den Schlossgarten, rechts in den Zoo, Tel. 283 851 614, http://en.ghmp.cz/troja-chateau, April–Okt. Di.–Do. und Sa.–So. 10–18 Uhr, Fr. 13–18 Uhr, Garten bis 19 Uhr, Nov.–März geschlossen, Eintritt 120 Kč

56 Kloster Břevnov (Břevnovský klášter) ★

Das barocke Benediktinerkloster im Stadtteil Břevnov, gegründet im 10. Jh. von Herzog Boleslav II. und dem Prager Bischof Vojtěch (hl. Adalbert), war das erste Männerkloster in Böhmen.

Fürst Břetislav I. (1034–1055) ließ die **Klosterkirche** mit einer Krypta errichten. 1708 begann nach Plänen des Barockbaumeisters Christoph Dientzenhofer der Umbau. Zunächst entstand die Kirche der hl. Margaretha, 1720 wurde dann das Kloster fertiggestellt.

Im **20. Jahrhundert** erlebten die Mönche eine harte Zeit. Während des Zweiten Weltkrieges besetzte die Wehrmacht einen Teil des Klostergebäudes, nach der kommunistischen

Im Barockschloss Trója 55 wird heute Kunst ausgestellt

063pr Abb.: gz

EXTRATIPP

Ökologisches Hotel Adalbert

In einem der gründlich renovierten historischen Gebäude befand sich früher das Schulungszentrum tschechischer Geheimdienstagenten. Im Jahre 2006 ist dort das Hotel Adalbert errichtet worden. Es bietet 23 modern eingerichtete Zimmer und einen barocken Klostergarten und rühmt sich, das „erste ökologische Hotel" in der Tschechischen Republik zu sein. Energiesparlampen, Mülltrennung oder nachfüllbare Seifenbehälter sind hier Standard. Weitere Informationen über die Website www.hoteladalbert.cz.

Machtübernahme von 1948 wurde die gesamte Anlage beschlagnahmt. Die Ordensbrüder flohen ins Exil. In den Wirtschaftsgebäuden des Klosters errichtete das tschechoslowakische Innenministerium ein Schulungszentrum für Geheimdienstagenten, die auf die Bespitzelung von Ausländern spezialisiert waren.

1990 wurde das **Areal dem Orden zurückgegeben.** Auf dem Klosterfriedhof sind einige Dissidenten bestattet worden. Allen voran Jan Anastasius Opasek, der Abt von Břevnov, Jan Patočka, der Philosoph und erste Sprecher der Bürgerrechtsbewegung Charta 77 und der bekannte Liedermacher Karel Kryl.

Das Kloster kann nur im Rahmen einer **Führung** (auf Tschechisch) besichtigt werden. Das Areal und die Gärten sind frei zugänglich.

› Markétská 1/28, Straßenbahn 22, Haltestelle Břevnovský klášter, Tel. 220406111, www.brevnov.cz. Die Besichtigung der Klosteranlage dauert ca. 90 Minuten, die tschechischen Führungen werden nur am Wochenende angeboten. Beginn Nov.-März Sa. 10 und 14, So. 11 und 14 Uhr, April-Okt. Sa. 10, 14 und 16 Uhr, So. 11, 14 und 16 Uhr, an Weihnachten und Ostern geschlossen. Eine Führung in deutscher Sprache kann man nur ab 20 Personen telefonisch bestellen (Tel. 220406270). Eintritt 80 Kč, Senioren, Kinder und Studenten 50 Kč. Der obere Teil des Klostergartens (Eingang von den Straßen Radimova oder Větrník) ist immer zugänglich, der untere Garten (auf dem Klostergelände) tägl. 6.45-20 Uhr. Parken kann man auf dem Parkplatz vor dem Haupttor.

› In der Břevnover **Klosterbrauerei** kann man den frisch gezapften „Břevnover Benedikt" kaufen, www.brevnovsky pivovar.cz, Mo./Fr. 10-17, Di.-Do. 10-18 Uhr.

Blick auf den Klosterkomplex Břevnov 56 *im gleichnamigen Prager Stadtteil*

PRAG ERLEBEN

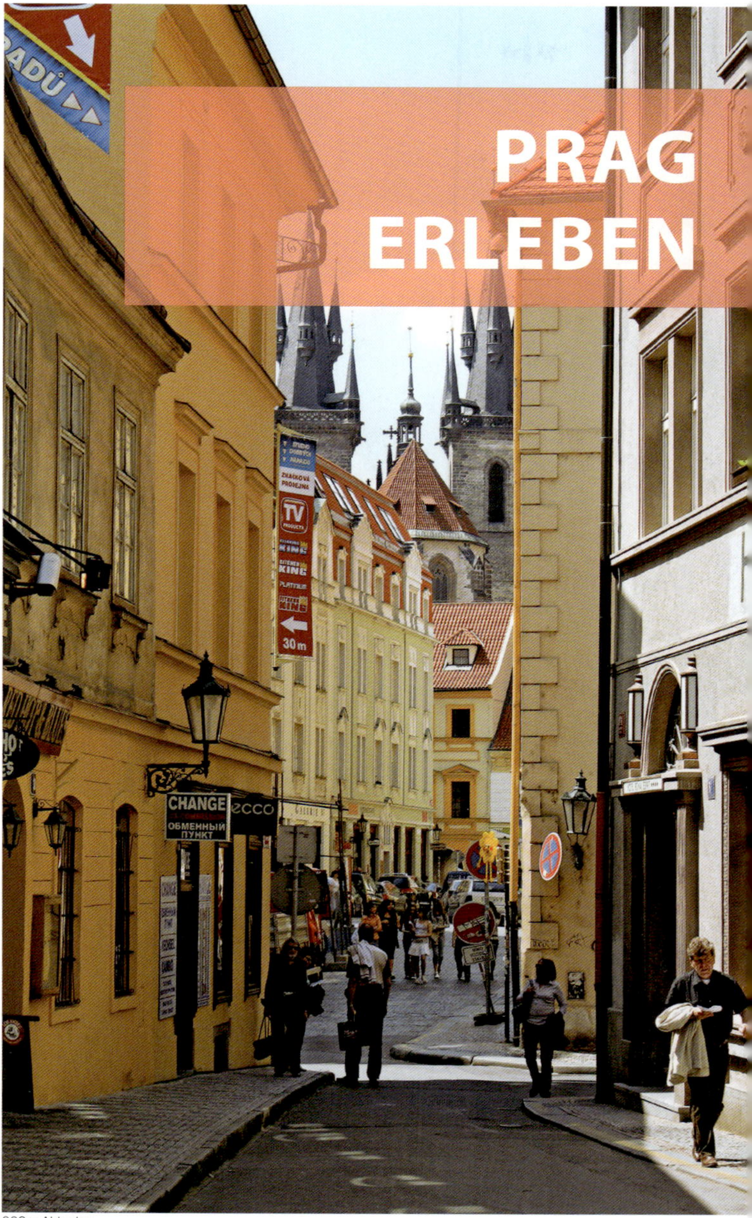

002pr Abb.: he

Prag für Kunst- und Museumsfreunde

Eigentlich ist die Innenstadt ein faszinierendes Gesamtkunstwerk. Wer sich an Gassen und historischen Gebäuden sattgesehen hat und Lust auf einen Museums- oder Galeriebesuch verspürt, der hat in Prag die Qual der Wahl.

Museen

M11 [I9] **Antonín-Dvořák-Museum,** Ke Karlovu 20, Metro C: I.P. Pavlova, www.nm.cz, Tel. 224918013, Di.-So. 10-13.30 Uhr und 14-17 Uhr, Eintritt 50 Kč. Seit 1932 ist das Museum, in dem das Leben und Werk des Komponisten Antonín Dvořák (1841-1904) vorgestellt wird, im barocken Sommerschlösschen „Amerika" untergebracht.

M12 [G6] **Franz Kafka Museum,** Cihelná 2b, Metro A: Malostranská, Tel. 257535507, www.kafkamuseum.cz, tägl. 10-18 Uhr, Eintritt 200 Kč. Die Ausstellung dokumentiert die schwierige Beziehung Kafkas zu seiner Geburtsstadt Prag. Zu sehen sind Briefe, Fotos, Zeitungen und Dokumente aus Kafkas Zeit.

24 [H6] **Jüdisches Museum.** Der inhaltliche Schwerpunkt liegt auf der Darstellung der Geschichte der Prager Judenstadt und des Holocausts (s. S. 41).

M13 [F6] **Karel-Zeman-Museum,** Saská 3, Metro A: Malostranská, www.muzeum-karlazemana.cz, Tel. 724341091, tägl.

Vorseite: Schmale Gassen und historische Fassaden in der Innenstadt

Das Museum Kampa 35 beherbergt eine spannende Auswahl an zeitgenössischer Kunst

10–19 Uhr, Eintritt 200 Kč, Kinder bis 15 Jahre und Senioren 140 Kč. Sein Publikum begeisterte der Filmemacher Karel Zeman (1910–1989), der auch Spielberg oder Tim Burton inspirierte, v. a. durch seine Spezialeffekte. In dem kleinen, interaktiven Filmmuseum in der Nähe der Karlsbrücke 16 spaziert man durch die Filmkulissen, taucht auf dem Mond auf oder steuert das U-Boot aus Zemans Film „Die Erfindung des Verderbens".

M14 [H6] **Kunstgewerbemuseum (Umělecko-průmyslové muzeum),** 17. listopadu 2, Metro A: Staroměstská. Landesweit größte Sammlung angewandter Kunst. Tschechisches und europäisches Kunsthandwerk aus Glas, Keramik, Porzellan und Stoff. Nach zweijähriger Renovierung ist eine Neueröffnung für November 2017 geplant.

M15 [K2] **Lapidárium,** Výstaviště 422, Metro C: Nádraží Holešovice, Straßenbahn 1, 6, 12, 17, Haltestelle Výstaviště, Tel. 702013372, www.nm.cz, Mai–Nov. Mi. 10–16, Do.–So. 12–18 Uhr, Dez.–April geschlossen, Eintritt 50 Kč. Sehenswertes und oft fast menschenleeres Museum auf dem Prager Ausstellungsgelände. Zu sehen sind hier wertvolle böhmische Plastiken aus dem 11. bis 19. Jh., darunter einige Originalstatuen von der Karlsbrücke 16.

28 [J7] **Mucha-Museum.** Das Museum stellt Werke des bedeutenden tschechischen Jugendstilkünstlers Alfons Mucha (1860–1939) aus (s. S. 44).

M16 [L6] **Museum der Hauptstadt Prag (Muzeum hlavního města Prahy),** Na Poříčí 52, Metro B, C: Florenc, Di.–So. 9–18 Uhr, http://en.muzeumprahy.cz, Tel. 224816772, Eintritt 120 Kč, erm. 50 Kč. Ausstellung über das prähistorische und mittelalterliche Prag bis ins späte 18. Jh. Der Höhepunkt der sehenswerten Ausstellung ist das berühmte Stadtmodell (1937) von Antonín Langweil, das bis ins kleinste Detail das Prag des 19. Jh. abbildet.

M17 [I7] **Museum des Kommunismus (Muzeum komunismu),** Metro A, B: Můstek, Na Příkopě 10, Tel. 224212966, tägl. 9–21 Uhr, www.muzeumkomunismu.cz. Eintritt 190 Kč. Fotos, Texte, Pioniermusik, 3-D-Projekte, Büsten von KP-Funktionären, Schulbänke und eine halbleere Ladentheke informieren über den Alltag in der Tschechoslowakei von 1948 bis zur politischen Wende 1989. Ein Verhörraum des tschechoslowakischen Geheimdienstes gemahnt an den Terror der 1950er-Jahre.

› **Museum des Lobkowicz-Palais (Muzeum Lobkoviczký palác),** Jiřská 3 (im Areal der Prager Burg 42), www.lobkowicz.cz, Tel. 233312925, tägl. 10–18 Uhr, Eintritt 275 Kč, mit Konzert 530–620 Kč. Privatmuseum des Adelsgeschlechts Lobkowicz. Zu den Höhepunkten des einstündigen Rundgangs durch die wohl beste Ausstellung dieser Art in Prag gehören Originalpartituren von Mozart und Beethoven (siehe auch S. 61).

35 [F7] **Museum Kampa.** Sehr gute Auswahl an zeitgenössischer tschechischer und mitteleuropäischer Kunst, in einer alten Mühle auf der Kampa-Insel perfekt in Szene gesetzt s. S. 51).

M18 [I4] **Nationales Technisches Museum (Národní technické muzeum),** Kostelní 42, Metro A: Hradčanská, Straßenbahn 1, 8, 25, 26, Haltestelle Letenské náměstí, Tel. 220399111, Di.–Fr. 9–17.30, Sa./So. 10–18 Uhr, Eintritt 190 Kč, Kinder 6–15 J. 90 Kč. 1908 gegründet, zeigt das Museum auf 6000 m² Ausstellungsfläche interessante Exponate wie das erste tschechoslowakische Auto, ein tschechisches Jagdflugzeug aus dem Zweiten Weltkrieg, Werkzeuge der Hofastronomen Rudolfs II., ein Fotoatelier aus dem 19.Jh. oder ein modernes

Die unsichtbare Ausstellung

Ein 60-minütiger Spaziergang in absoluter Dunkelheit ist ein außergewöhnliches soziales und edukatives Experiment, das ***den Sehenden die unsichtbare Welt der Blinden näherbringen*** *soll. Zum ersten Mal wurde das Projekt 2007 in Budapest realisiert.*

In Begleitung eines blinden Führers durchquert man mit einer kleinen Gruppe vollkommen abgedunkelte Räume, in denen Alltagsgegenstände stehen. Die Umgebung kann man nur mit Hilfe von Gehör, Berührung, Geruch und Gleichgewicht erforschen. Begleitet von der ruhigen Stimme des Führers, kann jeder selbst ausprobieren, wie es ist, ohne visuelle Wahrnehmung eine Mikrowelle zu bedienen, sich auf der Straße zu orientieren, das richtige Gewürz zu finden oder in einer Bar seinen Kaffee zu bezahlen.

Im ***beleuchteten Teil der Ausstellung*** *werden Gegenstände und Techniken gezeigt, die den Blinden helfen, im Alltagsleben weitgehend selbstständig zu bleiben.*

Wer möchte, kann zu der Besichtigung auch eine ***Weinprobe*** *buchen. Schon das Glas zum Mund zu führen, wird dabei zu einer Herausforderung.*

•22 *[H8]* ***Unsichtbare Ausstellung (Neviditelná výstava) im Neustädter Rathaus,*** *Karlovo náměstí 23 (Eingang von der Vodičkova Straße 1/3, 2. Stock), Tel. 777787064, www.neviditelna.cz/en, Mo.–Fr. 12–20 Uhr, Sa./So. 10–20 Uhr, Eintritt: 200 Kč, Sa./So. 220 Kč. Für den Besuch der Ausstellung muss man sich vorher anmelden. Für eine deutsche Führung wird eine Zuzahlung von 50 Kč p. P. verlangt.*

TV-Studio. Ein Teil der Ausstellung ist interaktiv.

26 [J8] **Nationalmuseum (Národní muzeum).** Das monumentale Museum oberhalb des Wenzelsplatzes beherbergt unter anderem Exponate aus der Naturwissenschaft und der Frühgeschichte Böhmens. **Wegen Umbaus bis Oktober 2018 geschlossen.** Im Nebengebäude werden wechselnde Ausstellungen und die zoologische Ausstellung „Arche Noah“ gezeigt (s. S. 43).

M 19 [H6] **Spielzeugmuseum (Muzeum hraček),** Jiřská 6 (Prager Burg). Beeindruckende Sammlung an Spielzeug von der Antike bis zur Gegenwart: Autos, Flugzeuge, Züge, Teddybären und Barbiepuppen. Während der Renovierungsarbeiten (bis Februar 2018) im Clam-Gallas-Palais untergebracht:

M 20 [H6] **Clam-Gallas-Palais,** Husova 20, Metro B: Národní třída, tägl. 10–18 Uhr, Eintritt 70 Kč, Familien 200 Kč

3 [I6] **Tschechischer Kubismus – Haus zur schwarzen Madonna (Český Kubismus – Dům u Černé Matky Boží).** Den Schwerpunkt der Ausstellung bildet kubistisches Design der Jahre 1911 bis 1914 sowie der 1920er-Jahre. Auf zwei Stockwerken können Besucher Möbelstücke, Keramik, Plastiken, Gemälde und weitere Werke führender Vertreter der Stilrichtung wie Josef Gočár, Pavel Janák, Vlastimil Hofman und Otto Gutfreund bestaunen. Ein Teil der Ausstellung ist interaktiv: Wer will, kann also gleich den Komfort eines kubistischen Sessels testen (s. S. 24).

M 21 [F7] **Tschechisches Musikmuseum, (České muzeum hudby),** Karmelitská

2–4, Metro A: Malostranská, Straßenbahn 12, 20, 22, Haltestelle Hellichova, Tel. 257257777, www.nm.cz/Hlavnistrana/Visit-Us/Czech-Museum-of-Music.html, Mi.–Mo. 10–18 Uhr, Eintritt 120 Kč. In der ehemaligen Kirche der Maria Magdalena auf der Kleinseite sind auf 1000 m² vor allem historische Musikinstrumente und Dokumente, darunter ein Auszug aus einer Mozart-Partitur oder das Klavier, auf dem er bei seinem Prag-Besuch 1787 spielte.

Galerien und Kunstmuseen

23 [M1] **DOX – Zentrum für zeitgenössische Kunst (Dox – Centrum současného umění),** Poupětova 1, Metro C: Nádraží Holešovice, Straßenbahn 1, 6, 12, Haltestelle Ortenovo náměstí, Tel. 295568123, www.dox.cz/en, Mo./Sa./So. 10–18, Mi./Fr. 11–19 Uhr, Do. 11–21 Uhr, Eintritt 180 Kč. Auf einer Fläche von 6000 m² werden in mehreren modernen Hallen und Teilen einer alten Fabrik Wechselausstellungen mit monumentalen Installationen gezeigt. Neben Werken internationaler Stars finden hier auch talentierte einheimische Künstler ihren Platz. Progressiv und sehr sehenswert.

24 **MeetFactory,** Ke Sklárně 15, www.meetfactory.cz/en, Metro B: Smíchovské nádraží, Straßenbahn 4, 5, 12, 20, Haltestelle Lihovar, Tel. 251551796, tägl. 13–20 Uhr plus Abendprogramm. Das Gebäude einer alten Lagerhalle im Prager Stadtteil Smíchov, eingezwängt zwischen Autobahn und Bahngleisen, erkennt man schon aus der Ferne an zwei roten Autos, die von der Fassade herunterhängen: die unverkennbare Handschrift des Bildhauers David Černý, der in Prag schon Kultstatus genießt. Auf 51.000 m² sind eine Galerie, Räume für Konzerte und Partys sowie für avantgardistisches Theater vereint.

Nationalgalerie (Národní galerie)

Eine der bedeutendsten Kulturinstitutionen in Tschechien entstand 1949. Die Sammlungen findet man in verschiedenen Gebäuden:

- www.ngprague.cz. Di.–So. 10–18 Uhr
- **Nationalgalerie im Goltz-Kinský-Palais** 7, Eintritt 150 Kč. Asiatische Kunst. Bis Sept. 2017: Wechselausstellung Gerhard Richter.
- **Nationalgalerie im Agnes-Kloster** 11, Eintritt 220 Kč. Mittelalterliche und frühe Renaissance-Kunst.
- **Nationalgalerie im Sternberg-Palais,** Hradčanské náměstí 15 (Hradschinplatz 48), Eintritt 220 Kč. Italienische, flämische, österreichische und deutsche Künstler des Mittelalters (14.–18. Jh.). Zu sehen sind hier u. a. Gemälde von Dürer, El Greco, Goya, van Dyck oder Cranach.
- **Nationalgalerie im Palais Schwarzenberg** (s. S. 64), Hradschinplatz 48, Eintritt 220 Kč. Den Schwerpunkt der Austellung bildet der böhmische Barock und Renaissance, mit Plastiken von M. B. Braun oder F. M. Brokoff und Gemälden der böhmischen Meister wie K. Škréta, P. Brandl oder V. V. Reiner.
- **Nationalgalerie im Salm-Palais** (s. S. 64), am Hradschinplatz 48. Gemälde des 19. Jh. vom Neoklassizismus bis zur Romantik, Eintritt 220 Kč.
- Das **Kombiticket** für alle fünf Ausstellungen kostet 500 Kč und ist 10 Tage gültig. Kinder bis 15 und Studenten bis 26 Jahre (mit Ausweis) haben freien Eintritt.

25 [J3] **Nationalgalerie im Messepalast – Museum der modernen und Gegenwartskunst (Veletržní palác – Muzeum moderního a současného umění),** Dukelských hrdinů 47, Metro C: Nádraží Holešovice, Straßenbahn 6, 17, Haltestelle Veletržní palác, Tel. 224301122, Di.–So. 10–18 Uhr, Eintritt 250 Kč. Das architektonisch beeindruckende Gebäude aus Beton, Glas

und Eisen im Stadtteil Holešovice lässt die Herzen der Freunde der modernen und Gegenwartskunst höher schlagen: **Die Sammlung ist in der tschechischen Hauptstadt ohne Konkurrenz.** In der ersten Etage sind Werke der bedeutenden internationalen Künstler des 20. und 21. Jh. ausgestellt – darunter Klimt, Kokoschka, Munch oder Miró. Die Etage darüber ist den tschechischen Künstlern nach 1930, der dritte Stock der französischen Malerei und Kunst gewidmet (Werke von Renoir, Cézanne, Gauguin, van Gogh, Picasso oder Matisse) ebenso den bedeutenden Tschechen des 20. Jh. wie František Kupka, Jan Zrzavý und dem Fotografen Josef Saudek.

016pr Abb.: gz

Prag für Genießer

Einst war die böhmische Küche für ihre himmlischen Mehlspeisen berühmt. Später kam sozialistische Eintönigkeit auf den Tisch, heute kehren viele Tschechen nach der ersten Begeisterung für Pizza und chinesische Reisgerichte wieder zur tschechischen Küche zurück. Nach wie vor wird an der Moldau also deftig und kalorienreich gegessen. Aber die Zeit hat sich dennoch gewandelt, der Trend geht hin zu gesunden, leichteren Speisen. Ein gutes und gleichzeitig preiswertes Restaurant mit böhmischer Küche, in dem man noch nach alter Rezeptur kocht, muss man mittlerweile suchen.

Traditionelle Gerichte

Ein typisch tschechisches Gericht ist *„vepřo, knedlo, zelo"*, also **Schweinefleisch, Knödel und Sauerkraut.** Knödel, die Landesspezialität, werden zu fast allen Gerichten serviert. Sie sind meistens nicht rund, sondern mit einem Zwirn in Scheiben geschnitten: Semmelknödel, Speckknödel, Kartoffelknödel, die seltenen Karlsbader oder die süßen Obstknödel. Noch wichtiger sind allerdings **die Soßen:** Tomatensoße *(rajská)*, Meerrettichsoße *(křenová)*, Pilzsoße *(houbová)*, Dillsoße *(koprová)* und viele andere. Zu *svíčková* – **Lendenbraten** – wird eine köstliche süß-saure Rahmsoße mit Preiselbeeren gereicht. Sein Rezept für **Gulasch** hütet jedes gute Restaurant wie ein Geheimnis. Beliebt sind auch Entenbraten und

◁ *Süße Verführung: die leckeren Mohnknödel sind eine Sünde wert*

Es muss nicht immer Bier sein: tschechischer Wein und Sekt

Tschechien als Land des Bieres ist bekannt. Dass es darüber hinaus auch gute Weine produziert, mag vielleicht überraschen. Bei den internationalen Wettbewerben setzen sich die mährischen und böhmischen Winzer regelmäßig gegen die etablierte internationale Konkurrenz durch. Den Pariser Wettbewerb um den besten Weißwein der Welt („Vinalies Internationales") gewann 2017 sensationell ein Winzer aus der Tschechischen Republik. Der jährlich erscheinende internationale Wein-Guide „1000 Vins du Monde" führt 2017 gleich 36 tschechische und mährische Weine auf, unter ihnen ein Merlot aus dem südmährischen Weindorf Rakvice, Jahrgang 2011.

Die wichtigste Weinregion des Landes ist Südmähren, wo u. a. die Sorten Grüner Veltliner, Müller Thurgau, Weißer Burgunder und Chardonnay produziert werden.

Der bedeutendste tschechische Sekthersteller ***„Bohemia Sekt"*** *erfreut sich im Ausland immer größer werdender Beliebtheit. Bei dem internationalen Wettbewerb MUNDUS vini gewann er 2015 den Sonderpreis als bester Sekt Osteuropas. Zu Hause wird die Edelmarke der in Starý Plzenec ansässigen Firma schon längst als die „tschechische Antwort auf den Champagner" gepriesen – rund 26 Millionen Flaschen werden hier pro Jahr verkauft.*

Hähnchen. Wer **Wild** mag, soll unbedingt zugreifen: Kaninchen auf Knoblauch, gebratene Rehkeule oder Hirschgulasch zählen zu den Delikatessen. Die **Suppe** gehört als Vorspeise dazu, eine Kartoffelsuppe mit Majoran, Knoblauchsuppe, Gulaschsuppe, Krautsuppe oder Rind- und Hühnerbrühe. **Fischgerichte** spielen in der böhmischen Küche kaum eine Rolle. Das mag erstaunen, sind doch die tschechischen Flüsse und Seen reich an Forelle, Aal oder Karpfen. Einzige Ausnahme: Zum Weihnachtsfest gibt es Karpfen mit Kartoffelsalat. Damit ist dann aber der Jahresbedarf auch gedeckt. Die wahre Kunst böhmischer Köche entfaltet sich in den **Mehlspeisen.** Leider werden sie längst nicht mehr überall angeboten – Buchteln mit Pflaumen, Mohn oder Quarkfüllung; Apfelstrudel; süße Knödel aus Hefeteig, Grieß und Quark, mit Obst gefüllt, bestreut mit geriebenem Quark oder Nüssen und mit zerlassener Butter übergossen; Liwanzen (Hefeküchlein, die in besonderen Pfannen gebacken und mit Schlagsahne und Blaubeeren serviert werden); Powidltascherln mit Pflaumenmus – die Auswahl ist groß und der Frust nach dem Kalorienzählen ebenso.

Bier

Das Lieblingsgetränk der Tschechen ist zweifelsohne **Bier.** „Bier ist die Milch der tschechischen Politik, und diese wird häufig in den Prager Bierstuben gemacht", sagte Jaroslav Hašek, Vater der berühmten Romanfigur Schwejk. Bier ist in Tschechien tatsächlich ein Politikum. Viele Gespräche drehen sich darum, welche Brauerei die beste ist und wie

KURZ & KNAPP

Biersorten

In Tschechien werden Biere nicht nach Alkoholgehalt unterschieden, sondern nach Plato-Graden, also nach dem Anteil löslicher Stoffe in der Würze vor dem Gärungsprozess, der Stammwürze. Fassbiere wie Staropramen haben zwischen sechs und zehn Grad Plato, Lagerbiere wie Pilsner Urquell oder Budvar bis zu zwölf Grad, einige Spezialbiere auch 13 Grad und mehr. Wer den Alkoholgehalt seines Bieres wissen möchte, orientiert sich nach dieser Formel: Alkoholgehalt ist gleich Stammwürze durch drei geteilt.

viel ein Bier kosten darf. Das Land hält schon seit einigen Jahren den **Weltrekord im Pro-Kopf-Verbrauch.** Das erkennt man auch unschwer an den Bierbäuchen vieler tschechischer Männer. Allerdings helfen auch Touristen kräftig mit, den Rekord zu halten. Tschechisches Bier hat eine lange Tradition, hohe Qualität und weltberühmte Marken wie Pilsner Urquell oder Budweiser. Immer größerer Beliebtheit erfreut sich **Wein,** vor allem, wenn er aus den einheimischen Anbaugebieten nördlich von Prag oder aus Südmähren stammt. Der bekannteste Schnaps ist der bittersüße Karlsbader Kräuterlikör **Becherovka.**

Bierlokale

In einer tschechischen Kneipe treffen sich Menschen aus allen Schichten, reden miteinander und essen zu frisch gezapftem Bier einen eingelegten Camembert *(nakládaný hermelín)* oder einen „Ertrunkenen" *(utopenec).* So werden in Essig eingelegte Schweinswürste genannt. Den Olmützer Quargel, eine übel riechende Käsespezialität, haben sich die Tschechen von Brüssel sogar patentieren lassen. Es kommt häufig vor, dass die Bedienung ohne Nachfrage stets ein neues Glas Bier vor den Gast stellt. Man muss schon deutlich sagen, dass es genug ist und man nichts mehr trinken möchte. Männer bestellen ein großes Bier – wer ein kleines verlangt, wird manchmal gefragt, ob er vielleicht krank sei – aus Spaß natürlich.

26 [E6] **Baráčnická rychta,** Tržiště 23, Metro A: Malostranská, Straßenbahn 22, Malostranské náměstí, Tel. 257286083, www.baracnickarychta.cz, tägl. 11.30–23.30 Uhr. Dieses einfache, urige Lokal auf der Kleinseite findet man unterhalb des Durchgangs im Haus Nr. 13 in der Straße Nerudova. Angeboten wird hier alles, was man von einer guten tschechischen Bierstube erwartet: Bierkäse, Schweinshaxe oder Gulaschsuppe, als Nachspeise die böhmische Version des Kaiserschmarrns mit Pflaumenkompott und Schlagsahne. Dazu trinkt man Pilsner Urquell oder das Bier aus der unter Kennern geschätzten Brauerei in Svijavy.

27 [J7] **Bredovský dvůr,** Politických vězňů 13, Metro A, C: Muzeum, www.restauracebredovskydvur.cz, Tel. 224215427, Mo.–Sa. 11–24 Uhr, So. 11–23 Uhr. Bei jungen Tschechen beliebtes, immer volles Bierlokal, das in einer Seitenstraße in der Nähe des Wenzelsplatzes 25 liegt. Serviert wird deftige tschechische Küche, Eisbein mit Meerrettich, Ente mit Rotkohl und Knödel und natürlich Gulasch. Dazu trinkt man Pilsner Urquell. Im Sommer kann man im Innenhof sitzen. Seit 2016 Nichtraucherlokal.

28 [F6] **Malostranská pivnice,** Cihelná 3, Metro A: Malostranská, Tel. 257530032, Mo.–Do. 10–3 Uhr,

Gastro- und Nightlife-Areale
Bläulich hervorgehobene Bereiche in den Karten kennzeichnen Gebiete mit einem dichten Angebot an Restaurants, Bars, Klubs, Discos etc.

Fr./Sa. 10–4, So. 10–2 Uhr, www.malostranskapivnice.cz. Die Kleinseitner Bierstube profitiert von ihrer Lage unweit der Karlsbrücke. Besonders beliebt ist der Biergarten mit 200 Sitzplätzen bei den Touristen, die das gute Pilsner Bier, die langen Öffnungszeiten und die feucht-fröhliche Atmosphäre schätzen.

29 [I8] **Novoměstský pivovar,** Vodičkova 20, Metro A, B: Můstek, Tel. 222232448, Mo.–Fr. 10–23.30 Uhr, Sa. 11.30–23.30 Uhr, So. 12–22 Uhr, www.npivovar.cz. Die populäre Neustädterbrauerei produziert seit 1993 täglich 15 Hektoliter Bier. Die Fässer mit der „flüssigen Nahrung" der Tschechen kann der Gast gleich hinter dem Eingangstor sehen. In den verwinkelten größeren und kleineren Kellerräumen des Jugendstilgebäudes mit Sommerterrasse gibt es Platz für 340 Personen.

30 [C6] **U Černého vola,** Loretánské náměstí 1, Metro A: Malostranská, Straßenbahn 22, Haltestelle Pohořelec, tägl. 10–22 Uhr. Es ist sehr schwer, in der Nähe der Prager Burg **42** eine authentische tschechische Bierstube zu finden – das kleine, urige Lokal „Zum Schwarzen Ochsen" ist eine. Mittags und abends ist es hier leider oft voll, eine Reservierung wird nicht akzeptiert. Die Auswahl an Speisen ist zwar gering, aber die Preise sind fair, gezapft wird Velkopopovický Kozel („Großziegenbock").

31 [H8] **U Fleků,** Křemencova 11, Metro B: Národní třída, Tel. 224934019-20, http://de.ufleku.cz, tägl. 10–23 Uhr, WLAN. Die offiziell älteste Bierstube Prags aus dem Jahr 1499 zieht heute vor allem Touristen an. Deshalb sind die Preise hier auch höher, aber ein Erlebnis ist diese bekannteste Prager Kneipe durchaus: vor allem für Gäste, die eine Atmosphäre wie im Münchner Hofbräuhaus schätzen und gutes Bier sowie deftiges Essen zu Akkordeon-Musik mögen.

32 [J9] **U Kalicha,** Na bojišti 12–14, Metro C: I.P. Pavlova, Tel. 224912557, www.ukalicha.cz/shop/?lang=EN, tägl. 11–23 Uhr. Das berühmte Lokal „Zum Kelch" lockt tschechische ebenso wie ausländische Bewunderer der literarischen „Abenteuer des braven Soldaten Schwejk". Sein Erfinder, der tschechische Schriftsteller Jaroslav Hašek, war hier einst Stammgast. In dem rustikalen Gasthaus für 250 Gäste geht es ziemlich laut zu. Eine Reservierung ist nötig (siehe auch S. 46).

33 [H7] **U Medvídků,** Na Perštýně 7, Metro B: Národní třída, Tel. 224211916, www.umedvidku.cz, Mo.–Fr. 11–23 Uhr, Sa. 11.30–23 Uhr, So. 11.30–22 Uhr, WLAN. Gegründet wurde dieses Bierlokal, das über eine eigene Brauerei verfügt und zu den berühmtesten in der Stadt zählt, im 15. Jh. Das „Bärchen" ist weniger touristisch als „U Fleků", bietet Platz für 270 Gäste (im Garten für 50 Gäste), Atmosphäre und frisch gezapftes Budweiser.

34 [G6] **U Rudolfína,** Křižovnická 10, Metro A: Staroměstská, www.urudolfina.cz, Tel. 210320853, tägl. 11–23 Uhr, WLAN. Eine typische Prager Bierstube, in der Pilsner Urquell ausgeschenkt und böhmische Gerichte serviert werden. Ebenerdig befinden sich zwei Räume, mehr Platz findet man im geräumigen Kellergewölbe. Ein Tipp für alle, die ein authentisches, wenig touristisches Bierlokal im Zentrum Prags suchen.

35 [H7] **U Tří růží,** Husova 10, Metro A, B: Můstek, Mo.–Do., So. 11–23,

Mehr als nur eine Kneipe: Zum Goldenen Tiger (U Zlatého tygra)

„Schicken Sie die Rechnung an die Burg!", rief der tschechische Präsident Václav Havel (1936–2011) dem Wirt zu, bevor er mit seinem amerikanischen Gast, dem US-Präsidenten Bill Clinton, die Kneipe Zum Goldenen Tiger in Husova 17 verließ. Das war im Jahr 1994. Wie konnte es auch anders sein – den Satz riefen die Stammgäste jahrelang beim Zahlen den Kellnern zu.

Der „Tiger", wie die Prager die Kultkneipe nennen, ist mehr als nur ein Bierkeller. Er ist eine Institution. Offiziell gibt es hier Platz für etwa 80 Personen, aber in den relativ kleinen Räumen drängen sich tagtäglich mindestens doppelt so viele Gäste. Der hintere Raum ist den Stammgästen vorbehalten, jeder behält seinen Stuhl bis zum Tod. Über die Aufnahme in diesen exklusiven Zirkel entscheidet der Tischrat, der sich aus prominenten Mitgliedern der Tafelrunde zusammensetzt. Seinen eigentlichen Ruhm aber hat der „Tiger" dem Schriftsteller Bohumil Hrabal zu verdanken, der in den 1990er-Jahren regelmäßig zu Gast war. Hrabal liebte die Bierkneipe: „Ich saß beim Goldenen Tiger, schaute in die Gesichter der Gäste, und ja, ich hörte keinen Blödsinn, keinen Kneipentratsch. Diese kleine laute Kneipe ist manchmal eine Universität, wo die Leute sich unter der Wirkung von Bier herzzerreißende Geschichten erzählen, während über ihren Köpfen der Zigarettenrauch in Form eines großen Fragezeichens über die Absurdität des menschlichen Lebens schwebt." 1997, nachdem Hrabal den Freitod gewählt hatte, kam seine Schwägerin auf ein Bier vorbei. Mit dabei hatte sie die Urne mit Hrabals Asche. Das erzählen jedenfalls die Stammgäste (s. unten).

Fr./Sa. 11–24 Uhr, Tel. 601588281, www.u3r.cz/en/husova. Die gemütliche Altprager Brauerei im „Haus zu den drei Rosen" blickt auf eine 600-jährige Geschichte zurück. Die Qualität des hiesigen Bieres schätzten schon die Dominikaner aus dem nahen Kloster. Zu den schmackhaften, mit frischen Zutaten zubereiteten böhmischen und mährischen Gerichten – Chefkoch Martin Procházka kochte früher in einem Prager Fünfsternehotel – trinkt man das selbstgebraute Altbayerische Weißbier oder das rötlich gefärbte „Vienna red". Sehenswert sind auch die lustigen und durchaus kunstvollen Wandmalereien.

36 [H7] **U Zlatého tygra**, Husova 17, Metro A, B: Můstek, Tel. 222221111, www.uzlatehotygra.cz/de, tägl. 15–23 Uhr. Der über die Landesgrenze hinaus populäre „Tiger" gilt als die Bierstube mit dem am besten ausgeschenkten Pilsner Urquell Prags – was leider zur Folge hat, dass man kaum einen Platz bekommt – es sei denn, man schaut schon am Nachmittag vorbei. Wer kein Glück hat, trinkt sein Bier am Ausschank (s. oben).

Das Café Savoy (s. S. 83) blickt auf eine lange Tradition zurück

018pr Abb.: gz

Prager Kaffeehäuser und Cafés

Die Kaffeehäuser, Heimat der Künstler, Schriftsteller und Journalisten, sind in den politischen Umwälzungen des 20. Jh. fast untergegangen. Doch die Stadt erlebt eine Renaissance ihrer Kaffeehauskultur. Für ein stilvolles Frühstück mit Zeitungslektüre, ein Glas Wein, ein leichtes Mittag- oder Abendessen findet man keinen besseren Ort.

Kaffeehäuser

37 [I7] **Adria Café-Restaurant,** Národní 40/36, Metro A, B: Můstek, www.caffe-adria.cz, Tel. 774458557, Mo.-Fr. 8-23 Uhr, Sa./So. 9-23 Uhr, WLAN. Unbekannt auch für viele Prager ist dieses alte Kaffeehaus im 2. Stock eines Neorenaissancepalais von 1925, das schon in sozialistischer Zeit bestand, dann aber in Vergessenheit geriet. Es wurde geschmackvoll renoviert, bietet fast immer Platz, aufmerksame Kellner und mittags gute und preisgünstige Menüs. Von der großen Terrasse blickt man auf die Nationalstraße und den unteren Wenzelsplatz (s. auch S. 18).

38 [H7] **Café Louvre,** Národní třída 22, Metro B: Národní třída, Tel. 774458557, www.cafelouvre.cz, Mo.-Fr. 8-23.30 Uhr, Sa./So. 9-23.30 Uhr. Das elegante Jugendstilcafé Louvre im 1.Stock des gleichnamigen Stadtpalais ist ein idealer Zufluchtsort zu jeder Tageszeit: Frühstück, Mittag- und Abendessen sind gut, die Bedienung ist freundlich, es herrschen eine entspannte Atmosphäre und ein ständiges Kommen und Gehen (s. auch S. 48).

39 [J6] **Café Obecní dům (Gemeindehaus),** Náměstí Republiky 5, Metro B: Náměstí Republiky, www.kavarnaod.cz, Tel. 222002763, tägl. 7.30-23 Uhr, WLAN. In einem der schönsten Jugendstilgebäude Prags 2 wurde das ursprüngliche Café mit hohen Decken und schweren Kronleuchtern aufwendig rekonstruiert. Die Mehrzahl der Gäste sind Touristen, bei schönem Wetter sind die gemütlichen Korbstühle draußen sehr begehrt. Ab 18 Uhr wird klassische Pianomusik gespielt.

40 [F8] **Café Savoy**, Vítězná 5, Metro B: Národní třída, Straßenbahn 9, 22, Haltestelle Újezd, www.cafesavoy.ambi.cz, Tel. 257311562, Mo.-Fr. 8-22.30 Uhr, Sa./So. 9-22.30 Uhr, WLAN. Eine prachtvolle Jugendstildecke, kleine Bistrotische, volle Weinregale und schwere Kronleuchter – das Savoy überzeugt

schon auf den ersten Blick. Das schöne Nichtraucher-Kaffeehaus bietet guten Kaffee, selbst gemachte Pralinen, frische Torten und Kuchen. Empfehlenswert ist auch das Frühstück mit selbstgebackenem Brot oder ein Gourmet-Abendessen mit einer Flasche Wein. Bei der Zubereitung seines Essens kann der Gast zuschauen – die Küche ist von dem Café nur durch ein Glasfenster getrennt. Eine Reservierung ist ratsam.

41 [G8] **Café Slavia**, Smetanovo nábřeží 1012/2, Metro B: Národní třída, Tel. 257311562, www.cafeslavia.cz, Mo.–Fr. 8–24 Uhr, Sa.–So. 9–24 Uhr, WLAN. Das wohl bekannteste Prager Café ist das Slavia gegenüber vom Nationaltheater 32. Die Einkehr lohnt schon wegen des fantastischen Blicks auf Burg und die Karlsbrücke von den Fensterplätzen aus – sofern man einen freien Platz findet. Slávia war ab dem frühen 20. Jh. ein Treffpunkt Prager Literaten: Rainer Maria Rilke, Jan Neruda, die Čapek-Brüder oder der Dichter Jaroslav Seifert gingen hier ein und aus. Seifert notierte: „Wir saßen hier am Fenster und tranken Absinth. Es war eine kleine Koketterie mit Paris." Das legendäre grüne Getränk (75 % Alkoholgehalt) der Pariser Bohème ist wieder erhältlich. Aber Vorsicht: Auf einem Gemälde an der Wand sitzt als grüne Fee der Absinthrausch am Tisch eines einsamen Trinkers.

42 [K6] **Café und Restaurant Imperial,** Na Poříčí 15, Metro B: Náměstí Republiky, www.cafeimperial.cz, Tel. 246011440, tägl. 7–23 Uhr, WLAN. Deckenmosaiken und bunt gekachelte Wände im Jugendstil schmücken dieses traditionsreiche Café und Restaurant, das zu den schönsten Prags gehört. Die Speisekarte bietet ausgezeichnete tschechische Küche in der kalorienarmen Version, die den bekannten internationalen Gerichten in diesem Fall vorzuziehen ist. Eine Reservierung ist mittags und abends anzuraten (s. auch Extratipp S. 23).

43 [I6] **Grand Café Orient**, Ovocný trh 19, Metro A, B: Můstek, Tel. 224224240, www.grandcafeorient.cz, Mo.–Fr. 9–22 Uhr, Sa./So. 10–22 Uhr. Das Café im ersten Stock des kubistischen Hauses zur schwarzen Madonna 3, ist vor allem wegen seiner nostalgischen Einrichtung, der zentralen Lage und der Aussichtsterrasse einen Besuch wert.

Cafés und Bistros

44 [I7] **Café-Café**, Rytířská 10, Metro A, B: Můstek, www.cafe-cafe.cz, Mo.–Do. 10–23, Fr.–So. 9.30–23 Uhr, Tel. 774331122, WLAN. Das elegante Szenecafé nahe der Metrostation Můstek ist ein Tipp für alle Langschläfer – frühstücken kann man hier nämlich bis 12 Uhr. Das Café gilt als Treffpunkt von Models und Mädchen, die es einmal sein wollen. Die Küche ist mediterran-leicht, man bekommt hier Salate, Pasta, leckere Tagessuppen und besonders wohlschmeckende Kuchen. Im Sommer sitzt man draußen. Auf dem Bildschirm im Hintergrund laufen Modeschauen.

45 [K6] **Café Archa Barista,** Na Poříčí 24, Metro B: Náměstí Republiky, Tel. 727963540, www.facebook.com/archabaristacafe, tägl. 8–23 Uhr, WLAN. In dem 2013 eröffneten Café mit Galerie im Art-déco-Stil werden sich Freunde der kubistischen Architektur wohlfühlen: Archa Barista befindet sich im Gebäude der ehemaligen Legiobank, einem Werk von Josef Gočár, der zu den wichtigsten tschechischen Architekten des 20. Jh. zählt (s. S. 23). Man sitzt hier gemütlich unter zwei großen Kronleuchtern, genießt seinen Cappuccino und beobachtet dabei durch die Fenster das geschäftige Treiben auf der Straße. Für den kleinen Hunger gibt es u. a. die beliebten „chlebíčky", kleine belegte Brote. Im Sommer kann man draußen sitzen.

› **Café de Paris im Hotel Paris** (s. S. 135), U Obecního domu 1, Metro B: Náměstí Republiky, Tel. 222195877, www.hotel-paris.cz/de, tägl. 8–2 Uhr, WLAN. Dieses Café in einem der schönsten Jugendstilhotels Prags ist ein Ort, an dem man bei einem *café parisien* Bohumil Hrabal lesen sollte. Der Schriftsteller, dessen Frau hier gearbeitet hat, wählte das Café als Schauplatz für seinen Roman „Ich habe den englischen König bedient". Man sollte unbedingt die Pariser Torte probieren, die Spezialität des Hauses.

46 [H7] **Café Ebel**, Řetězová 9, Metro A, B: Můstek, Tel. 603823665, www.facebook.com/cafeebel, Mo.–Fr. 8–20 Uhr, Sa.–So. 8.30–20 Uhr, WLAN. Gemütliches Tagescafé im Ethnostil, das gern von Studenten und Familien mit Kindern besucht wird. Es bietet sehr leckeren Kaffee an, heiße Schokolade, Bagels und kleine Snacks. Nett mit Holzmöbeln eingerichtet.

47 [H7] **Café Montmartre,** Řetězová 7, Metro A, B: Můstek, Tel.602277210, Mo.–Do. 9–23, Fr. 9–24, Sa. 10–24, So. 10–23 Uhr, WLAN. Egon Erwin Kisch, Franz Werfel, Max Brod oder Jaroslav Hašek zählten einst zu den Stammgästen. Viele Studenten besuchen das gemütliche Café mit altem Mobiliar und Wohnzimmeratmosphäre. Wer keinen Platz findet, geht am besten in das Literaturcafé (Literární kavárna Řetězova, s. rechts) gegenüber (siehe auch S. 32).

48 [C5] **Café Nový Svět,** Nový svět 2, Metro A: Malostranská, Tram 22, Haltestelle Brusnice, Tel. 242430700, http://kavarna.novysvet.net, Di.–So. 11–19 Uhr. Bezauberndes, kleines, familienfreundliches Tagescafé mit Wohnzimmeratmosphäre in einer der romantischsten Gassen Prags, der Neuen Welt 49. Der Kaffee schmeckt ausgezeichnet, das Brot zur Suppe ist selbstgebacken, es gibt eine kleine Kuchenauswahl, eine Flasche Leitungswasser bekommt man gratis. Wer Glück hat, sitzt im Sommer auf dem winzigen Balkon mit Blick ins Grüne.

49 [H7] **Literární kavárna Řetězova,** Řetězová 8, Metro A, B: Můstek, Tel. 222220681, www.kavarnaretezova.cz, Mo.–Fr. 11–23 Uhr, Sa.–So. 14–23 Uhr, WLAN. Ein Tipp für alle, die sich unter die Einheimischen mischen wollen: Das Literaturcafé gegenüber dem Café Montmartre ist ein beliebter und von den Touristen noch weitgehend unentdeckter Treff Prager Intellektueller, Künstler und Studenten. Es gibt kalte Snacks und zur Mittagszeit zwei, drei preisgünstige Gerichte. Im Sommer stehen ein paar Tische im Innenhof.

50 [H8] **The Globe**, Pštrossova 6, Metro B: Národní třída, www.globebookstore.cz, Tel. 224934203, Mo.–Fr. 10–24, Sa./So. 9.30–1 Uhr. Warme Küche bis 23 Uhr, WLAN. Das Café mit Buchladen für englischsprachige Literatur genießt unter dem ausländischen Publikum schon Kultcharakter. Hier trifft man Amerikaner, Engländer und Australier, die in Prag leben oder gerade um die Welt reisen. Das Lokal bietet Abendessen, am Vormittag bekommt man ein deftiges Frühstück mit Spiegelei und Speck oder die süße Variante mit Brownies und Kakao. Die „Happy Hours Cocktails" finden täglich zwischen 17 bis 19 Uhr statt.

51 [I6] **Týnská literární kavárna,** Týnská 6, Metro A: Staroměstská, Tel. 224827807, www.knihytynska.cz/kavarna.html, Mo.–Fr. 10–23 Uhr, Sa./So. 12–23 Uhr, WLAN. Das Studentencafé mit angeschlossener Buchhandlung, nur ein paar Schritte vom Altstädter Ring 4 entfernt, bietet einen preiswerten Zufluchtsort vor dem Touristentrubel. Im Sommer kann man hier im zwar etwas kargen, aber stillen Innenhof sitzen. Angeboten werden kalte Snacks.

Eis, Kuchen und Schokolade

52 [H7] **Créme de la Créme,** Husova 12, Metro A: Staroměstská, www.creme creme.cz/en, Tel. 224211035, Mo.–Do. 12–21, Fr. 12–22, Sa. 11–22, So. 11–21 Uhr. Mit das beste Eis verkauft diese italienische Eisdiele, außerdem hausgemachte Limonaden, Torten und Kuchen aus eigener Herstellung sowie süße und herzhafte Palatschinken (Pfannkuchen).

53 [I8] **Konditorei Saint Tropez,** Dům U Nováků, Vodičkova 30, Metro A, B: Můstek, www.cukrarnatropez.cz, Tel. 603333338, Mo.–Fr. 8–20, Sa. 9–19 Uhr, So. 10–19 Uhr. Die Konditorei Saint Tropez ist ein unscheinbarer Laden in der Passage des schönen Jugendstilgebäudes U Nováků in der Nähe des Wenzelsplatzes 25. Doch der Besuch lohnt sich: Der Name der Spitzenkonditorei ist ein Synonym für die süßesten Versuchungen in der Stadt. Knusprige Croissants, handgemachte Pralinen, fantastische Apfelkuchen – das alles gibt es hier auch zum Mitnehmen.

54 [D6] **Prague Chocolate Café & Bistro,** Nerudova 44, Metro A: Malostranská, Straßenbahn 20, 22, 12, Haltestelle Malostranské náměstí, Tel. 778536453, tägl. 9–21 Uhr, www.praguechocolate bistro.com. Die süßeste Versuchung auf dem Weg zur Burg 42: Handgemachte Pralinen, leckere Zimtmandeln, heiße Trinkschokolade, netter Service, kleine Kostproben – alles ist sündhaft lecker und einen Zwischenstopp wert. Wer keine Zeit verlieren will, kauft sich eine heiße Schokolade „to go" im Schokoladengeschäft nebenan (Nerudova 46).

Das Restaurant im Café Louvre (s. S. 83)

019pr Abb.: gz

Essen im Restaurant

Böhmische Küche

55 [G5] **Hanavský pavilón** €€€€, Letenské sady 173, Metro A: Malostranská, Straßenbahn 2, 12, 18, 20, Haltestelle Chotkovy sady (danach noch etwa 300 m zu Fuß), Tel. 233323641, www.hanavsky-pavilon.cz, tägl. 10–22 Uhr. Der kleine, schmucke Pavillon auf der Letná-Höhe wurde 1891 für die Landesaustellung konstruiert. Er beherbergt ein Luxusrestaurant mit altböhmischer Küche – Spezialitäten vom Grill, Wild und Fisch, Obstknödel oder Palatschinken. Eine Reservierung ist notwendig, weil das Restaurant häufig für Hochzeitsfeiern gebucht wird. Vom Pavillon und der Sommerterrasse aus hat man die schönste Aussicht auf die Moldaubrücken.

56 [C6] **Klášterní pivovar Strahov** €€, Strahovské nádvoří 301, Metro A: Malostranská, Straßenbahn 22, Haltestelle Pohořelec, www.klasterni-pivovar.cz, Tel. 233353155, tägl. 10–22 Uhr. Beliebte Klosterbrauerei nahe der Prager Burg 42, in der man auch Weizenbier bekommt (Hl. Norbert). Am schönsten ist es hier im Sommer, im großen, schattigen Biergarten. Die Speisekarte führt viel Fleisch – Lendenbraten, Gans, Gulasch mit Knödeln. Als Nachspeise bestellt man Plinsen mit Blaubeeren und Sahne.

57 [I5] **Lokál** €, Dlouhá 33, Metro B: Náměstí Republiky, Tel. 222316265, http://lokal-dlouha.ambi.cz/en, Mo.–Sa. 11–1 Uhr, So. 11–24 Uhr, WLAN.

Die lange Bierhalle mit Holztischen bietet einfache und preiswerte böhmische Küche aus frischen Zutaten. Vegetarier werden es hier allerdings schwer haben, denn die Speisekarte dominieren – wie in den meisten tschechischen Lokalen – Fleischgerichte. Das „Lokal" ist immer voll, was neben den günstigen Preisen auch an dem schnellen Service und der zentralen Lage liegt.

58 [J6] **Potrefená husa** €-€€, Dlážděná 7 (Ecke Hybernská), Metro B: Náměstí Republiky, So.–Mi. 11–24, Do.–Sa. 11–1 Uhr, Tel. 224243631, www.potrefena-husa.eu, WLAN. Eine von mehreren Filialen der beliebten Restaurantkette der Bierbrauerei Staropramen. Modernes Design im Stil amerikanischer Pubs, schmackhafte Mittagsmenüs, darunter eines für Vegetarier. Gutes Preis-Leistungs-Verhältnis.

59 [D6] **Restaurant Rainer Maria Rilke** €€-€€€, Úvoz 6, Metro A: Malostranská, Straßenbahn 22, Haltestelle Pohořelec, www.rmrilke.cz, Tel. 222221414, tägl. 11–23 Uhr. Kleines, uriges Restaurant unweit der Prager Burg 42, das an ein gemütliches Wohnzimmer erinnert. Wer Gerichte mit Rind, Schwein, Lamm, Ente und Wildschwein mag, ist hier genau richtig. Auf der Speisekarte stehen auch Fisch, zwei, drei vegetarische Gerichte und Salatteller. Eine Wasserkaraffe bekommt man von dem freundlichen Personal zum Essen gratis. Eine Reservierung ist ratsam.

60 [H6] **Restaurace U Parlamentu** €-€€, Valentinská 8, Metro A: Staroměstská, tägl. 11–23 Uhr, Tel. 721415747, www.uparlamentu.cz. Beliebtes Restaurant in der Nähe des Altstädter Rings 4, in dem man viele Einheimische trifft. Das Essen ist gut, das Bier ebenfalls, auch Schwarzbier wird angeboten, die Bedienung ist schnell und freundlich, das Preis-Leistungs-Verhältnis stimmt. Als Nachspeise kann man sich die leckeren Palatschinken (Pfannkuchen) gönnen. Im Sommer stehen auch auf der Straße Tische.

61 [H11] **U Kroka** €-€€, Vratislavova 12/28. Metro A: Staroměstská, Straßenbahn 2, 17, Haltestelle Výtoň (danach 5 Min. zu Fuß), Tel. 775905022, www.ukroka.cz/home, tägl. 11–23 Uhr (Mo.–Fr. bis 15 Uhr nur Tagesmenüs mit 7–8 Gerichten), WLAN. Das sympathische Gasthaus unweit der Burgruine Vyšehrad 53 bietet sehr gute und erfreulich günstige böhmische Küche. Eine Bierstube existierte hier bereits 1895, in der sozialistischen Ära war hier eine Kantine untergebracht. Die Speisekarte enthält Klassiker wie Lendenbraten, Kaninchen mit Speck und Blattspinat oder Palatschinken mit Quark. Zusätzlich gibt es drei vegetarische Gerichte und Salatteller. Gezapft wird Pilsner Urquell. Im Sommer ist eine kleine Terrasse geöffnet. In der Hochsaison unbedingt reservieren.

62 [F7] **U modré kachničky** €€€, Nebovidská 6, Metro A: Malostranská, Straßen-

KURZ & KNAPP

Trinkgeld

In Restaurants ist es üblich, 5 bis 10 % des Rechnungsbetrags als Trinkgeld zu geben. In manchen Lokalen steht sogar auf der Rechnung, dass der Preis ohne eine Service-Gebühr berechnet wurde. In Kneipen darf das Trinkgeld am unteren Ende der Skala rangieren. In gehobenen Speiselokalen wird dem Gast ein Tisch zugewiesen. Nur Ausländer und Touristen verlangen eine getrennte Rechnung, was von den Tschechen als schlechter Stil angesehen wird. Allerdings gewöhnen sich die Kellner zunehmend daran. Auch Taxifahrer erwarten ein Trinkgeld. Wenn man zufrieden war, rundet man die Summe auf, mehr als 5 % sind nicht nötig. Ähnliches gilt auch für andere Dienstleister.

EXTRATIPP

Der erste Kaffee

Es gibt mehrere Gründe, warum man den Tag im eleganten Café-Café in der Rytířská-Straße (s. S. 84) beginnen sollte: Das Lokal bietet ausgezeichneten Kaffee, ein gutes, reichhaltiges Frühstück, und der Wenzelsplatz (25) liegt nur wenige Gehminuten entfernt. Auf dem Weg dorthin kann man in die lebendige Atmosphäre des Gallusmarktes (s. S. 104) eintauchen.

bahn 12, 20, 22, Haltestelle Hellichova. Tel. 257320308, www.umodrekachnicky.cz, tägl. 12–16 und 18.30–23.30 Uhr. Pink Floyd, Václav Havel, Hans-Dietrich Genscher, Tom Cruise – die Liste mit berühmten Gästen des Lokals ist lang. Das „Blaue Entlein“ auf der Kleinseite zählt zu den besten böhmischen Restaurants in Prag (man sollte unbedingt eines der fabelhaften Entengerichte probieren) und eignet sich für ein festliches Abendessen mit Kerzenlicht und Pianomusik. Die rustikale Einrichtung ist zwar leicht kitschig, aber durchaus gemütlich.

63 [I7] **U Provaznice** €€, Provaznická 3, Metro A, B: Můstek, Tel. 224232528, www.uprovaznice.cz, tägl. 11–24 Uhr. Am unteren Ende des Wenzelsplatzes (25) wird man sich in dieser traditionellen Bierkneipe garantiert satt essen an den großen Portionen heißer Kartoffelsuppe, böhmischen Gulaschs, geräucherter Schweinshaxe mit Meerrettich und verführerischer Mehlspeisen. Die Küche ist ausgezeichnet, wenn auch ziemlich deftig, die Atmosphäre locker, das Bier schmeckt ebenfalls gut, nur auf einen Sitzplatz muss man trotz mehrerer Räume oft warten. Eine Reservierung ist also ratsam. Ein paar Holztische stehen bei schönem Wetter auch draußen.

64 [J5] **U Sádlů** €€, Klimentská 2, Metro B: Náměstí Republiky, Tel. 224813874, www.usadlu.cz, Mo.–Do. 11–24, Fr.–Sa. 11–1, So. 12–24 Uhr. Das urige Kellerlokal mit Ritterrüstungen am Rande der Altstadt ist wegen seiner guten Preis-Leistungs-Relation fast immer voll, daher sollte man unbedingt vorher reservieren. Die Portionen sind riesig, das Essen deftig und lecker – bei der Ente mit mährischem Kraut und Knödeln beispielsweise sollte man die Kalorien lieber nicht zählen. Ein paar vegetarische Gerichte gibt es auch.

65 [D6] **U sedmi Švábů** €€, Nerudova 31 (Ecke Jánský vršek), Metro A: Malostranská, www.7svabu.cz , Tel. 257531455, Di.–Do. 12–23, Fr.–So. 11–23 Uhr. In dem gemütlichen, vor allem von Touristen besuchten Kellerrestaurant „Zu den sieben Schwaben“ unterhalb der Prager Burg (42) wird alles dafür getan, dass sich der Gast wie im Mittelalter fühlt: Gekocht wird nach Rezepten aus dem 15. und 16. Jh., freitags und samstags treten ab 19.30 Uhr Gaukler, Feuerspucker und Ritter zu mittelalterlicher Musik in Räumen auf, die nur von Kerzenlicht beleuchtet sind (Reservierungspflicht, p. P. 980 Kč, Kinder bis 15 J. die Hälfte).

66 [C5] **U Zlaté hrušky** €€€, Nový svět 3, Metro A: Malostranská, Straßenbahn 22, Haltestelle Pohořelec, Tel. 723764940, http://restaurantuzlatehrusky.cz, tägl. 11–23 Uhr. Edles böhmisches Restaurant in romantischer Lage der Neuen Welt (49). Im Sommer sitzt man auf der hübschen Terrasse im Schatten der Bäume.

67 [H6] **V Kolkovně** €€, V Kolkovně 8, Metro B: Náměstí Republiky, Tel. 224819701, www.vkolkovne.cz, tägl. 11–24 Uhr, WLAN. Eine moderne Variante der klassischen tschechischen Bierkneipe ist dieses geräumige Pilsner-Urquell-Restaurant nahe des Jüdischen Viertels. Zeitgemäßes Ambiente, hervorragendes Bier, schnelle Bedienung und gute Küche – das alles spricht für „Kolkovna“. Im Sommer kann man draußen sitzen.

Internationale Küche

68 [J6] **Ambiente Pizza Nuova** €€, Revoluční 1, Metro B: Náměstí Republiky, Tel. 221803308, http://pizzanuova.ambi.cz/en, tägl. 11.30–23.30 Uhr, WLAN. Fragt man einen in Prag lebenden Italiener, wo es die beste Pizza gibt, empfiehlt er das elegante Lokal neben dem Einkaufshaus Kotva. Durch große Fensterscheiben blickt man über den Platz der Republik, während man eine neapolitanische Pizza, hausgemachte Pasta, einen knackigen Salatteller oder Fisch genießt. Für den Nachwuchs ist eine Kinderecke eingerichtet. Nicht ganz so bequem sind die Sitzbänke ohne Rückenlehnen.

69 [I6] **Beas Vegetarian Dhaba** €, Týnská 19 (im Hof), Metro A: Staroměstská, www.beas-dhaba.cz, Tel. 777165478, Mo.–Fr. 11–20 Uhr, Sa. 12–20 Uhr, So. 12–18 Uhr, WLAN. Das kleine, freundliche Selbstbedienungsrestaurant in einem Hinterhof in der Týnská-Gasse hat schmackhafte vegetarische Gerichte aus Nordindien im Angebot. Auch vegane Gerichte werden serviert. Preiswert und von vielen jungen Tschechen besucht.

70 [F6] **Café de Paris** €€-€€€, Velkopřevorské nám. 4, Metro A: Malostranská, Straßenbahn 12, 20, 22, Haltestelle Hellichova, www.cafedeparis.cz, Tel. 603160718, tägl. 11.30–24 Uhr. Die kleine, charmante und familiengeführte französische Brasserie auf der Kleinseite befindet sich etwas versteckt in einer der schönsten Ecken Prags – auf dem Großprioratsplatz in der Nähe der Karlsbrücke 16. Die Spezialität des Hauses – Entrecôte de Paris – gibt es auch als vegetarische Variante. Lohnenswert sind auch die günstigen Mittagsmenüs. Zahlen kann man nur mit Bargeld.

71 [J9] **Café Radost FX** €€, Bělehradská 120, Metro C: I.P. Pavlova, www.radostfx.cz/en/restaurant, Tel. 224254776, tägl. 11–2 Uhr, WLAN. Das schicke vegetarische Restaurant am Eingang zum Nachtklub Radost FX überzeugt mit guten Gerichten der asiatischen, mexikanischen und italienischen Küche zu fairen Preisen.

72 [I5] **Chéz Marcel** €€, Haštalská 12, Metro B: Náměstí Republiky, www.chezmarcel.cz, Tel. 222315676, tägl. 11.30–1 Uhr, WLAN. Ein beliebtes französisches Bistro unweit vom Altstädter Ring 4 mit entspannter Atmosphäre, Jazz- und Chansonmusik, einfachen, aber schmackhaften Gerichten, guten Menüs und aufmerksamer, unaufdringlicher Bedienung. Im Sommer kann man in einem schattigen Hinterhof sitzen.

73 [G6] **Hergetova cihelna** €€€, Cihelná 2b, Metro A: Malostranská, Tel. 296826103,

Preiskategorien

Durchschnittlicher Preis für ein Abendessen inkl. Getränke für zwei Personen:

€	bis 700 Kč (ca. 26,50 €)
€€	700–1500 Kč (ca. 26,50–57 €)
€€€	1500–2700 Kč (ca. 57–103 €)
€€€€	über 2700 Kč (ab ca. 103 €)

020pr Abb.: gz

Ruhiger Zufluchtsort auf der Moldauinsel Kampa 34

EXTRATIPPS

Lecker vegetarisch

Freunde vegetarischer Speisen finden hier ein gutes Angebot:

- **Maitrea** (s. S. 92)
- **Beas Vegetarian Dhaba** (s. S. 89)
- **Lehká hlava** (s. S. 91)

Dinner for one

Wer allein unterwegs ist und ungestört bleiben will, dem empfehlen wir diese Lokale:

- **Café Louvre** (s. S. 83). Hier wird man freundlich bedient, kann vorzüglich frühstücken, zu Mittag essen oder bei einem Glas Wein seine Zeitung lesen.
- **Café und Restaurant Imperial** (s. S. 84). Hier wird der Platz von einem Kellner zugewiesen, der auch dafür sorgt, dass sich keiner ohne Ihre Zustimmung dazusetzt.

Für den späten Hunger

Die Imbissbuden mit ihren Bratwürsten am unteren Wenzelsplatz sind für hungrige Nachtschwärmer die letzte Station. In der oberen Hälfte des Platzes sorgt McDonald's für den letzten Happen vor dem Hotel. Bis 23 Uhr oder bis Mitternacht bekommt man in folgenden Lokalen ein warmes Gericht:

- **Malostranská pivnice** (s. S. 80)
- **Lokál** (s. S. 86)
- **The Globe** (s. S. 85)
- **Kozička** (s. S. 93)
- **Café Radost FX** (s. S. 89)
- **U sádlů** (s. S. 88)
- **La Bodeguita del Medio** (siehe unten)
- **Chéz Marcel** (s. S. 89)
- **U Malého Glena** (s. S. 94)

Lokale mit guter Aussicht

- **Panorama Express Café** (s. S. 94) bietet im Sommer eine perfekte Sicht auf die Dächer der Kleinseite.
- **Ginger & Fred** im Tanzenden Haus 33
- **Restaurant Oblaca** im Fernsehturm 54
- **Hanavský pavilón** (s. S. 86). Von hier aus hat man einen Postkartenblick auf die Moldaubrücken.
- **Hergetova cihelna** (s. S. 89). Von der Sommerterrasse am Fluss hat man ebenfalls einen schönen Blick auf die Karlsbrücke.

www.kampagroup.com/en/restaurants/hergetova-cihelna, tägl. 11.30–1 Uhr (zwischen 16 und 18 Uhr keine warmen Speisen), WLAN. Das elegante Restaurant auf zwei Stockwerken einer umgebauten Ziegelei aus dem 18. Jh. findet man am romantischen Kleinseitner Ufer. Wegen der attraktiven Lage und der Kochkunst des Küchenchefs ist es bei Einheimischen und Touristen gleichermaßen gefragt. Die Küche ist mediterran-leicht, es gibt auch ein paar modern interpretierte tschechische Gerichte. Bei schönem Wetter kann man auf der Sommerterrasse sitzen und den grandiosen Blick auf die Karlsbrücke 16 genießen. Für Kinder gibt es eine Spielecke. Nebenan befindet sich das Kafka-Museum (s. S. 74).

74 [I7] **Kogo** €€€, Havelská 27, Metro A, B: Můstek, www.kogohavelska.cz/en, Tel. 224210259, tägl. 11–23 Uhr. Die kroatischen Besitzer des Kogo haben ein perfekt funktionierendes Konzept gefunden: sehr gute mediterrane Küche aus frischen Zutaten, gekonnt zubereitete Fischgerichte, freundlichen Service und eine gute Weinkarte.

- **Kogo im Shoppingcenter Slovanský dům** (s. S. 101) €€-€€€, Na Příkopě 22, Metro A, B: Můstek, Tel. 221451258, tägl. 11–23 Uhr. Empfehlenswerte Filiale, modern und elegant, spezialisiert auf Fischgerichte und Pasta. Im Sommer sitzt man auf der Terrasse im Innenhof.

75 [H6] **La Bodeguita del Medio** €€, Kaprova 5, Metro A: Staroměstská,

Tel. 224813922, www.labodeguitadel medio.cz, Mi.-Sa. 11-4, So.-Di. 11-2 Uhr, WLAN. Musikklub und Restaurant in einem. Immer dem Lärm nach kann man das Bodeguita nicht verfehlen. Auch nach Mitternacht dröhnt lateinamerikanische Musik, zu der man einen von 150 Cocktails und köstliche karibische Gerichte probieren kann.

76 [I5] **La Casa Blů** €€, Kozí 15, Metro A: Staroměstská, www.lacasablu.cz, Tel. 224818270, Mo.-Fr. 11-24 Uhr, Sa. 12-24 Uhr, So. 14-23 Uhr, WLAN. Dieses laute, freundliche, 1996 von zwei Südamerikanern eröffnete Lokal mit mexikanischer und spanischer Küche genießt vor allem bei jungen Pragern große Popularität. Das Angebot reicht von Chili con Carne über Tortilla und Salatteller bis hin zu schmackhaften Steaks. Zur Mittagszeit ist eine Reservierung ratsam. Abends kann man hier mit Freunden gemütlich einen Cocktail trinken und bei lateinamerikanischer Musik feiern. Happy Hour von 14.30 bis 17.30 Uhr.

77 [H6] **La Finestra** €€€, Platnéřská 13, Metro A: Staroměstská, Tel. 222325325, Mo.-Sa. 12-23, So. 12-22 Uhr, www.lafinestra.cz/en, WLAN. Die kleine Speisekarte wird von Fleischgerichten dominiert, es gibt aber auch Pasta und frischen Fisch. Das erstklassige Biofleisch und der Fisch kommen aus der italienischen Heimat des Chefkochs Ricardo, der Gast kann sich auf Wunsch sein Stück Steak vor dem Zubereiten selbst aussuchen. Das gute Weinangebot, die freundliche Bedienung, leckere Desserts und das gemütliche Ambiente mit Holztischen, Weinregalen und Backsteinwänden tragen dazu bei, dass man in diesem kleinen Restaurant in der Nähe des Altstädter Rings 4 gerne wieder einkehrt. Eine Reservierung ist ratsam.

78 [H6] **La Veranda** €€€, Elišky Krásnohorské 2, Metro A: Staroměstská, Mo.-Sa. 12-17 und 17.30-23 Uhr, Tel. 224814733, www.laveranda.cz/en/about-us, WLAN. Das farbenfrohe Interieur ist eine Hommage an Frankreich, wo der international prämierte Chefkoch sein Handwerk lernte. Die Speisekarte wird von raffinierten Fischgerichten dominiert.

79 [G7] **Lehká hlava** €, Boršov 2, Metro B: Národní třída, www.lehkahlava.cz, Tel. 222220665, Mo.-Fr. 11.30-23.30 Uhr, Sa.-So. 12-23.30 Uhr.

Smoker's Guide

Lange galt Tschechien als Europas letzte Raucherinsel. Damit ist jetzt Schluss: Am 31. Mai 2017, dem Weltnichtrauchertag, trat das strikte Anti-Rauch-Gesetz in Kraft, das das Rauchen in Restaurants und Gaststätten generell verbietet. Erlaubt sind lediglich Wasserpfeifen und elektronische Zigaretten. Kinos, Konzertsäle oder Theater dürfen zudem keine Raucherräume mehr einrichten. Verboten ist das Rauchen auch in Warteräumen öffentlicher Verkehrsmittel, auf Kinderspielplätzen, Bahnsteigen, in öffentlichen Räumen oder in Zoologischen Gärten. Ursprünglich sollte das Anti-Rauch-Gesetz 2016 in Kraft treten, doch es kam zu Verzögerungen, weil vor allem viele Oppositionsabgeordnete gegen das strikte Rauchverbot waren oder Ausnahmen verlangten. Proteste gegen das Gesetz kamen auch von Wirten, die nun um ihre Umsätze fürchten. In Tschechien raucht jeder vierte Erwachsene, laut Umfragen zeigte jedoch die Mehrheit der Gesellschaft Verständnis für ein Rauchverbot. Der Staatspräsident Miloš Zeman, selbst ein bekennender Kettenraucher, unterschrieb das Gesetz und erfüllte damit sein Versprechen, es nicht zu blockieren. Somit müssen Gäste in tschechischen Kneipen und Restaurants nicht mehr den lästigen Zigarettenqualm erdulden.

Eines der beliebtesten vegetarischen Lokale Prags. In entspannter Atmosphäre werden liebevoll zubereitete Speisen aus regionalen Bio-Produkten serviert, kleine Tapas und köstliche Desserts, die auch Nicht-Vegetarier überzeugen werden. Dazu gibt es frisch gepresste Säfte. Schnaps wird hier nicht verkauft, denn nur so behält man einen „klaren Kopf“, wie das Restaurant in deutscher Übersetzung heißt. Eine Reservierung ist vor allem abends ratsam.

80 [I6] **Maitrea** €€, Týnská ulička 6, Metro A, B: Můstek, Tel. 221711631, www.restaurace-maitrea.cz/en_home.htm, Mo.–Fr. 11.30–23.30, Sa./So. 12–23.30 Uhr (Küche bis 22 Uhr). Beliebtes vegetarisches Restaurant in der Nähe der Teynkirche **6**. Die Einrichtung im Feng-Shui-Stil wirkt gemütlich, die vegetarischen, veganen und laktosefreien Speisen schmecken vorzüglich. Trotz absolut zentraler Lage keine Touristenfalle. Mittags ist eine Reservierung ratsam.

81 [H6] **Mistral Café-Restaurant** €, Valentinská 11, Metro A: Staroměstská, Tel. 222317737, www.mistralcafe.cz/en, Mo.–Fr. 8–23, Sa./So. 9–23 Uhr, WLAN. Das freundliche, helle Lokal in der Nähe der Metrostation Staroměstská ist ein perfekter Ort für einen schnellen Imbiss: hell, zentral und günstig. Mediterran inspirierte, leichte Küche, viele Studenten und eine kleine Spielecke für Kinder.

82 [F5] **Pálffy Palace Club** €€€, Valdštejnská 14, Metro A: Malostranská, Tel. 257530522, www.palffy.cz/en, Di.–Sa. 11–23 Uhr. Der barocke, mit Antiquitäten ausgestattete Saal des Pálffy-Palais auf der Kleinseite ist der ideale Ort für ein romantisches Abendessen bei Kerzenschein und klassischer Musik. Im Sommer sitzt man auf einer herrlichen Terrasse.

83 [F8] **Pastař Restaurant and Food Shop** €€–€€€, Malostranské nábřeží 1, Metro B: Národní třída, Straßenbahn 9, 22, Haltestelle Újezd, Tel. 777009108, www.pastar.cz/home.html, Mo.–Do. 11–22, Fr. 11–22.30, Sa. 12–22.30, So. 12–22 Uhr (zwischen 15.30 und 17 Uhr keine warme Küche). Das 2014 eröffnete italienische Lokal gegenüber der Brücke der Legionen auf der Kleinseite avancierte binnen kürzester Zeit zum neuen Liebling der Prager Feinschmecker. Man sitzt gemütlich zwischen den Weinregalen. Wer nicht gestört werden möchte, wählt eine kleine Nische. Die Speisekarte ist recht überschaubar, neben der selbstgemachten Pasta gibt es in der Regel zwei Fleisch- und mindestens ein Fischgericht. Die Portionen sind nicht groß, man kann sich also ruhigen Gewissens noch eines der leckeren Desserts gönnen. Die Nudeln, Marmeladen und Saucen aus eigener Herstellung kann man anschließend an der Feinkost-Theke kaufen. Eine Reservierung ist ratsam.

84 [G7] **Restaurant Století** €€, Karolíny Světlé 21, Metro B: Národní třída, Tel. 222220008, http://stoleti.cz/?lang=en, tägl. 11.30–23 Uhr, WLAN. In einer Seitengasse, aber dennoch zentral gelegen, verspricht dieses gemütliche Restaurant einen schönen Abend. Die Küche ist ausgezeichnet, die Preise für die Lage des Lokals und die Qualität erstaunlich günstig. Empfehlenswert sind die wechselnden Tagesmenüs – auf die Suppe sollte man dabei nicht verzichten – das Salatbuffet und die verführerischen Nachspeisen. Im Sommer deckt der Wirt ein paar Tische vor dem Restaurant, direkt gegenüber der romanischen Rotunde des Heiligen Kreuzes, der ältesten in Prag.

Open-Air-Konzerte auf der Schützeninsel (Střelecký ostrov) [F8] sind sehr beliebt

Prag am Abend

Für Nachtschwärmer, Partygänger, Musikfreunde und Theaterliebhaber bietet die Goldene Stadt ein abwechslungsreiches Programm. Der Besucher findet trendige Bars, Diskotheken, Musikklubs und innovative Kleinbühnen nicht nur in den Gewölbekellern der Alt- und Neustadt, sondern auch auf der Kleinseite und in den Stadtvierteln Holešovice oder Smíchov.

021pr Abb.: gz

Bars und Szenetreffs

In der Alt- und Neustadt

85 [H6] **Bugsy's,** Pařížská 10 (Eingang Kostečná), Metro A: Staroměstská, www.bugsysbar.cz, Tel. 840284797, tägl. 19–2 Uhr. Die beliebte Nachtbar wurde 2010 renoviert und lockt mit einem coolen Ambiente, mehr als 300 Cocktails und modisch gekleideten jungen Pragerinnen und Pragern, die „in" sind oder dafür gehalten werden wollen.

86 [G7] **Café Kampus,** Náprstkova 10, Metro B: Národní třída, Mo.–Fr. 10–1 Uhr, Sa. 12–1 Uhr, So. und feiertags 12–23 Uhr, www.cafekampus.cz, Tel. 775755143. WLAN. Ein angesagter Treffpunkt der jungen Prager und der innovativen tschechischen Kulturszene. Zu späterer Stunde ist es allerdings nicht leicht, in den Räumen einen Platz zu finden. Im hinteren Teil finden regelmäßig Fotoausstellungen statt. Eine kleine Kunstbuchhandlung und ein Nichtrauchersalon sind angeschlossen. Man kann hier Klavier oder Schach spielen, sich in ein Buch vertiefen oder selbst eins schreiben. Wer Hunger hat, bekommt hier bis in die späte Nacht ein Abendessen.

87 [G7] **Hemingway Bar,** Karolíny Světlé 26, Metro B: Národní třída, Straßenbahn 17, 18, Haltestelle Karlovy lázně, Tel. 773974764, www.hemingwaybar.cz/bar-prague, Mo.–Do. 17–1 Uhr, Fr. 17–2 Uhr, Sa. 19–2 Uhr, So. 19–1 Uhr. Diese kleine, gemütliche Bar überzeugt mit exzellenten Cocktails (auf Wunsch auch mit Absinth), freundlichem Personal und lässiger Atmosphäre. Keine Touristenfalle, auch deshalb ein Tipp für die langen Nächte.

88 [I6] **Kozička**, Kozí 1, Metro B: Náměstí Republiky, www.kozicka.cz, Mo.–Do. 16–4 Uhr, Fr. 17–5.30 Uhr, Sa. 18–5.30, So. 19–3 Uhr, WLAN. Gut möglich, dass man im „Zieglein", einem lauten, dunklen Kellerlabyrinth, einige Stars der tschechischen Fußballnationalmannschaft trifft. Die rustikale Nachtbar und Steak-Restaurant in der Nähe des Altstädter Rings **4** ist immer gut besucht, was auch an der guten Küche und der ausgelassenen Atmosphäre liegt.

89 [H6] **The PUB,** Veleslavínova 3, Metro A: Staroměstská, Tel. 222312296, www.thepub.cz/praha-1, Mo.–Do. 11–1, Fr. 11–3, Sa. 13–3, So. 13–1 Uhr. Jeder Tisch in diesem lauten Pub hat seinen eigenen Zapfhahn mit einem grafischen Display. Im Lauf des Abends kann man kontrollieren, wie viel man schon getrunken hat – oder der Nachbar am Nebentisch. Auf einem großen Bildschirm werden die „sportlichen" Ergebnisse aller Filialen der Bierkneipenkette in der ganzen Republik zusammengefasst. Essen kann man hier auch, die Preise sind vernünftig – die einzige Herausforderung besteht also darin, sich selbst unter Kontrolle zu halten. Eine Reservierung ist ratsam.

90 [I6] **Tretter's,** V Kolkovně 3, Metro B: Náměstí Republiky, www.tretters-bar.cz/en/uvod, Mo.–Sa. 19–3 Uhr, So. 19–2 Uhr. Die elegante Cocktailbar im Stil der amerikanischen Bars der 1930er-Jahre bietet die wahrscheinlich beste Bloody Mary in der Stadt.

91 [H7] **Vagon**, Národní 25 (Eingang durch die Passage im Palác Metro), Metro B: Národní třída, www.vagon.cz, Tel. 733737301, Mo.–Do. 19–5, Fr./Sa. 19–6, So. 19–1 Uhr, WLAN. In kommunistischen Zeiten war hier eine Discobar, heute ist das Lokal Treffpunkt der Verehrer von Jimi Hendrix, Frank Zappa, Pink Floyd oder Louis Armstrong. Fast täglich Livemusik, viel Blues, überwiegend tschechisches Publikum und gute Preise.

EXTRATIPP

Musik in historischen Räumen

Etliche Prager Kirchen, Klöster und Palais – wie die Kirche des hl. Nikolaus 8, das Agneskloster 11, der Veitsdom 43, das Lobkowitz- und Lichtensteinpalais, das Musikmuseum oder die prunkvolle Spanische Synagoge 22 – verwandeln sich regelmäßig, häufig sogar jeden Abend, in Konzerträume. Das aktuelle Programm ist in den Visitor Centres (s. S. 126) erhältlich.

Auf der Kleinseite und dem Hradschin

92 [F6] **Blue Light,** Josefská 1, Metro A: Malostranská, Straßenbahn 20, 22, 12, Haltestelle Malostranské náměstí, Mo.–Fr. 18–3, Sa./So. 19–3 Uhr, Tel. 257533126, www.bluelightbar.cz. Die kleine, alternative Bar in einer Seitenstraße nahe der Karlsbrücke 16 ist ein perfekter Ort für einen Absacker. An den dunklen Wänden sind viele Graffiti, Fotos von Jazz- und Bluesmusikern sowie alte Werbeplakate zu sehen. Man sitzt auf ausrangierten Holzstühlen, tanzt oder steht mit einem Whiskey-Glas oder einem Bier an der Bar und hört gute alte Rockmusik. Die Atmosphäre ist lässig, das Publikum aller Altersklassen besteht überwiegend aus Einheimischen, zu denen sich einige Touristen gesellen. In den frühen Morgenstunden kann man anschließend über die menschenleere Karlsbrücke spazieren.

93 [F5] **Panorama Express Café,** Staré zámecké schody 8, Metro A: Malostranská, danach über die Alte Schlossstiege hinauf zur Burg, tägl. 10–22 Uhr (nur während der Sommermonate). Mitten im ältesten Weinberg der Stadt, direkt unterhalb der Burg, offeriert das Open-Air-Weinbistro erlesene einheimische Tropfen zu einem guten Einheitspreis. Den grandiosen Blick auf die Stadt gibt es kostenlos dazu.

94 [E6] **U Malého Glena**, Karmelitská 23, Metro A: Malostranská, Straßenbahn 20, 22, 12, Haltestelle Malostranské náměstí,Tel. 257531717, www.malyglen.cz/en, Mo.–Fr. 10–2 Uhr, Sa.–So. 10–2.30 Uhr, Livemusik tägl. ab 20.30 Uhr, Einlass ab 19 Uhr, die (gute) Küche ist bis 23.30 Uhr geöffnet, WLAN. Der „kleine Glenn" mit der Atmosphäre eines Irish Pubs ist nicht nur eine coole Bar, sondern auch ein Jazztipp für die Kleinseite: Im kleinen Musikklub im Keller spielen Livebands Funk, Jazz und Blues. Sonntags stehen Jamsessions auf dem Programm.

95 [F6] **Vinograf Wine Bar,** Míšenská 8, Metro A: Malostranská, https://vinograf.cz/vinograf-misenska, Tel. 604705730, Mo.–Sa. 16–24, So. 14–22 Uhr. Klein, aber fein: gemütliche, beliebte Weinbar mit ein paar Tischen, guten einheimischen Weinen und moderaten Preisen. Zur Weinprobe kann man sich eine kalte Platte mit Käse, Wurst und Oliven bestellen. Fr. und Sa. ist eine Reservierung ratsam.

Discos und Klubs

In der Alt- und Neustadt

96 [I6] **Club Roxy**, Dlouhá 33, Metro B: Náměstí Republiky, www.roxy.cz/en, tägl. 19–5 Uhr, Konzerte ab 19 oder 20, Partys ab 22 Uhr. Seit seiner Gründung im Jahre 1993 ist das Roxy die Topadresse für tschechische und internationale Disco- und Partyliebhaber. Livebands, internationale DJs, moderne Multimediashows, große Tanzfäche, Theater und Kino. Tanzpartys im Stil von House, R&B, Techno und Hip-Hop.

97 [I7] **Duplex**, Václavské nám. 21, Metro A, B: Můstek, Tel. 732221111, www.duplex.cz. Mo./Di., So. 11–23, Mi.–Sa. 11–5 Uhr, Eintritt ab 21 Jahre, WLAN. In diesem exklusiven, verglasten und etwas versnobten Discoklub und Restaurant auf dem Dach eines Hauses am Wenzelsplatz feierte Mick Jagger seinen 60. Geburtstag.

98 [G7] **Karlovy lázně,** Smetanovo nábřeží 198, Metro A: Staroměstská, Tel. 222220502, www.karlovylazne.cz, tägl. 21–5 Uhr. Der größte (Touristen-)Discoklub in Mitteleuropa direkt neben der Karlsbrücke ist mittlerweile etwas in die Jahre gekommen. Voll ist es hier trotzdem. Auf fünf Etagen wird Musik für jeden Geschmack gespielt, Eintritt 200 Kč.

99 [I8] **Lucerna Music Bar**, Vodičkova 36, Metro A, B: Můstek, www.musicbar.cz/en, Tel. 224217108, WLAN, Kasse Mo.–Fr. 9.30–19 Uhr und vor den Konzerten. Kultige Music Bar im Lucerna-Palais, freitags und samstags steigt im Kellergeschoss eine Retroparty (Einlass ab 21 Uhr). Unter der Woche rocken einheimische und ausländische Bands die Bühne. Das Programm wird auf der Webseite angekündigt.

In den weiteren Stadtvierteln

100 [J9] **Club Radost FX**, Bělehradská 120, Metro C: I.P. Pavlova, www.radostfx.cz, Tel. 603193711, Mo.–Mi./So. 11–2, Do.–Sa. 11–5 Uhr, WLAN. Glamouröse Adresse im hübschen Prager Stadtteil Vinohrady: Techno, House, R&B und Hip-Hop. Ein gutes vegetarisches Restaurant, ein Café und eine Lounge sind angeschlossen.

101 [L1] **Cross Club**, Plynární 23, Metro C: Nádraží Holešovice, Tel. 736535010, www.crossclub.cz/en/contact-deutsch, Café: tägl. 14–2 Uhr, Klub: 18–5 Uhr, Fr./Sa. bis 7 Uhr, WLAN. Dieser angesagte alternative Treffpunkt im Stadtviertel Holešovice, nicht weit weg vom gleichnamigen Bahnhof, ist im Erdgeschoss und Souterrain eines Wohnblocks untergebracht. Tägliche Livekonzerte (Punk, Reggae, Chillout) werden von aufwendigen Lichtshows in dem ausgefallenen, experimentellen Interieur mit Metallrohren und Gittern begleitet.

102 [K4] **Neone,** Bubenská 1 (im Erdgeschoss des Gebäudes ORKO, südliche Ecke), Metro C: Vltavská, danach zu Fuß in Richtung Magistrale und Fluss, Tel. 603143353, je nach Programm meist Fr. und Sa. ab 22 Uhr, www.lunchmeat.cz/en/events/neone/line-up.html. Für viele Insider zählt Neone derzeit zu den absoluten In-Klubs in Prag. Zum minimalistischen Design passen das durchgestylte Publikum und die neuste elektronische Musik.

103 [M7] **Palác Akropolis,** Kubelíkova 27, Metro A: Flora, Straßenbahn 5, 15, Haltestelle Husinecká, Tel. 296330913, www.palacakropolis.cz, Kasse Mo.–Fr. 10–24, Sa./So. 16–24 Uhr, WLAN. Für Fans von Independent-Musik ist Akropolis im Prager Szeneviertel Žižlov die Topadresse für erstklassige Rock- und Jazzkonzerte. Aufgetreten sind hier u. a. die Pixies, The Strokers, The Afghan Whigs oder der französische Alternativ-Rocker Kid Loco. Auch Funk-, Electronic- und Latino-Musik. Die Tickets bekommt man auch in den Ticketpro-Büros (s. S. 98).

Jazzklubs

104 [I6] **AghaRTA Jazz Centrum,** Železná 16, Metro A, B: Můstek, Tel. 222211275, www.agharta.cz, 19–1 Uhr, Konzerte tägl. ab 21 Uhr. Eintritt ab 250 Kč. Gemütlicher Klub in gotischem Kellergewölbe, nur einige Minuten vom Altstädter Ring entfernt. Täglich Livekonzerte mit einheimischen und internationalen Jazzmusikern.

105 [H7] **Blues Sklep,** Liliová 10, Metro A: Staroměstská, Tel. 608848074, www.bluessklep.cz/blues-sklep-en.html, tägl. 19–2.30 Uhr, Konzerte ab 21 Uhr. Musikklub mit Liveblues, Jazz und Folk, in dem vor allem einheimische, weniger bekannte Bands spielen.

106 [H5] **Jazz Boat,** Čechův most, Metro A: Staroměstská, Pier Nr. 2 unterhalb der Brücke Čechův most, Tel. 731183180, www.jazzboat.cz, tägl. 20–23 Uhr. Abfahrt um 20. 30 Uhr. Auf den Flussfahrten des Jazz Boat, (inklusive Dinner, wenn man möchte), wird ein leicht verdaulicher Mix aus Dixieland und Swing geboten, der vor allem bei Touristen beliebt ist.

107 [F9] **Jazz Dock,** Janáčkovo nábřeží 2, Metro B: Anděl, Straßenbahn 9, 12, 15, Haltestelle Arbesovo náměstí, Tel. 774958838, April–Sept. Mo.–Do. 15–4, Fr./Sa. 13–4, So. 13–2 Uhr, Okt.–März Mo.–Do. 17–4, Fr./Sa. 15–4, So. 15–2 Uhr, Konzerte ab 22 Uhr, So. ab 17 und ab 21 Uhr, www.jazzdock.cz/en. Jazzklub mit lockerer Atmosphäre und guten Cocktails in einem Glaspavillon direkt am Smíchover Moldauufer. Gespielt wird gute Musik für jedermann, Blues, klassischer und moderner Jazz, Funk und Latin.

108 [H7] **Reduta,** Národní 20, Metro B: Národní třída, Tel. 224933487, www.redutajazzclub.cz/en, tägl. 21–24 Uhr, WLAN. Der renommierte Jazzklub ist der älteste und beste der Stadt. Hier waren bereits viele bekannte Jazzmusiker zu Gast. 1994 brachte Václav Havel den damaligen US-Präsidenten Bill Clinton hierher, der dann auch ein bisschen Saxofon spielte. Auf dem Programm stehen traditioneller und experimenteller Jazz, Jazzrock, Blues, Swing und Soul.

109 [I6] **Ungelt Jazz Blues Club,** Týn 2/Týnská ulička, Metro A: Staroměstská, Tel. 281869438, www.jazzungelt.cz, tägl. 20–1 Uhr, Konzerte ab 21 Uhr, Fr./Sa. ab 21.15 Uhr. Gemütlicher Jazz- und Bluesheller in historischem Gemäuer hinter dem Altstädter Ring.

Oper, Konzerte und Theater

Oper, Operette, Musical

110 [L6] **Musiktheater Karlín (Hudební divadlo Karlín),** Křižíkova 10, Metro B, C: Florenc, Tel. 221868666, www.hdk.cz/en. Dieses beliebte Prager Theater ist das einzige in Prag, das sich auf Operetten und Musicals spezialisiert hat. Das Repertoire umfasst Klassiker wie „Jesus Christ Superstar", „Bonnie & Clyde" oder „Carmen". Der absolute Publikumshit ist das tschechische Musical „Dracula".

32 [G8] **Nationaltheater (Národní divadlo).** Das prunkvolle Theater am Moldauufer wurde 1881 als Symbol der nationalen Wiedergeburt erbaut und gefeiert. Klassische und zeitgenössische Theaterstücke, Opern und Tanzaufführungen aus dem In- und Ausland kommen auf die Bühne. Bei einigen Vorstellungen wird auf einer

Anzeigetafel die deutsche Übersetzung geboten.

27 [J8] **Staatsoper (Státní opera).** Das ehemalige „Neue Deutsche Theater“ an der viel befahrenen Magistrale oberhalb des Wenzelsplatzes ist wegen Renovierung bis Sommer 2018 geschlossen.

9 [I6] **Ständetheater (Stavovské divadlo).** 1787 fand hier die Uraufführung von „Don Giovanni“ statt. Diese und andere Opern Mozarts gehören zum Standardprogramm.

Konzerte

2 [J6] **Gemeindehaus.** Das Jugendstilgebäude am Platz der Republik ist für Fans der klassischen Musik eine wichtige Adresse. Der Smetana-Saal ist die Heimstätte der Prager Symphoniker. Sehr empfehlenswert **(auch für Kinder)** sind die Darbietungen der führenden tschechischen und slowakischen Volksmusikensembles. Vor dem Eingang wird in stilechten Kostümen für die Konzerte geworben.

111 [J6] **Hybernia-Theater (Divadlo Hybernia),** Náměstí Republiky 4, Metro B: Náměstí Republiky, Tel. 221419420, www.hybernia.eu. In dem Haus werden vor allem Musicals aufgeführt. Aber auch Rockkonzerte und moderner Tanz stehen auf dem Programm.

14 [H6] **Klementinum.** Vivaldi, Beethoven, aber auch Jazz, Swing und mittelalterliche Orgelmusik: In der schönen Spiegelkapelle finden täglich ab 18 Uhr (in den Wintermonaten ab 17 Uhr) Konzerte statt. Wegen Renovierung bis Ende 2017 geschlossen.

12 [G6] **Rudolfinum.** Seit mehr als sechs Jahrzehnten ist das Rudolfinum Sitz der Tschechischen Philharmoniker und der zentrale Veranstaltungsort des **Musikfestivals Prager Frühling** (s. S. 107). Neben Konzerten und anderen kulturellen Veranstaltungen werden in der Galerie interessante Wechselausstellungen gezeigt.

Theater und Kleinkunst

112 [I7] **Black Light Theatre Srnec,** Na Příkopě 10 (im Palais Severin), Metro A, B: Můstek, Tel. 774574475, www.srnec theatre.com, Eintritt 580 Kč, Studenten 500 Kč. Das kleine, 1961 gegründete Theater war eines der ersten Schwarzlichttheater weltweit. Seitdem ist das mittlerweile stark verjüngte Ensemble in 68 Staaten aufgetreten. In 90-minütigen Inszenierungen zaubern Tänzer und Mimen auf der Bühne poetische Welten hervor und bringen das Publikum durch ihren tiefgründigen Humor zum Lachen. „Antologia“ – das bisher erfolgreichste Stück – entführt die Zuschauer in szenischen Darbietungen in die Geschichte des Theaters.

113 [G8] **Laterna Magica,** Národní 4, Metro B: Národní třída, Tel. 224901417, www.narodni-divadlo.cz/en/laterna-magika, Eintrittskarten 290–690 Kč. Von der Konkurrenz mehrfach kopiert, in der Perfektion und im Ideenreichtum aber nie erreicht: die Multimediashow Laterna Magica. Erstmals wurde sie 1958 im tschechoslowakischen Pavillon bei der Weltausstellung in Brüssel präsentiert. Die mittlerweile in die Jahre gekommene Show verzichtet auf Sprache und setzt auf eine eindrucksvolle Kombination aus Filmprojektion, Schauspiel, Tanz, Musik, Pantomime und Lichteffekten. Bei Kindern besonders beliebt: der „Kleine Prinz“.

114 [H6] **Nationales Marionettentheater (Národní divadlo marionet),** Žatecká 1, Metro A: Staroměstská, Tel. 224819323, www.mozart.cz, Eintritt 590 Kč für Erwachsene, 490 Kč für Kinder und Studenten. Die Tickets sind auch online erhältlich. Seit 1991 werden hier „Don Giovanni“, Mai–August auch „Die Zauberflöte“ in netten und **auch für Kinder geeigneten Puppenversionen** gezeigt.

115 [E8] **Švanda Theater (Švandovo divadlo),** Štefánikova 57, Metro B:

Anděl, Straßenbahn 9, 12, 20, Haltestelle Švandovo divadlo, Tel. 257318666, www.svandovodivadlo.cz/en. Einheimische und internationale Theaterstücke, klassisch und modern, mit englischen Obertiteln. Auch alternative Projekte und Konzerte.

116 [K6] **Theater Archa (Divadlo Archa),** Na Poříčí 26, Metro B: Náměstí Republiky, Tel. 221716333, www.divadloarcha.cz/en. Das renommierte Archa-Theater wird von Liebhabern auch als „alternatives Nationaltheater" wahrgenommen. Es setzt auf innovative Projekte, Wechsel der Genres, eine Mischung von Sprache, Tanz und Musik, moderne Technologie, internationale und eigene Projekte und Inszenierungen. Der Schwerpunkt liegt auf zeitgenössischer Kunst, die im Sommer auch unter freiem Himmel präsentiert wird. Es ist nicht unbedingt notwendig, Tschechisch zu verstehen, um sich hier wohlzufühlen.

Kartenvorverkauf

- **117** [I7] **Bohemia Ticket International,** Na Příkopě 16, Metro A, B: Můstek, Tel. 224215031, www.bohemiaticket.cz/ticket-offices, Mo.–Fr. 9–18 Uhr, Sa. 10–17 Uhr, So. 10–15 Uhr. Auch E-Tickets.
- **118** [J7] **Ticket Art,** Politických vězňů 9, Metro A, B: Můstek, Tel. 222897552, www.ticket-art.cz, Mo.–Fr. 9–19 Uhr. Auch E-Tickets.
- **119** [I8] **Ticketpro,** Václavské naměstí 38 (in der Passage Rokoko), Metro A, B: Můstek, www.ticketpro.cz/jnp/en/home/index.html, tägl. 9–14, 14.30–20 Uhr. Auch E-Tickets. Karten für Konzerte und andere Veranstaltungen sind auch in den Visitor Centres erhältlich (s. S. 126).

Einkaufsbummel auf dem Wenzelsplatz 25

Prag für Kauflustige

Internationale **Modelabels, böhmisches Kristall** und **Holzspielzeug,** Antiquitäten, Bücher, **Naturkosmetik, bunte Marionetten,** alte **Schallplatten** – in Prag ist alles erhältlich, vor allem aber lässt sich hier abseits der Shoppingzentren noch manche Überraschung entdecken. Etwa Kleidung origineller einheimischer Modedesigner oder manche antiquarische Kostbarkeit inmitten von Trödel in kleinen Läden der Altstadt und der Kleinseite.

Die meisten Geschäfte gruppieren sich rund um den **Wenzelsplatz** 25 und in den Einkaufsstraßen **Na Příkopě** [I7–J6] (Am Graben) und **Národní** [G8–H7] (Nationalstraße). Internationale Modedesigner führen Geschäfte in der mondänen Straße **Pařížská** [H5/6] (Pariser Straße). Rund um den Altstädter Ring 4 haben sich vor allem Glas- und Souvenirgeschäfte für Touristen angesiedelt. Beliebte Mitbringsel sind auch der tschechische Kräuterlikör Becherovka und Karlsbader Oblaten.

Antiquitäten und Kunst

120 [E6] **Ahasver,** Prokopská 3, Metro A: Malostranská, Straßenbahn 12, 20, 22, Haltestelle Hellichova, Tel. 257531404, www.ahasver.com, Di.–So. 11–18 Uhr. Der kleine Vintage-Laden auf der Kleinseite ist eine Fundgrube für Menschen, die nach Retro-Textilien und Accessoires aus dem vergangenen Jahrhundert suchen. Auch alte böhmische und mährische Trachten sind hier erhältlich sowie ausgesuchte Kleingegenstände aus Glas, Porzellan und Keramik. Die Preise sind fair, die englischsprachigen Besitzer hilfsbereit.

121 [H7] **Art Deco Galerie,** Michalská 21, Metro A, B: Můstek, Tel. 224223076,

www.artdecogalerie-mili.com, Mo.–Fr. 14–19, Sa. 14–18 Uhr. Johnny Depp, Hilary Swank und Jean Paul Gaultier haben hier schon vorbeigeschaut. Fans von Art-déco-Design werden den Laden lieben. Er verkauft Glas, Kleinmöbel, Bilder, Lampen, Vasen und Vintageschmuck.

122 [E8] **Starožitnosti pod Kinskou,** Náměstí Kinských 7/76, Metro B: Anděl, Straßenbahn 9, 12, 15, Haltestelle Arbesovo náměstí, www.antique-shop.cz, Mo.–Sa. 10–18 Uhr. Eleganter und geräumiger Laden mit Wohnzimmeratmosphäre, der auf antike Gemälde, alte Möbel, Lampen und kleine Dekogegenstände spezialisiert ist. Das aktuelle Angebot kann man sich auch online anschauen.

Bücher

123 [K11] **Amadito & Friends,** Fričova 11, Metro C: I. P. Pavlova, Straßenbahn 6, 11, Haltestelle Nuselské schody, Tel. 257222257, Di. 12–17, Do. 9–13 Uhr, www.amadito-shop.com. Der kleine und sehr sympathische Kinderbuchladen wurde von einer Deutschen, zwei Französinnen und einer Amerikanerin gegründet. Er führt Kinder- und Jugendbücher auf Deutsch, Französisch und Englisch (neu und gebraucht, auch online bestellbar).

124 [H6] **Antikvariát Judaica,** Široká 7, Metro A: Staroměstská, So.–Fr. 10–18 Uhr, www.antikvariat-judaica.cz, Tel. 222318876. In dem Laden im Jüdischen Viertel findet man eine gute Auswahl an alten und neuen Bücher, vor allem mit jüdischen Themen, einige auch auf Deutsch.

125 [I6] **Kafkovo knihkupectví,** Staroměstské nám. 12, Metro A: Staroměstská, tägl. 10–19 Uhr. Wer nach Werken von Franz Kafka und weiteren deutsch-jüdischen Prager Literaten sucht, wird hier fündig.

126 [I8] **Kanzelsberger-Orbis,** Václavské náměstí 42, Metro A, B: Můstek, Tel. 224217335, https://firma.kanzelsberger.cz/prodejny/praha-1-orbis, Mo.–

012pr Abb.: gz

Sa. 8–20 Uhr, So. 9–20 Uhr. Modernes Buchgeschäft der bekannten Buchhandelskette am Wenzelsplatz, das auch CDs, Musiknoten und fremdsprachige Bücher führt.

127 [J8] **Palác knih Luxor,** Václavské nám. 41, Metro A, B: Můstek, Mo.–Fr. 8–20 Uhr, Sa. 9–19 Uhr, So. 10–19 Uhr, www.neoluxor.cz. Prags größte Buchhandlung mit guter Auswahl an fremdsprachigen Büchern. Im Erdgeschoss findet man auch deutsche Übersetzungen tschechischer Autoren.

128 [M10] **Shakespeare & Sons,** U Lužického semináře 10, Metro A: Malostranská, tägl. 11–19 Uhr, www.shakes.cz, Tel. 257531894. Beliebte und gut sortierte englische Buchhandlung mit neuen, aber auch gebrauchten Büchern und einem Café, in dem häufig Autoren lesen und Livejazz gespielt wird.

Kaufhäuser

129 [I6] **Kotva,** Náměstí Republiky 8, Metro B: Náměstí Republiky, www.od-kotva.cz/en, tägl. 9–20 Uhr. Das schwarze Einkaufszentrum am Platz der Republik mit Bäckereien und einem Supermarkt mutet zwar noch sozialistisch an, aber unter seinem Dach kann man über Schreibwaren und Kosmetik bis hin zu Mode, Elektronik oder Möbeln alles kaufen, oft günstiger als anderswo.

130 [H7] **Quadrio,** Spálená 22, Metro B: Národní třída, Mo.–Sa. 8–21, So. 9–21 Uhr, www.quadrio.cz. Von der Metrostation gelangt man direkt in die Einkaufspassage des 2014 eröffneten Einkaufszentrums im Zentrum Prags. Der vierstöckige Gebäudekomplex beherbergt mehr als 60 Geschäfte und Restaurants. Er ist direkt mit dem benachbarten Einkaufszentrum MY verbunden.

Prager lesen für ihr Leben gern

Shoppingareale

Die wichtigsten Shoppingbereiche der Stadt sind im Kartenmaterial mit einer rötlichen Fläche markiert.

Den Platz vor dem Hinterausgang dominiert der elf Meter hohe „Kopf" von Franz Kafka, eine Installation des bekannten Künstlers David Černý.

Einkaufspassagen

131 [I7] **Černá růže,** Na Příkopě 12, Metro A, B: Můstek, www.cernaruze.cz, Mo.-Fr. 10-20 Uhr, Sa. 10-19 Uhr, So. 11-19 Uhr. Der mehrstöckige, moderne Gebäudekomplex „Schwarze Rose" beherbergt viele Cafés und Shops. Kaufen kann man hier beispielsweise Sportartikel der Marke Adidas, Damen- und Herrenmode von G-Star oder Glas von Moser.

132 [I7] **Myslbek,** Na Příkopě 21, Metro A, B: Můstek, www.ngmyslbek.cz, Mo.-Sa. 9-20 Uhr, So. 10-19 Uhr. Modernes Gebäude mit Cafés in der Einkaufsstraße Am Graben. Einkaufen kann man hier in Läden großer Modeketten wie beispielsweise H&M, Guess, Gant oder Vagabund.

133 [J6] **Palladium,** Náměstí republiky 1, Metro B: Náměstí Republiky, www.palladiumpraha.cz, So.-Mi. 9-21 Uhr, Do.-Sa. 9-22 Uhr. Moderner Konsumtempel mit fünf Stockwerken, etwa 200 Geschäften, Restaurants und Cafés. Auch Kinderspielecken sind vorhanden.

134 [J6] **Slovanský dům,** Na Příkopě 22, Metro A, B: Můstek, tägl. 10-20 Uhr, www.slovanskydum.cz/en. Hier gibt es Shops mit Marken wie Beltissimo, Weekend Max Mara oder Cerrutti Jeans, gute Restaurants und Cafés. Außerdem im Haus: das Multikino in Dolby-Stereo-Qualität mit tschechischen Filmen mit englischen Untertiteln (siehe auch S. 103).

Musik

135 [I7] **Bontonland-Megastore,** Václavské nám. 1 (Passage Koruna, im Untergeschoss), Metro A, B: Můstek, http://en.bontonland.cz, Mo.-Fr. 9-20, Sa. 10-20, So. 10-19 Uhr. Prags größter Musikladen mit CDs, DVDs, Playstation-Spielen und Videos.

136 [I6] **Via Musica,** Staroměstské nám. 14, Metro A: Staroměstská, www.viamusica.cz/de/index.php, April-Okt. tägl. 10-20 Uhr, Nov.-März 10-18 Uhr. Der Musikladen im Schatten der Teynkirche 6 ist auf klassische Musik, Jazz und tschechische Folklore spezialisiert. Außerdem kann man hier Eintrittskarten für Konzerte erwerben.

Glas und Porzellan

137 [I6] **Granát,** Na Příkopě 23 (in der Pánská-Passage), Metro A, B: Můstek, Tel. 242451068, www.granat.cz/de/laden, Mo.-Fr. 10-20, Sa./So. 10-18 Uhr. Auf dunkelrot leuchtenden böhmischen Granatschmuck spezialisierter Laden.

EXTRATIPP

Der größte Flohmarkt Prags

Im Prager Stadtteil Vysočany findet jedes Wochenende der größte Flohmarkt der Stadt statt. Dieser *bleší trh* (Flohmarkt) ist für Sammler ein Paradies. Für die Vitrine oder den Schrank zu Hause findet man hier Trödel aller Art, nicht nur aus Tschechien, sondern auch aus Nachbarländern – zu Preisen, die immer noch viel günstiger sind als in Westeuropa.

138 **Flohmarkt (Bleší trhy),** U Elektry, Metro B: Hloubětín, danach mit dem kostenlosen schwarz-gelben Shuttlebus „Bleší trhy", www.blesitrhy.cz, Sa./So. 6-13.30 Uhr

139 [I7] **Moser,** Na Příkopě 12 (in der Passage Černá růže, 1. Stock), Metro A, B: Můstek, Tel. 224211293, www.moser-glass.com/en/pages/moser-shop-in-prague-na-prikope-12, Nov.–März Mo.–Fr. 10–20, Sa./So. 10–19 Uhr, April–Okt. tägl. 10–20 Uhr. Die Glasmanufaktur Moser, älteste und traditionsreichste Böhmens, beliefert seit 1857 die europäischen Königshöfe. Das exklusive Glasgeschäft ist auch ohne Kaufabsicht einen Besuch wert – wegen der hochwertigen, wunderschönen Kristallwaren, aber auch wegen der alten Kassettendecke und der Kronleuchter. Die Preise für die erlesenen Kristallstücke bewegen sich in astronomischer Höhe. Eine weitere Filiale der traditionsreichen Glasmanufaktur findet man an der Ecke Celetná Straße und Altstädter Ring, in Staroměstské náměstí 15.

Mode

140 [I7] **Baťa,** Václavské nám. 6, Metro A, B: Můstek, Mo.–Sa. 9–21, So. 10–21 Uhr. Sechs Stockwerke mit modischen Schuhen für Frauen, Männer und Kinder. Auch Sportartikel und preisgünstige Accessoires kann man hier kaufen. Der Gründer der bekannten Kette, Tomáš Baťa (1876–1932), stammte aus dem mährischen Städtchen Zlín.

141 [I7] **Denim Heads,** Konviktská 30, Metro B: Národní třída, www.denimheads.cz, Tel. 224283974, Mo.–Sa. 11–19 Uhr. Skandinavische und amerikanische Freizeitmode für den modebewussten Mann: karierte Hemden aus dicker Baumwolle, hochwertige Jeans junger Designer, Boots, die nicht nur eine Saison halten. Die Qualität hat allerdings ihren Preis.

142 [I6] **První Republika,** Templová 6, Metro B: Náměstí Republiky, Tel. 727843197, www.prvni-republika.com, tägl. 10–20 Uhr. Der auf den ersten Blick eher unscheinbare Prager Store des beliebten dänischen Kultlabels Noa Noa in einer Gasse unweit vom Altstädter Ring lässt die Herzen der Liebhaberinnen des nostalgischen, an vergangenen Zeiten orientierten und dennoch modernen und schlichten Modestils höher schlagen: In hellem Ambiente werden unter anderem Mäntel und Jacken im Sixties-Look präsentiert, lange Röcke und verspielte Blusen, die an das Paris der 1930er-Jahre erinnern, dazu gleich auch passende Schuhe im Charleston-Stil und Accessoires, die man sonst nicht so leicht findet. Nicht billig, aber originell.

143 [H6] **Report's,** Žatecká 55/Ecke Široká, Metro A: Staroměstská, Tel. 224813948, www.reports.cz, Mo.–Fr. 10–19, Sa. 11–17 Uhr. Ein Tipp für die Herren, die auf hohe Qualität, klassisches Design und eine fachkundige Beratung stehen. „Reporter", ein kleiner Laden in einer Gasse nahe dem Altstädter Ring, ist spezialisiert auf italienische Mode, etwa klassische Mäntel und elegante Accessoires.

144 [H6] **The Item,** Žatecká 8, Metro A: Staroměstská, Tel. 772273238, www.theitem.cz, Mo.–Fr. 11–19, Sa. 11–18, So. 12–17 Uhr. Originelle Kleidungsstücke und Accessoires von weniger bekannten internationalen Designern. Neues und secondhand. Hip und sogar bezahlbar.

Tschechische Designer

145 [H6] **Bohéme,** Dušní 8, Metro B: Náměstí Republiky, Tel. 224813840, www.boheme.cz, Mo.-Fr. 11-19 Uhr, Sa. 11-17 Uhr. Die Boutique „Bohéme" bietet moderne und qualitativ hochwertige Strick- und Lederwaren: Pullover, Cardigans, Röcke, Taschen und Accessoires aus Leder.

146 [H7] **Botas 66,** Skořepka 4, Metro A, B: Můstek, www.botas66.com, Tel. 776855443, Mo.-Sa. 11-19, So. 11-17Uhr. Farbenfrohe Sneakers der tschechischen Ostalgie-Kultmarke Botas.

147 [J8] **if...Art & Fashion Gallery,** Mezibranská 9, Metro A, C: Muzeum, Mo.-Fr. 9-14 Uhr, www.ivanafollova.com/en/uvod, Tel. 222211357. Jedes Stück in diesem schönen Laden ist ein Original. Das bevorzugte Material der Prager Designerin Ivana Follová ist Seide und Chiffon.

148 [I6] **Klára Nademlýnská,** Dlouhá 3, Metro B: Náměstí Republiky, Tel. 224818769, www.klaranademlynska.cz, Mo.-Fr. 10-19 Uhr, Sa. 10-18 Uhr. Die tschechische Topdesignerin Klára Nademlýnská hat ihre beruflichen Erfahrungen zunächst in der Modestadt Paris gesammelt. Ihre Modeentwürfe sind feminin, haben klare Linien und raffinierte Details. Die Hosen, Blusen, Tops und Abendkleider sind zwar nicht billig, aber mit etwas Glück kann man hier ein Schnäppchen machen, um das man zu Hause garantiert beneidet wird.

149 [I6] **Tatiana,** Dušní 1, Metro B: Náměstí Republiky, Tel. 224813723, www.tatiana.cz, Mo.-Fr. 10-19 Uhr, Sa. 11-17 Uhr. Die Designerin Tatiana Kovaříková spezialisiert sich auf klassische Abendmode. Wer nach einem witzigen Cocktailkleid im Retrostil sucht, wird hier fündig.

◁ *Weltberühmt: das böhmische Glas*

150 [I6] **Timoure et group,** V Kolkovně 6, Metro B: Náměstí Republiky, Tel. 222327358, www.timoure.cz, Mo.-Fr. 10-19, Sa. 11-17 Uhr. Zwei junge tschechische Modedesignerinnen, Saša und Ivana, setzen in ihren limitierten Serien für Frauen auf gute, einfallsreiche Schnitte und Tauglichkeit für den Alltag. Die Lieblingsfarben der beiden sind offensichtlich: Die meisten Modelle sind in weiß, schwarz, beige, blau oder grau gehalten.

Musikinstrumente und Musikalien

151 [K9] **Antikvariát Vinohradská,** Rumunská 28, Metro A: Náměstí Míru, Tel. 224251220, www.antikvariat-vinohradska.cz, Mo.-Fr. 10-18 Uhr. Gut sortiertes Musikalienantiquariat mit gebrauchten Noten und alten Schall-

EXTRATIPP

Erholung vom Einkaufstrubel

- Auf einem der schönsten Plätze der Kleinseite kann man sich im charmanten Restaurant **Café de Paris** (s. S. 85) ausruhen, bis 11 Uhr frühstücken oder auf der kleinen Terrasse zu Klängen von Chansons ein Glas Wein trinken.
- Auf der schattigen Dachterasse des **Adria-Cafés** (s. S. 83), nur einen Katzensprung vom Wenzelsplatz entfernt, kann man in Ruhe eine Zeitung lesen und bei einem Cappuccino das Treiben in der Geschäftstraße Národní beobachten.
- Die Glasgalerie **Slovanský dům** (s. S. 101) lockt mit moderner Architektur, Boutiquen und dem guten italienischen Restaurant Kogo (s. S. 90). Im Sommer haben im Innenhof ein Biergarten, mehrere Lokale und Cafés geöffnet. Im Dezember findet dort ein Weihnachtsmarkt statt.

platten von Beethoven bis hin zu Karel Gott & Co.

152 [H7] **Maximum Underground,** Jilská 22 (1. Stock), Metro A, B: Můstek, Tel. 724307198, www.maximum.cz, Mo.–Sa. 11–19 Uhr. Beste Auswahl an CDs, LPs und DVDs mit alternativer und experimenteller Musik, Blues, Soul, Country, Hard- und Indie-Rock, Punk etc. Mit einem Street-Fashion-Shop.

Souvenirs und Kunsthandwerk

153 [I6] **Botanicus,** Týn 2 und 3, Metro A: Staroměstská, www.botanicus.cz, tägl.10–20 Uhr. Zwei im nostalgischen Apothekenlook eingerichtete Shops verkaufen hochwertige und schön verpackte Produkte auf rein pflanzlicher Basis – Cremes, Shampoos, Seifen, Badeöle oder Küchenkräuter. Sie werden auf einem Bauernhof bei Prag hergestellt.

154 [I7] **Le Patio Lifestyle,** im Palais Mozarteum, Jungmannova 30, Metro A, B: Můstek, Tel. 224934402, www.lepatiolifestyle.com, Mo.–Sa. 10–19 Uhr, So. 11–19 Uhr. Schmiedeeiserne Stühle und Lampen, mediterrane Keramik, schwere Bodenvasen, hübsche französische und tschechische Weingläser, Kerzen und Stoffservietten für einen festlichen Abend.

155 [I6] **Manufaktura,** Celetná 12, Metro B: Náměstí Republiky, www.manufaktura.cz ,tägl. 10–20 Uhr. Große Auswahl an handgefertigten Produkten aus Holz, Stein, Leinen oder Bienenwachs, ätherischen Ölen, traditionellen Weihnachtsartikeln, bemalten Ostereiern und Naturkosmetik. Weitere Filialen im gesamten Stadtgebiet, eine befindet sich im Gebäude des Prager Hauptbahnhofs.

156 [H6] **Mucha Boutique,** Maiselova 5, Metro A: Staroměstská, Tel. 222240090, tägl. 10–19 Uhr, www.muchaplockova.com/boutique. Die Besitzerin des eleganten Ladens ist die Enkelin des Jugendstil-Künstlers Alfons Mucha (1860–1939). In limitierten Serien stellt sie Schmuckstücke, Porzellangeschirr, Glasvasen, Seidentücher und kleine Dekorationsgegenstände nach Entwürfen ihres berühmten Großvaters her.

157 [G8] **Papelote,** Vojtěšská 9, Metro B: Národní třída, Tel. 774719113, www.papelote.eu, Mo.–Fr. 11–19 Uhr, Sa. 12–18 Uhr. Selbst geschöpftes Geschenkpapier, farbenfrohe Notizbücher, Hefte, Buchumschläge und vieles mehr – alles aus recyceltem Papier.

158 [F6] **Truhlář Marionety,** U Lužického semináře 5, Metro A: Malostranská, Tel. 602689918, tägl. 10–21 Uhr, www.marionety.com. In dem kleinen Laden auf der Kleinseite bekommt man keine Massenware, sondern die schönsten Holzmarionetten der Stadt. Jede Puppe ist ein originelles Kunstwerk, erzählt ihre Geschichte und ist in der besten tschechischen Tradition mit Liebe zum Detail von Hand gefertigt. Die Qualität hat allerdings ihren Preis.

Straßenmärkte

159 [H7] **Havelský trh (Gallusmarkt),** Havelská, Metro A, B: Můstek, tägl. 6–18.30 Uhr. Der bekannteste und älteste Prager Markt: Obst und Gemüse, Holzspielzeug, Souvenirs und Schmuck.

160 [M4] **Pražská tržnice (Prager Markthalle),** Bubenské nábřeží 306/13, Metro C: Vltavská, Straßenbahn Nr. 1, 14, 25, Haltestelle Pražská tržnice, Mo.–Sa. 8–20 Uhr. Der größte Volksmarkt Prags mit Obst- und Gemüseständen, billiger Kleidung und Schuhen, Elektrogeschäften, Läden mit Haushaltswaren und Autozubehör, Hallen mit nicht mehr so billigen antiquarischen Möbeln und Imbissbuden.

Schatten für Mensch und Tier spendet im Sommer die Slawische Insel (Slovanský ostrov) [G8]

Prag zum Träumen und Entspannen

Hektisches Großstadttreiben und Scharen von Touristen sind zwar für Prag charakteristisch, doch hat die Stadt auch ihre ruhige Seite.

Die grüne **Insel Kampa** 34, gleich in der Nähe der Karlsbrücke 16, lädt zu einem Spaziergang ein. Wer mag, kann sich auch in der Sonne auf der Wiese ausstrecken. Ebenso bietet der **Laurenziberg** 52 Ruhe und Erholung – und zudem einen herrlichen Ausblick auf die Stadt. Wem die Stadt zu viel wird, der macht es wie ein Prager: Er taucht in die Stille von **Stromovka** ein. Der Baumgarten, wie sein Name übersetzt heißt, zählt zu den schönsten und größten Prager Parks. Spaziergänger, Hundehalter, Inlineskater, Jogger, Kinder, Studenten – alle kommen hierher.

› **Stromovka:** Metro C: Vltavská, danach mit der Straßenbahn 6, 12, 17 zur Haltestelle Výstaviště

Gegenüber dem Nationaltheater 32 liegen zwei Inseln, die im Sommer von vielen Pragern aufgesucht werden: die **Slawische Insel** und die **Schützeninsel.** Zur **Slawischen Insel** (Slovanský ostrov, durchgehend geöffnet) führt eine kleine Steinbrücke. Auf der Insel gibt es einen Kinderspielplatz und einen Verleih von **Ruderbooten.** Das imposante Gebäude im Neorenaissancestil, Žofín, beherbergte 1848 den ersten Panslawischen Kongress – daher der Name der Insel. Die abgeschiedene **Schützeninsel** (Střelecký ostrov) verwandelt sich im Sommer in ein Kulturzentrum für Jugendliche mit täglichem **Open-Air-Kino und Konzerten.** Man erreicht sie über die Brücke Most Legií.

Ganz besonderen Flair verbreiten **alte Friedhöfe,** unter ihnen der Friedhof Olšany im Stadtteil Žižkov, gleich neben dem Neuen Jüdischen Friedhof (s. S. 70). Seine melancholische Atmosphäre macht ihn sonntags zum Ziel vieler Spaziergänger. Angelegt wurde er im 17.Jh. als Altstädter Pestfriedhof.

•**161** [G8] **Bootsverleih Slovanka,** April–Okt. tägl. 11–23 Uhr, Tel. 777870511, www.slovanka.net, 200 Kč/Std., Motorboote 250 Kč/30 min. Angeboten werden auch bunte Tretschwäne und romantische nächtliche Schifffahrten mit Booten, die mit Petroleumlampen ausgestattet sind (20–24 Uhr, 250 Kč/Std.).

•**162** [P8] **Friedhof Olšany (Olšanské staré hřbitovy),** Vinohradská 153 (Haupteingang), Metro A: Flora, tägl. bis 17 Uhr geöffnet, im Sommer bis 19 Uhr

023pr Abb.: gz

Zur richtigen Zeit am richtigen Ort

Klassik und Jazz, Film, Theater und Literatur – in Prag ist immer etwas los. So einzigartig die Architektur der Stadt ist, so vielfältig ist ihr kulturelles Angebot. Am schönsten ist die Stadt im Frühling, wenn alles blüht und grün leuchtet. Von ihrer magischen Seite zeigt sie sich im Herbst, wenn über der Moldau der Nebel aufsteigt. Im Winter sorgen die Weihnachtsmärkte und barocke Kirchanklänge für eine Wohlfühlatmosphäre. Im Sommer, wenn die meisten Theater geschlossen sind, verwandeln sich Prager Plätze, Gassen und Palastgärten in Kulturbühnen mit originellen Darbietungen unter freiem Himmel. Der Festkalender aber ist zu jeder Jahreszeit voll.

Offizielle Feiertage

- **Neujahr** (Nový rok): 1. Januar
- **Karfreitag** (2016 eingeführt)
- **Ostermontag** (Velikonoční pondělí)
- **Tag der Arbeit** (Svátek práce): 1. Mai
- **Ende des Zweiten Weltkrieges** (Den vítězství nad fašizmem): 8. Mai
- **Tag der slawischen Apostel Kyrillos und Methodios** (Svátek sv. Cyrila a Metoděje): 5. Juli
- **Tag der Verbrennung des Predigers Jan Hus** (Výročí upálení Jana Husa): 6. Juli
- **Tag des hl. Wenzel** (Svátek sv. Václava): 28. September
- **Gründungstag der Tschechoslowakischen Republik** (Den založení Československé republiky): 28. Oktober
- **Tag des Freiheitskampfes** (Výročí sametové revoluce): 17. November
- **Weihnachten** (Vánoce): 24.–26. Dez.

Januar

- Die erste Januarwoche beginnt im Takt klassischer Musik: In den schönsten Prager Häusern wie im Nationaltheater 32, dem Gemeindehaus 2 und im Rudolfinum 12 finden die Neujahrskonzerte statt. Am beliebtesten ist das Neujahrskonzert der Tschechischen Philharmonie im Rudolfinum (www.ceskafilharmonie.cz)

Februar

- Maskenumzüge, Akrobaten, Gaukler: Jedes Jahr zur Faschingszeit feiern bunt verkleidete Narren an unterschiedlichen Orten in der Altstadt, in Palais, Museen und Galerien, aber auch im Freien und in Restaurants, den **Bohemian Carneval Praha** (www.carnevale.cz).

März

- Kinolegenden wie Claude Lelouch, Roman Polanski oder Nikita Michalkov haben das internationale Filmfestival **Febio-Fest** mit ihrer Anwesenheit beehrt. Dabei begann die Megaveranstaltung 1993 ganz bescheiden. Während in den zwölf Kinosälen des Multiplex-Kinos CineStar Anděl in Smíchov die Filmliebhaber auf ihre Kosten kommen, starten abends unten in den Tiefgaragen die Partys im Rhythmus von World Music, Jazz, Blues und Rock (www.febiofest.cz).
- Das internationale Filmfestival **One World** will ein Zeichen setzen und auf Menschenrechtsverletzungen in der Welt hinweisen. Gezeigt werden neue und bereits preisgekrönte Filmproduktionen in den Kinos

Lucerna, Světozor, Atlas, Evald und im Bio Konvikt Ponrepo (www.oneworld.cz).

- Die ersten Frühlingsstrahlen feiern Prager Kinder mit ihren Eltern und Großeltern traditionell auf dem Messegelände, wo von Anfang März bis Mitte April das traditionelle **Matthiasfest (Matějská pouť)** stattfindet, ein Jahrmarkt mit Konzerten, Karussells und einer Achterbahn (www.matejskapout.cz).

April

- Anfang der 1990er-Jahre riefen einige EU-Diplomaten die **Europäischen Filmtage** ins Leben. Das tschechische und internationale Publikum sieht zehn Tage lang das Beste aus der neuesten Filmproduktion der EU-Länder (www.eurofilmfest.cz).
- Zum Frühlingsanfang werden in Tschechien die bösen Hexen – natürlich nur Puppen – verbrannt. Das traditionelle **Hexentreiben** findet am 30. April auf der Insel Kampa 34 auf der Kleinseite statt.
- Bunt bemalte Ostereier, Spielzeug aus Holz, Handwerk aus Glas und Metall – das alles und viel mehr gibt es bei den traditionellen **Ostermärkten** am Altstädter Ring 4 und am Wenzelsplatz 25 zu kaufen.

Mai

- Am Tag der Arbeit, dem **1. Mai,** müssen die Prager keine Militärparaden mehr über sich ergehen lassen. Viele Paare ziehen heute zum Denkmal des romantischen Dichters Karel Hynek Mácha aus dem 19. Jh. auf dem Laurenziberg 52 und legen Blumen nieder.
- Seit 1995 präsentieren internationale Verlagshäuser ihre Neuerscheinungen bei der **Prager Buchmesse** im Ausstellungsgelände Výstaviště (www.bookworld.cz).
- Der Monat steht ganz im Zeichen der wichtigsten kulturellen Veranstaltung des Jahres, des internationalen **Musikfestivals Prager Frühling.** Dreieinhalb Wochen lang präsentieren sich in den Opernhäusern und Konzertsälen internationale Spitzenorchester und Stars der klassischen Musik. Den feierlichen Auftakt macht Smetanas Zyklus symphonischer Dichtungen „Má vlast“ im Gemeindehaus 2. Seit 2017 wird das Eröffnungskonzert auch auf auf einer Großleinwand auf der Kampa-Insel 34 übertragen (Eintritt frei, www.festival.cz).
- Das internationale **Roma-Musikfestival Khamoro** (Ende Mai bis Anfang Juni) erfreut sich immer größerer Beliebtheit. Ergänzend zu den Auftritten internationaler Roma-Musiker finden Fotoausstellungen, Filmvorführungen und Workshops statt (www.khamoro.cz).

Juni

- Seit fast 30 Jahren werden jeden Juni auf einigen Theaterbühnen ambitionierte Tanzchoreografien aufgeführt. Schwerpunkt des internationalen Tanz-Festivals **Dance Prague** ist der zeitgenössische Tanz, Hauptveranstaltungsort ist das Tanztheater Ponec (www.tanecpraha.cz).
- Pop, Rock, Indie, Jazz und Folk: Jedes Jahr in der vorletzten Juniwoche verwandeln sich die Prager Moldau-Inseln Kampa 34, die Schützeninsel und manche Parks in der Innenstadt in eine heiße, große Open-Air-Bühne. Der Eintritt zu dem **Internationalen Musikfestival United Islands** ist frei, das Programm wird in den Nachtstunden in ausgewählten Klubs fortgesetzt (www.unitedislands.cz).

Juli

- **Sommerfestival der Alten Musik:** Barock- und Renaissancemusik, präsentiert von internationalen Künstlerensembles in Kirchen, Klöstern und Palais (www.letnislavnosti.cz, Juli–August)

EXTRATIPP

Aquapalace: Badespaß zu jeder Jahreszeit

Auch an grauen Tagen kann man in Prag Sommerfeeling genießen. Mit einer Fläche von 9150 m² ist der Aquapalace im Südosten der Stadt das größte Erlebnisbad Mitteleuropas. „Toboggans", Riesenrutschen, eine 450 m lange Wildwasserbahn, ein Wellenbad, eine große Saunalandschaft, eine Kinderspielecke und ein acht Meter tiefes Tauchbecken bieten Spaß für Groß und Klein. Anschließend kann man sich bei einer Massage oder einer Gesichtsbehandlung verwöhnen lassen. Mehrere Restaurants und Bars sorgen für das leibliche Wohl. Abends werden im Wellenbad unterhaltsame Lasershows gezeigt (20.45 und 21.15 Uhr).

S163 **Aquapalace,** Pražská 138, Geschäftszone Průhonice-Čestlice, Metro C: Opatov, dann mit dem kostenfreien Aquabus, Tel. 271104202, www.aquapalace.cz/de, Mo.–Fr. 10–22, Sa./So. 9–22 Uhr, Saunalandschaft bis 23 Uhr, Eintritt Wasserwelt: Erw. 3 Std. 499 Kč, Kinder 100–150 cm 329 Kč, Familien 1399 Kč, nach 16 Uhr 599/399/1499 Kč, Tageskarten 719/469/1699 Kč, Kinder bis 100 cm gratis

August

› **Sommerfestival des Zirkus:** In der zweiten Augusthälfte locken internationale und einheimische Zirkusstars Kinder und Erwachsene in den Letná-Park. Das zweiwöchige Festival wird mit einem Feuerwerk eröffnet (www.letniletna.cz).

September/Oktober

› Am ersten Septemberwochenende finden auf der Insel Kampa 34 **traditionelle Töpfermärkte** statt. Keramikhersteller aus dem ganzen Land verkaufen hier ihre Ware, begleitet von einem umfangreichen Programm mit Theater und Musik.

› Das internationale Musikfestival **Dvořáks Prag** ist eine musikalische Verbeugung vor dem bedeutendsten böhmischen Komponisten Antonín Dvořák. Namhafte Orchester und Solisten präsentieren in mehreren Konzerten an verschiedenen Orten vor allem seine Werke (www.dvorakovapraha.cz).

› Für Freunde der Jazzmusik beginnt jetzt eine große Zeit: Das zweiwöchige **Internationale Jazz-Festival** geht auf den Reduta Jazz Club (s. S. 96) zurück, wo 1964 das erste Festival stattfand. Heute treten in vielen Jazzkneipen zunehmend auch internationale Musiker auf, die neben klassischem Jazz Jazzrock, Acid-Jazz, World Music, Blues oder Funk spielen (www.jazzfestivalpraha.cz).

November

› **Theaterfestival in deutscher Sprache:** Im November gehören einige der wichtigsten Bühnen ausgewählten Theaterensembles aus Deutschland, Österreich und der Schweiz. Die Idee dazu entstand 1996, die Tradition des deutschsprachigen Theaters in Prag ist jedoch viel älter und wurde erst mit Beginn des Zweiten Weltkrieges unterbrochen (www.theater.cz/de).

Dezember

› **Weihnachtsmarkt:** Glühwein und Grillwürste, Kunsthandwerk, Streichelzoo und Open-Air-Adventskonzerte vor der Kulisse der Teynkirche 6 – das alles macht Prager Weihnachten am Altstädter Ring 4, am Wenzelsplatz 25, auf der Burg 42 und an vielen anderen Plätzen für Einheimische wie Besucher jedes Jahr unwiderstehlich.

PRAG VERSTEHEN

003pr Abb.: he

024pr Abb.: gz

Das Antlitz der Metropole

Die knapp 1,3 Millionen Prager lieben ihre Stadt und sind bei aller Nörgelei stolz auf sie. 25 Einwohner ballen sich auf jedem Hektar der insgesamt 49.613 ha Stadtfläche. Zum Vergleich: In München und Wien leben etwa 40 Menschen auf einem Hektar. Aus der zu kommunistischen Zeiten tristen Stadt ist eine **bunte, quicklebendige Metropole** hervorgegangen, die sich auf ihre einstige Bedeutung in der europäischen Geschichte und Kultur besinnt. Als Zeugen der ruhmreichen Vergangenheit blieben prächtige Baudenkmäler erhalten – Romanik, Gotik und vor allem Barock und Jugendstil prägen das Gesicht der Stadt. Es ist keine Übertreibung, von Prag als einer der schönsten Hauptstädte weltweit zu sprechen. Nur selten findet man eine so **hohe Konzentration an Baudenkmälern** vor. Kaum eine andere europäische Stadt hat einen so kompakten, unversehrten Stadtkern, der zurecht zum **UNESCO-Weltkulturerbe** gehört. Das liegt vor

Altstädter Ring (4) *bei Nacht*

Vorseite: Ein Puppenspieler auf der Karlsbrücke (16)

KURZ & KNAPP

Die Stadt in Zahlen

- **Gegründet:** Im 6. Jh. v. u. Z. siedelten sich auf Prager Gebiet Slawen an.
- **Einwohner:** 1.272.774 (2017)
- **Stadtbezirke:** 22 (nummeriert)
- **Höhe ü. M.:** 235 m

Alles im Fluss

Prag liegt zentral im westlichen Tschechien, an der Moldau im Prager Becken. Der Fluss teilt die Stadt auf einer Länge von 31 km. Die Kontrolle über die Moldau und die Handelsstraße war für die früheren Herrscher Prags von existenzieller Bedeutung. In den Anfängen entwickelten sich zwei Machtzentren: Westlich der Moldau liegt die Burg 42*, östlich davon der Vyšehrad* 53*, beide im frühen Mittelalter Fürstensitze. Nach der Altstadt (10. Jh.), der ersten und bedeutendsten Niederlassung, entstanden Neustadt, Kleinseite und Hradschin, die mit insgesamt 40.000 Einwohnern zu den größten Städten im mittelalterlichen Europa gehörten. Erst 1784 wuchsen sie zur kaiserlich-königlichen Stadt zusammen. Für die Prager spielte die* ***Moldau*** *immer eine wichtige Rolle. Sie* ***inspirierte Dichter und Schriftsteller.*** *Bedřich Smetana schuf ihr in dem gleichnamigen Satz seiner symphonischen Dichtung aus seinem Zyklus „Mein Vaterland" ein musikalisches Denkmal, das für das tschechische Ohr wie eine zweite Nationalhymne klingt. Die Moldau zeigt zuweilen aber auch ein bedrohliches Gesicht, so 2002, als sie während* ***des schlimmsten Hochwassers in der Geschichte der Stadt*** *Altstadt und Kleinseite überflutete. 2013 trat die Moldau wieder über ihre Ufer, acht Metrostationen mussten vorübergehend geschlossen werden.*

allem daran, dass Prag den Zweiten Weltkrieg relativ unbeschadet überstanden hat. In das Straßenbild fügen sich **elegante Geschäftsstraßen, mittelalterlich anmutende Plätze** und **Gassen**, ruhige **Flussinseln** und grüne **Parks** ein. Von der kommunistischen Zeit zeugen wiederum heute noch die seelenlosen **Plattenbauten**, die wie ein Gürtel um Prag liegen, verfallene Fabrik- und Lagerhallen, Gebäude, die seit Jahren auf einen neuen Anstrich warten. Auch das ist nicht uninteressant, die wahre Schönheit Prags entfaltet sich aber in der Innenstadt.

Die tschechische **Wirtschaft** ist stabil, seit 2000 betrug das Wirtschaftswachstum jährlich etwa 2,6 %. Diese Entwicklung setzt sich auch 2017 fort. Ausländische Investoren bringen Kapital, die Tourismusbranche bilanziert jedes Jahr neue Umsatzzuwächse. Die Arbeitslosigkeit in Tschechien lag in der ersten Hälfte 2017 bei 3,4 % (in Prag bei 3,2 %) und war damit die niedrigste innerhalb der EU.

Aber mit westlichem Lebensstil und freier Marktwirtschaft kamen nach der Wende auch neue **Probleme:** steigende Preise, akuter Mangel an bezahlbaren Wohnungen, Verkehrschaos, Umweltverschmutzung, Kriminalität, Korruption und wachsende soziale Unterschiede. Die Prager beobachten diese Entwicklung kritisch. Trotz allem sind zwei Drittel der Tschechen zufrieden mit dem Systemwechsel von 1989, wie 2016 eine Umfrage des tschechischen Meinungsforschungsinstituts CVVM ergab – auch wenn der schnelle Wandel einen hohen Tribut fordert.

Der **Mythos Prag** hat sich in das Gedächtnis Europas tief eingeschrieben. Der **Golem**, geschaffen aus Lehm, um die jüdische Gemeinde vor Unheil zu schützen, ist aber wie das ganze mystische Prag nur eine Erfindung reisender Schriftsteller und Romantiker des 19. Jahrhunderts. Golems angeblichen Schöpfer Rabbi Löw gab es dagegen wirklich, aber er war kein mystischer Kabbalist, sondern ein nüchterner Gelehrter. Autoren wie Gustav Meyrink und Leo Perutz haben das Bild vom mystischen Prag geprägt, das eng verbunden ist mit dem melancholischen Herrscher Rudolf II., der Kunst und Wissenschaft förderte und den alchimistischen Künsten zugetan war.

Für literarisch interessierte Besucher ist Prag vor allem die **Stadt von Kafka.** Die Tourismusindustrie hat Franz Kafka zum Marketingartikel gemacht: Sein Bild ziert Ansichtskarten, Tassen und T-Shirts. Aber seine Stadt, das Prag der Tschechen, Juden und Deutschen, gibt es nicht mehr. In das bunte Stadtbild passt auch die düstere Golemfigur nicht, sie wurde in die Souvenirläden verbannt – auch wenn einige behaupten, den Golem in der Neigung der Prager zur Melancholie gefunden zu haben.

Viele Tschechen zieht es in die **Hauptstadt.** Hier gibt es Arbeit, höhere Gehälter, ein reiches kulturelles Leben, Universitäten und Hochschulen. Jeder zweite Hochschulabsolvent will nach seinem Studium in Prag bleiben. Die Kluft zwischen der Hauptstadt und den ärmeren Regionen wächst zusehends. Zwei Drittel aller ausländischen Touristen kommen nur nach Prag, fast alle großen ausländischen Firmen lassen sich hier nieder. Das Bruttohaushaltsprodukt ist in der Hauptstadt doppelt so hoch wie in den ärmsten Regionen – und das alles in einem Land mit nur 10,5 Millionen Bürgern.

Der hl. Wenzel wacht über dem nach ihm benannten Platz 25

Von den Anfängen bis zur Gegenwart

Fast jeder Platz, jede Straße erzählt Geschichte. Prag war seit seiner Entstehung vor mehr als 1000 Jahren der Hauptschauplatz der böhmischen Geschichte – und der Ort, an dem freies Denken gedieh und historische Umwälzungen mit Auswirkungen für ganz Europa ausgelöst wurden. Die Moldaustadt erlebte glanzvolle Phasen unter der Herrschaft Karls IV. oder Rudolfs II., aber auch Hussitenkriege, schwedische Belagerung, Gegenreformation und den Zweiten Weltkrieg, in dem die jüdische Gemeinde fast ausgerottet wurde. Der Konflikt zwischen Tschechen und Deutschen mündete nach 1945 in die Vertreibung der deutschen Minderheit. Zwischen den Weltkriegen war die Tschechoslowakei eine Insel der Demokratie in Europa, die über ein höheres Bruttoinlandsprodukt verfügte als der österreichische Nachbar. Nach gut 40 Jahren kommunistischen Regimes ist Prag, früher hinter dem Eisernen Vorhang versteckt, eine stolze europäische Metropole geworden.

6. Jtsd. v. u. Z. Die ältesten Spuren menschlicher Besiedlung auf Prager Gebiet.

6.-2. Jh. v. u. Z. Nach dem keltischen Stamm der Bojen wird das Territorium „Bohemia“ genannt. Germanen verdrängen die Kelten. Slawen siedeln sich an.

9. Jh. Gründung des Großmährischen Reiches durch Mojmír I. Die christlichen Missionare Konstantin (Kyrill) und Method aus Byzanz führen die slawische Liturgie ein.

935: Fürst Wenzel wird auf Befehl seines Bruders Boleslav getötet, später kanonisiert und zum Patron Böhmens erklärt.

1169 Vladislavs II. Gemahlin Judith lässt die erste Prager Steinbrücke errichten.

1197–1253 Unter Přemysl Ottokar I. wächst die militärische Macht Böhmens stark an. Der böhmische König muss nicht mehr vom deutschen Kaiser gewählt, sondern lediglich bestätigt werden.

1306 Mit dem Tod von Fürst Wenzel (Václav) III. stirbt die 400 Jahre lang herrschende männliche Linie der Přemysliden-Dynastie aus.

1355 Karl IV. erwirbt den Titel des römischen Kaisers. Er macht Prag zur bedeutendsten Stadt des Reiches, gründet die Universität, die Neustadt, lässt die Karlsbrücke errichten.

1402 Jan Hus predigt in der Bethlehemskapelle in der Landessprache und will die Kirche nach dem urchristlichen Armutsideal reformieren. Am 6.7.1415 wird Hus wegen Ketzerei verurteilt und in Konstanz auf dem Scheiterhaufen verbrannt.

1419–1434 Die Revolte der Hussiten beginnt 1419 mit dem „Ersten Prager Fenstersturz". Aufgebrachte Bürger werfen zwei katholische Ratsherren aus den Fenstern des Neustädter Rathauses. Papst Martin V. ruft zum Kreuzzug gegen Böhmen auf. Die Hussiten werden bei Lipany (1434) von den katholischen Heeren besiegt.

1471–1516 Unter Vladislav Jagellon wird die böhmische Krone geteilt, in Mähren und in der Lausitz regiert der ungarische König Mathias Corvinus.

1526–1564 Böhmen fällt an die Habsburger.

1583–1611 Rudolf II. macht Prag zum Mittelpunkt der Künste in Europa. Das „goldene Zeitalter Prags" beginnt.

1618 „Zweiter Prager Fenstersturz": Drei prohabsburgische Burghalter werden von der Ständeopposition aus den Fenstern der Burg geworfen. Der Ständeaufstand mündet in den Dreißigjährigen Krieg.

1620 In der Schlacht am Weißen Berg bei Prag am 8.11.1620 erleidet das Ständeheer eine endgültige Niederlage. 300 Jahre lang wird Böhmen von Wien aus regiert.

1634–1648 Schwedische Truppen belagern Prag. Die Bilanz des Dreißigjährigen Krieges: Die Einwohnerzahl sinkt um ein Drittel, katholische ausländische Adlige übernehmen die Hälfte der Adelsresidenzen.

1744 Kaiserin Maria Theresia lässt alle Juden aus Böhmen vertreiben. Der Erlass wird wegen wirtschaftlicher Nachteile nach vier Jahren aufgehoben.

1780–1790 Ihr Sohn Joseph II. lässt das protestantische Bekenntnis wieder zu. Kirchen und Klöster werden aufgelöst. 1784 entsteht aus den vier Prager Städten (Altstadt, Neustadt, Kleinseite und Hradschin) eine Stadt mit gemeinsamer Verwaltung. 1787 Uraufführung der Oper Don Giovanni von W. A. Mozart im Ständetheater.

025pr Abb.: gz

1848 Die Tschechen lehnen die Eingliederung Böhmens in ein vereinigtes Deutschland ab und fordern eine konstitutionelle Föderation gleichberechtigter Nationen statt der Monarchie. Die deutsche Minderheit wird aus Machtpositionen verdrängt.

1867 Die Verhandlungen um den böhmisch-österreichischen Ausgleich scheitern an Deutschen und Ungarn. Die tschechische Sprache setzt sich in Schulen und Ämtern durch. Tschechen und Deutsche gehen zunehmend auf Konfrontation.

1914–1918 Im Ersten Weltkrieg laufen Tausende tschechische Soldaten der österreichischen Armee über und kämpfen an der Seite Frankreichs, Russlands und Italiens gegen die Habsburger und für die Selbstständigkeit ihres Landes.

28.10.1918 Entstehung der ersten selbstständigen Tschechoslowakischen Republik mit T.G. Masaryk als Präsident.

1919–1938 Die Spannungen zwischen den Bevölkerungsgruppen wachsen. Im Parlament sind tschechische, slowakische, deutsche, ungarische und jüdische Parteien vertreten.

29.9.1938 Die Vertreter Deutschlands (Hitler), Italiens (Mussolini), Großbritanniens (Chamberlain) und Frankreichs (Daladier) unterzeichnen das Münchner Abkommen: Tschechoslowakische, überwiegend von Deutschen besiedelte Grenzgebiete müssen an das Deutsche Reich abgetreten werden.

1939–1945 Am 14.3.1939 wird in Bratislava die Slowakische Republik ausgerufen, ein Satellitenstaat Hitler-Deutschlands. Einen Tag darauf besetzen deutsche Truppen die „Rest-Tschechei". Das „Protektorat Böhmen und Mähren" entsteht.

1945 Am 5. Mai bricht der Prager Aufstand aus. Drei Tage später endet der Zweite Weltkrieg. Die Sudetendeutschen werden aus dem Land vertrieben.

1948 Gewaltlose „Machtergreifung" der Kommunisten. Das Land gelangt in politische und wirtschaftliche Abhängigkeit von der Sowjetunion.

1968 Der „Prager Frühling", eine Reformbewegung für einen „Sozialismus mit menschlichem Antlitz", wird von den Armeen des Warschauer Paktes gewaltsam unterdrückt.

1977 Die oppositionelle Menschenrechtsbewegung „Charta 77" wird gegründet.

1989 Die „samtene Revolution" bringt das kommunistische Regime in Prag zu Fall.

1992–1993 Die Tschechoslowakei wird friedlich, allerdings ohne eine Volksabstimmung, in die Tschechische und die Slowakische Republik geteilt. Erster tschechischer Präsident wird der ehemalige Dissident Václav Havel (1936–2011).

2002 Prag wird von einem „Jahrhunderthochwasser" heimgesucht.

2004 Aufnahme in die Europäische Union.

2014 Seit den vorgezogenen Wahlen regiert das Land die Mitte-Links-Regierung des Sozialdemokraten Bohuslav Sobotka.

2016 Tschechien gehört zu den schärfsten Kritikern einer Verteilungsquote für die Flüchtlinge in Europa. Nationalistische Töne beherrschen zunehmend den politischen Diskurs.

2017 Eine Steueraffäre des Finanzministers führt zu einem Vertrauensbruch innerhalb der äußerst instabilen Regierungskoalition. Die Regierungskrise wird durch die Dauerfehde zwischen Premier und Präsident verschärft. Im Herbst 2017 finden Parlamentswahlen statt.

▷ Der Altstädter Ring **4**, *das Herz der Prager Altstadt, wird heute von Touristen beherrscht*

026pr Abb.: gz

Leben in der Stadt

Von den fast 1,3 Millionen Pragern sind etwa 173.000 **Ausländer:** Ukrainer, Slowaken, Russen, Vietnamesen, Deutsche, Polen, Amerikaner. Doch es fehlt an bezahlbaren Wohnungen. Fast zwei Drittel der Prager wohnen in den *paneláky,* Plattenbausiedlungen, in denen neue Einkaufszentren entstanden. Wo die Stadt am schönsten ist, gehört sie nicht mehr den Pragern. Vor allem junge Familien, aber auch viele Alteingesessenen können sich die hohen Mietpreise kaum noch leisten, ohne sich stark zu verschulden, und ziehen lieber in die Peripherie. Die **Kluft zwischen Arm und Reich** wächst. Alles wird teurer: Restaurants, Lebensmittel, Wohnungen und sogar das Nationalgetränk Bier. Etwa 95.000 Obdachlose leben inzwischen auf Prager Straßen (Stand: 2017) und ihre Zahl wächst.

Ähnlich wie in Ungarn, der Slowakei oder Polen herrscht auch in Tschechien im Zusammenhang mit der **Flüchtlingskrise** Angst vor einer angeblichen „Überfremdung" und generell vor dem Islam. Politologen sehen mangelnde Erfahrung mit Migranten als eine der Hauptursachen. Die populistische, bisweilen sogar nationalistische Rhetorik vieler tschechischer Politiker, allen voran des Staatspräsidenten Miloš Zeman, trägt zu der schlechten Stimmung bei. Tschechien gehört zu den schärfsten Kritikern einer Quotenregelung bei der Verteilung von Flüchtlingen, laut Umfragen unterstützt diese Politik die Mehrheit der Tschechen, Bewohner Prags sind da keine Ausnahme. Zum Glück regt sich gegen die wachsende Fremdenfeindlichkeit aber auch Widerstand.

In einigen Stadtwinkeln blühen Prostitution und Drogenhandel, die Frem-

Homo Pragensis: die komplizierte Seele des Pragers

Als einen „nörgelnden Optimisten" hat Jiří Gruša, ehemaliger Botschafter in der BRD und Österreich, den Durchschnittstschechen beschrieben. Die Zustände sind schlecht, aber er ist gut und schlauer als alle anderen. So viel Schwejk ist in jedem Tschechen.

Der typische Prager, sofern derartige Verallgemeinerungen überhaupt zulässig sind, ist ein Mensch, der sich in seinem Denken und seinem Lebensstil ausgesprochen ungern bevormunden lässt. Das bekamen auch die Machthaber in der jüngsten Geschichte zu spüren: Im Widerstand gegen diese wirkte auch immer der Geist der populären Romanfigur aus dem antimilitaristischen, satirischen Schelmenroman von Jaroslav Hašek (1893–1923) mit, etwa im Prager Frühling, als die Bewohner der Stadt die Hinweisschilder auf den Straßen vor der Stadt umdrehten und die Panzerkolonnen des Warschauer Pakts damit zunächst in die Irre leiteten. „Ich habe das Gefühl, dass die Menschen hier immer irgendwie mit einer Form von Humor auch über schwierige Themen sprechen. Es gibt nicht diese absolute Schwere. Prag ist eine subversive Stadt", sagte 2013 die junge Berliner Schriftstellerin Tanja Dückers in einem Interview mit Radio Prag.

Die Tschechen, und das trifft auch auf die Prager zu, lieben zwar Humor, aber wehe, wenn man als Fremder Witze auf ihre Kosten macht. Dann reagieren sie dünnhäutiger als etwa die Deutschen, die in tschechischen Augen etwas humorlos und steif wirken.

Der „typische Prager" ist durchschnittlich 42 Jahre alt, neugierig und gesellig, diskutiert gerne und interessiert sich für Kunst, Politik und Literatur. In kaum einer anderen europäischen Stadt sieht man mehr Menschen mit einem Buch in der Hand als in Prag. Ein Prager misstraut Autoritäten in der Politik, der Kirche und der Gesellschaft. Nur die zunehmende Feindlichkeit gegenüber Roma und Migranten passt nicht in das Bild von Freidenkern und Individualisten.

Laut Statistik ist ein typischer Prager verheiratet, hat ein bis zwei Kinder, einen Job und verschuldet sich für eine Eigentumswohnung oder ein Haus. Er schimpft über Verkehrschaos, schmutzige Luft, steigende Preise und Touristen – aber sieht ***wie Schwejk*** *stets optimistisch in die Zukunft.*

027pr Abb.: gz

Die Prager haben Sinn für Humor

denfeindlichkeit gegen Roma ist wie in anderen postkommunistischen Ländern weit verbreitet.

Sorge bereitet den Pragern auch die zunehmende Luftverschmutzung, Hauptverursacher ist der starke Autoverkehr. Die engen **Straßen der Innenstadt** sind verstopft mit Autos, dazwischen drängen sich Pferdekutschen und Ausflugszüge. Nach einem Unfall oder bei Straßenbauarbeiten ist der Verkehr für mehrere Stunden lahmgelegt. Für die hohe Zahl von Automobilen ist die Infrastruktur vollkommen unzureichend, die Suche nach einem Parkplatz zerrt an den Nerven. Dabei verfügt Prag über einen vorzüglich funktionierenden **öffentlichen Nahverkehr,** dessen Rückgrat die von den Sowjets gebaute Metro mit ihren drei Linien bildet, ergänzt von einem dichten Netz von Straßenbahnen. In die Außenbezirke fahren regelmäßig Busse, in die Vororte Lokalzüge.

Mehr als sechseinhalb Millionen Touristen kommen jährlich in die tschechische Hauptstadt, in den Sommermonaten ist der Ansturm besonders groß. Die Zahl der Besucher hat sich in den vergangenen zehn Jahren fast verdoppelt. Statistiken zeigen, dass die meisten aus Deutschland kommen, gefolgt von US-Amerikanern, Briten, Italienern, Slowaken und Russen. Von den Zeiten des Party-Tourismus, in denen vor allem junge Deutsche und Briten wegen des billigen Biers nach Prag strömten, hat sich die Stadt endgültig verabschiedet. **Seit 2008 herrscht auf öffentlichen Plätzen ein Alkoholverbot.** Steigernde Preise verteuern den Pragaufenthalt ohnehin. Das Niveau der Dienstleistungen ist aber mit den Preisen nicht immer und überall gestiegen. Die Touristen sind vorsichtiger geworden, und für schlechtes Essen oder mürrische Bedienung wollen sie kein Geld ausgeben.

Prag prosperiert zwar noch durch den Tourismus, aber er scheint die Stadt zu verschlingen. Die engen Altstadtstraßen sind überfüllt, hupende Autos, rücksichtslose Segway-Fahrer, kreischende Straßenbahnen und schimpfende Taxifahrer gehören zum Alltag. Die Prager werden nervöser und unzufriedener, wie manche Psychologen zu erkennen glauben. Nach wiederholten Beschwerden der Einwohner verabschiedete der Stadtrat 2016 immerhin eine Verordnung, die die Benutzung von **Segways in der historischen Innenstadt verbietet.** „Ich glaube, wenn es so weitergeht, werden die Touristen aufhören, in unsere Stadt zu fahren“, warnte schon vor Jahren der 2011 verstorbene ehemalige Präsident Václav Havel. Für eine solch düstere Prophezeiung ist die Stadt jedoch zu schön.

Prag als Filmkulisse

Mal ist sie London, mal Paris – es vergeht kaum eine Woche, in der die Altstadt nicht als Kulisse für eine internationale Filmproduktion dient. Nicht immer zur Freude der Einheimischen.

Internationale Filmstudios haben Prag bereits in den 1980er-Jahren für sich entdeckt. Als einer der ersten Stars drehte 1983 Barbra Streisand für das Musical „Yentl“ in der Nähe der Karlsbrücke (16). Ihr folgte ein Jahr später der Exil-Tscheche und Oscar-Regisseur Miloš Forman, der in seiner Heimatstadt den Mozartfilm **„Amadeus“** drehte. Dafür gab es acht Oscars und eine Riesenwerbung für Prag. „Die Dreharbeiten zu Amadeus werde ich nie vergessen“, sagte Forman Jahre später. „Vor allem wegen der

028pr Abb.: gz

ständigen Überwachung durch die politische Geheimpolizei waren sie eine eindringliche Erfahrung.“ In den ersten Jahren nach der politischen Wende wurde Prag zum **„Hollywood des Ostens“**. Die Produktionskosten waren viel niedriger als im Westen, die Altstadt ist eine einzige Kulisse und die Filmstudios in Barrandov, tschechische Cutter, Tontechniker, Kameraleute und Maskenbildner haben einen hervorragenden Ruf. Tom Cruise erfüllte seine **„Mission: Impossible“** in Prag, im Stadtteil Olšany jagte Johnny Depp in **„From Hell“** den Serienmörder Jack the Ripper. Bruce Willis („Das Tribunal“) geriet durch wilde Partys mit tschechischen Models in die Schlagzeilen. Anfang 2017 erwischten tschechische Paparazzi vor dem Gemeindehaus ❷ Keira Knightley, wie sie sich während der Dreharbeiten zum neuen Historiendrama „The Aftermath“ fröstelnd eine Wärmflasche auf ihr Dekolleté presste.

Die Prager haben aber oft die Nase voll: Mal wachsen Palmen, mal wird Papierschnee gestreut, mal weisen Schilder den Weg zur Pariser Metro. Aber vor allem schränkt jede aufwendige Produktion die Bewohner der Altstadt ein: Straßensperren, geschlossene Geschäfte und Büros, gesperrte Parkplätze. Im August 2013, während der Dreharbeiten zum Hollywood-Film „Child 44“ mit Noomi Rapace, Tom Hardy und Gary Oldmann, mussten die Prager sogar eine vorübergehende Schließung einiger Metrostationen in Kauf nehmen. Der Produzent Ridley Scott wünschte sich eine authentische Kulisse, der Film spielt im Moskau der 1950er-Jahre. Nach anfänglicher Kritik nahmen es die meisten Hauptstadtbewohner jedoch mit Humor. Schließlich bringt Hollywood Glamour in die Stadt, außerdem profitieren Produktions- und Servicefirmen von Aufträgen, Hunderte Komparsen und Techniker bekommen Arbeit – und auch tschechische Stars und Sternchen dürfen gelegentlich mitspielen. Prag steht hoch im Kurs, auch wegen der gegenwärtig großen Beliebtheit historischer Serien. Filmemacher finden hier noch viele authentische, nicht sanierte Drehorte. Der vom ZDF coproduzierte Streifen „Borgia“ wurde in Teilen hier gedreht, die ARD filmte in der Nähe der Stadt 2014 „Die Hebamme“. Doch die Konkurrenz schläft nicht: Rumänien bietet noch niedrigere Produktionskosten, in Ungarn bekommen die Hollywoodstudios 20 % des im Land investierten Geldes zurück. Die tschechische Regierung hat nach anfänglicher Ablehnung nachgezogen und bietet ebenfalls 20 %. Die Stadt bleibt also der Liebling der internationalen Filmbranche.

PRAKTISCHE REISETIPPS

006pr Abb.: he

An- und Rückreise

Mit dem Auto

Die Autobahn A6/D5 zwischen Nürnberg und Prag ist die wichtigste Verkehrsverbindung zwischen Bayern und der Tschechischen Republik. Vom Grenzübergang bei Waidhaus/Rozvadov führt die Strecke über Pilsen direkt nach Prag. Fertig ist auch das letzte Stück der Autobahn aus Richtung Dresden (A17/D8), die jetzt durchgängig befahrbar ist. Von Wien kommend fährt man über die E59 direkt zur Autobahn D1 nach Prag. An der Autobahnverbindung von Wien nach Brünn wird noch gebaut.

Mit dem Flugzeug

Aus Deutschland, Österreich und der Schweiz fliegen nach Prag diese Fluggesellschaften:

› **Eurowings,** www.eurowings.com, Call Center Tschechien Tel. 228881350 (von Köln/Bonn, Berlin-Tegel, Dresden, Düsseldorf, Hamburg, Karlsruhe/Baden-Baden, Leipzig/Halle, Nürnberg, Stuttgart, Zürich, Basel, Genf, Salzburg, Klagenfurt, Wien)
› **Austrian Airlines,** www.aua.com, Call Center in Prag Tel. 227231231
› **Swiss,** www.swiss.com, Tel. in Prag 234008229
› **CSA,** www.czechairlines.de, Tel. in Prag 239007007
› **Lufthansa,** www.lufthansa.de, Tel. in Prag 234008234
› **Air Berlin,** www.airberlin.com (von Berlin-Tegel, Düsseldorf, Köln, Frankfurt, Stuttgart, Hamburg, Zürich), Reservierungshotline in Deutschland: Tel. 01806334334

Vorseite: Das Wenzelsdenkmal auf dem gleichnamigen Platz 25

Der internationale **Flughafen Václav Havel Prag** liegt 20 km vor der Stadt. Von hier aus gibt es mehrere Möglichkeiten, das Stadtzentrum zu erreichen. Am günstigsten fährt man mit dem Linienbus 119 bis zur Endstation Nádraží Veleslavín (keine Rolltreppen). Ab hier kann man mit der U-Bahn (Metrolinie A) bequem weiterfahren. Die Buslinie 100 fährt zwischen Flughafen und der Metrostation Zličín (Metrolinie B), die Buslinie 191 zur Metrostation Na Knížecí oder Anděl (Metrolinie B, [E10]). Der Fahrpreis beträgt jeweils 32 Kč.

Direkt vor dem Flughafengebäude halten Airport-Express-Busse (AE), die tägl. 5.30–22.30 Uhr in viertel- bis halbstündigem Rhythmus ins Zentrum (Náměstí Republiky, Metrolinie B, nur Ausstieg) und zum Hauptbahnhof Hlavní nádraží (Metrolinie C, Ein- und Ausstieg) fahren. Pro Person zahlt man – beim Fahrer – 60 Kč. Minibusse der Firma ČEDAZ bringen Reisende tägl. zwischen 7.30 und 19 Uhr alle 30 Min. ins Zentrum zum Platz Náměstí Republiky (Metrolinie B, Haltestelle V Celnici, www.cedaz.cz, 150 Kč p. P.). Für den Taxiservice FIX-Airport Cars sind etwa 560 Kč fällig (Tel. 722555525, www.fix-taxi.cz). Eine Fahrt ins Zentrum mit Taxi Praha, neben FIX der zweite offizielle Taxi-Betreiber am Flughafen, kostet ähnlich viel (Tel. 222111000, www.taxi-praha.cz). Beide garantieren einen Höchstpreis von 28 Kč pro km (plus Einstiegspreis von 40 Kč). Einige Fluglinien und größere Hotels bieten Pendeldienste an, die ab 600 Kč aufwärts kosten.

› **Flugauskunft:** Tel. 220111888 (nonstop), verlorene oder verspätete Gepäckstücke Tel. 220114483 (T1), 220113472 (T2)

Mit dem Zug

Eine Bahnfahrt in die tschechische Metropole bietet sich sehr gut zur Anreise an. Die meisten internationalen Züge kommen im Hauptbahnhof (Hlavní nádraží) [K7] an, der zentral in der Innenstadt liegt. Von hier aus kann man mit der Metrolinie C weiterfahren, die Automaten für die U-Bahn-Tickets befinden sich direkt vor dem Eingang in die U-Bahn. Direkte Bahnverbindungen gibt es u. a. von Frankfurt/Main (ca. 8½ Std.), von München (6 Std.), Nürnberg (5 Std.), Köln (Nachtzug, 12 Std.), Hamburg (6½ Std.) oder Berlin (4½ Std.). Reisende aus Wien erreichen Prag in etwa 4 Std. Aus Basel fährt abends (Abfahrt um 21.13 Uhr) ein Nachtzug direkt nach Prag. Die Fahrtdauer beträgt ca. 12 Sunden.

•**164** [K7] **Hlavní nádraží (Hauptbahnhof),** Wilsonova 8, Metro C: Hlavní nádraží

EXTRATIPP

Günstig mit der Bahn fahren

Da Zugtickets in Tschechien günstiger sind, lohnt es sich u. U., ein Ticket nur bis zur tschechischen Grenze zu kaufen (Reisende aus Bayern kaufen am besten das günstige Bayern-Ticket, das in bestimmten Zügen bis zur tschechischen Grenze gilt, Bayern-Böhmen-Ticket bis nach Pilsen) und im Zug dann die Strecke bis nach Prag zu zahlen. Euros werden akzeptiert, es gibt auch günstigere Gruppenpreise. Auch mit dem Europa-Spezial-Ticket kann man günstig nach Prag fahren, ab Berlin z. B. schon ab 29 €. Infos auf www.bahn.de, www.ssb.ch, www.oebb.at, www.cd.cz/de.

Mit dem Bus

Bequem und günstig ist die Reise mit dem Bus. Die meisten Busse aus dem Ausland halten am **Busbahnhof Florenc**, die Metrolinie C fährt ins Zentrum. Auch andere große Busbahnhöfe befinden sich in der Nähe einer Metrolinie. Es gibt regelmäßige **Eurolines-Verbindungen** (Eurolines ist ein Zusammenschluss von mehr als 30 europäischen Busunternehmen) zwischen Prag und vielen deutschen, österreichischen und Schweizer Städten. Die Fahrpläne findet man übers Internet, Bustickets kann man online buchen. Auch die Deutsche Bahn ist mittlerweile ins Busgeschäft eingestiegen. Komfortable, weiß-rote IC-Doppeldecker-Busse verkehren täglich zwischen München und Prag, zudem zwischen Prag, Pilsen, Nürnberg, Heidelberg und Mannheim sowie zwischen Leipzig und Prag. Auch **FlixBus** steuert die tschechische Hauptstadt von verschiedenen Städten in Deutschland und Österreich an (www.flixbus.de, www.flixbus.at). Die Ein- und Ausstiegsstation ist entweder der Busbahnhof Florenc oder die **Wilsonova-Straße** [J8–K5] direkt **vor dem Bahnhofgebäude** (Metro C: Hlavní nádraží, über die Fantova kavárna im obersten Stockwerk hinein/hinaus, Infos unter www.bahn.de).

•**165** [L6] **Busbahnhof Florenc,** Pod výtopnou 13/10 (Eingang in die neue Wartehalle), Metro B, C: Florenc, Informationen über Verbindungen Tel. 900144444, Infoschalter tägl. 5–24 Uhr, Tourismus-Info in der Abfertigungshalle tägl. 8.30–20.30 Uhr, www.florenc.cz

› www.eurolines.de, www.eurolines.at, www.eurolines.ch, www.elines.cz

Autofahren

Ein Auto ist in Prag nicht unbedingt notwendig. Alle Plätze und Straßen mit wichtigen Sehenswürdigkeiten sind für den Autoverkehr gesperrt, Parkplätze in der Innenstadt sind rar und teuer. Natürlich kann man aber auch mit einem Pkw durch die Stadt fahren, man sollte sich dabei allerdings in Geduld üben. Es gibt sehr oft Staus, viele mit Kopfstein gepflasterte Straßen und Straßenbahnen sowie Busse, denen man jederzeit Vorfahrt gewähren muss. Prager Autofahrer sind oft ungehalten und respektieren trotz Verbots die Fußgängerübergänge und die Überholverbote nicht immer. Während einer Besichtigung der autofreien Altstadt sollte man sein Fahrzeug lieber in der Garage seines Hotels stehen lassen. Viele kleinere Hotels in der Innenstadt haben allerdings keine eigenen Parkplätze, oder die Parkgebühr wird extra berechnet (ab 15€/Nacht). Eine Alternative sind die **Auffangparkplätze vom Typ P+R** (Park-and-Ride) mit direktem Anschluss an die U-Bahn.

Für tschechische Autobahnen ist eine **Vignette** Pflicht. Sie muss an der Windschutzscheibe befestigt werden und ist u.a. an Grenzübergängen und Tankstellen erhältlich. Bei einer Gültigkeitsdauer bis 10 Tage (dreieckig, Aufdruck „D") zahlt man 310 Kč.

Sicherheitsgurte sind Pflicht, für den Fahrer gilt ein **absolutes Alkoholverbot!** Die zulässige Höchstgeschwindigkeit innerhalb geschlossener Ortschaften beträgt 50 km/h, auf Landstraßen 90 km/h und auf Autobahnen und Schnellstraßen 130 km/h. Außer dem Führerschein sind Fahrzeugschein und die grüne Versicherungskarte mitzuführen. **Achtung:** Man muss ganzjährig auch tagsüber mit Abblendlicht fahren!

EXTRAINFO

Im September 2015 wurde in Prag der größte innerstädtische **Tunnelkomplex** Europas eröffnet. **„Blanka"** ist 6,4 km lang und soll den Verkehr im Zentrum entlasten. Er ist an den Strahov-Tunnel angeschlossen und führt u. a. unter dem Hradschin hindurch in Richtung Trója.

Parken

Am **Rand der Altstadt** gibt es mehrere öffentliche Parkhäuser, Tiefgaragen und auch bewachte Parkplätze, beispielsweise der bewachte Parkplatz in der Wilsonova-Straße (beim Hauptbahnhof), am Malostranské náměstí (Kleinseitner Platz 37), die Tiefgarage des Hotels Millenium Plaza in der Straße V Celnici 8 (Metro B, Náměstí Republiky), das Parkhaus in der Opletalova-Straße 9 (Nähe Wenzelsplatz 25) oder das Parkhaus des Hotels Intercontinental in der Pařížská 30 (beim Altstädter Ring 4).

Die Parkzonen im **Zentrum** sind mit Parkuhren versehen, die Parkdauer beträgt zwei bis sechs Stunden. Im Zentrum gibt es drei Parkzonen: Die für Anwohner reservierten sind blau gekennzeichnet, orange bedeutet, dass man max. sechs Stunden parken darf (ca. 30 Kč/Std.), in der grünen Zone bis zu zwei Stunden (ca. 40 Kč/Std.). Falschparker müssen mit einem saftigen Bußgeld rechnen.

Außerhalb der Innenstadt gibt es mehrere günstige **P+R-Plätze** (ca. 20 Kč/Tag), z. B. bei den Metrostationen Skalka (Linie A), Černý most, Nové Butovice, Palmovka, Rajská zahrada, Zličín (Linie B) und Chodov, Hostivař, Ládví, Letňany, Nádraží Holešovice sowie Opatov (Linie C).

Unfälle und Pannen

Auf Autobahnen und internationalen Routen findet man alle zwei Kilometer eine Notrufstation. Der Ústřední automobilový klub (UAMK, Zentraler Automobilklub) leistet rund um die Uhr Pannenhilfe (www.uamk.cz, Tel. 1230 bei Pannen, Tel. 261104333 für Informationen) und kooperiert mit den internationalen Automobilklubs.

Einen Rund-um-die-Uhr-Pannendienst bietet der Autoclub Bohemia Assistance (ABA), erreichbar unter Tel. 1240 (www.aba.cz).

Barrierefreies Reisen

Prag ist nicht gerade behindertenfreundlich. So sind schmale Bürgersteige und Kopfsteinpflaster in der Innenstadt für Menschen mit einer Gehbehinderung oder einem Rollstuhl nicht besonders geeignet. Die Stadt hat immerhin mehrere Niederflurbusse und Straßenbahnen gekauft, ein barrierefreier Zugang ist in 38 der insgesamt 61 Metrostationen möglich (darunter die Station Muzeum, ein Hauptverkehrsknotenpunkt im Nahverkehr, die stark frequentierten Metrostationen Národní třída, Hlavní nádraží, Florenc, Anděl, Vyšehrad, I.P. Pavlova und die Umsteigestation Můstek). U-Bahn-Ausgänge werden nach und nach behindertengerecht gestaltet. Die meisten Ampeln im Zentrum sowie einige Eingänge in die Metro wurden mit einem akustischen Signal für Sehbehinderte und Blinde ausgestattet.

- •166 [I6] **Organisation der Prager Rollstuhlfahrer** (Pražská organizace vozíčkářů), Benediktská 6, Tel. 224827210, www.pov.cz, Mo.–Do. 9–16, Fr. 9–15 Uhr. Hier ist auch die mehrsprachige Broschüre „Über die Barieren" erhältlich, in der Hotels, Restaurants, Bahnhöfe und andere öffentliche Gebäude mit behindertengerechter Austattung verzeichnet sind.
- › Unter der Woche fährt die für Rollstühle ausgestattete Buslinie H1 vom Hauptbahnhof und dem Platz Náměstí Republiky. Infos und Fahrpläne unter www.dpp.cz/de/sonderlinien-zum-transport-von-rollstuhlfahrern.

Diplomatische Vertretungen

- •167 [D6] **Botschaft der Bundesrepublik Deutschland,** Vlašská 19, Metro A: Malostranská, Tel. 257113111, www.prag.diplo.de
- •168 [E9] **Österreichische Botschaft,** Viktora Huga 10, Metro B: Anděl, Tel. 257090511, www.bmeia.gv.at/prag
- •169 [C4] **Schweizer Botschaft,** Pevnostní 7, Metro A: Dejvická, Tel. 220400611, www.eda.admin.ch/prag. Die Konsularabteilung der Schweizer Botschaft ist seit Oktober 2011 geschlossen. Ihre Aufgaben übernahm das Regionale Konsularcenter in Wien (Prinz-Eugen-Straße 9a, im Gebäude der Schweizer Botschaft, Tel. 0043179505).

Geld

Mit der Euroeinführung haben es die Tschechen nicht eilig, vor 2020 ist damit nicht zu rechnen. Bis dahin bleibt das gesetzliche Zahlungsmittel die **Tschechische Krone** (Česká koruna, Kč), unterteilt in 100 Heller. Bei Barzahlungen wird auf volle Kronen gerundet. Im Umlauf sind Münzen zu 1, 2, 5, 10, 20 und 50 Kč und Bankno-

Prag preiswert

- **Prague Card** (www.prague.eu/en/praguecard): Wenn Sie gleich mehrere Sehenswürdigkeiten, Museen und Galerien besichtigen wollen, lohnt sich der Kauf einer Prague Card, die in Visitor Centres (s. S. 126), im Tourismusbüro am Hauptbahnhof, in Museum-Shops der Prager Burg 42, in einigen weiteren Verkaufsstellen und online erhältlich ist. Es handelt sich um eine 2–4 Tage gültige Eintrittskarte, die freien Eintritt in über 50 Prager Orte ermöglicht: darunter Objekte der Prager Burg 42 (Tour B, s. S. 59), die Ausstellungen der Nationalgalerie (s. S. 77), der Pulverturm 1, das Altstädter Rathaus 5, Vyšehrad 53, die Štefánik-Sternwarte, das Labyrinth auf dem Laurenziberg 52 oder die Sehenswürdigkeiten des Jüdischen Viertels (18–24). Mit der Prague Card kann man zudem **kostenfrei mit öffentlichen Verkehrsmitteln** fahren, den Zoo besuchen (s. S. 129), an einer zweistündigen Stadtrundfahrt teilnehmen und 10–40 % Ermäßigung für weitere ausgewählte Museen, Sehenswürdigkeiten, kulturelle Veranstaltungen und Schifffahrten erhalten. Die Karte ist nicht übertragbar. **Beispiel:** Ein Erwachsener zahlt 58 € (Gültigkeit: 2 Tage), Kinder und Studenten 43 €, für drei Tage zahlt man 68 € bzw. 50 €. Bevor man sich für die Prague Card entscheidet, sollte man genau rechnen: Wer nur die Burg und ein Museum besichtigt, kommt mit einem Einzel- bzw. Familienticket günstiger davon.
- **Goldenes Gässchen 46 und Burghöfe bei Nacht:** 17–22 Uhr (im Winter 16–22 Uhr) hat man das Goldene Gässchen auf der Burg, abgesehen von verliebten Pärchen, für sich – gratis. Die historischen Häuschen sind allerdings geschlossen.
- **Freier Eintritt an bestimmten Tagen:** Während des „Internationalen Tages der Museen" (18. 5.) bieten viele Einrichtungen freien Eintritt. Während der „Prager Nacht der Museen" (meist 10. oder 11. 6., Infos: www.prazskamuzejninoc.cz) kann man von 19 bis 1 Uhr u. a. das Jüdische Museum 24, die Einrichtungen der Nationalgalerie und die Meet-Factory (s. S. 77) gratis besuchen.
- Freien Eintritt gibt es zu den **Dauerausstellungen der Nationalgalerie** (s. S. 77) für Kinder und Jugendliche bis 18 Jahre sowie für Studenten bis 26 Jahre.
- An vielen Wochenenden kann man die schönsten Räume des historischen Waldstein-Palais 40 kostenlos besichtigen.
- **Freie Fahrt für Senioren:** EU-Bürger, die älter als 70 Jahre sind, können in Prag kostenlos die öffentlichen Verkehrsmitteln nutzen. Als Nachweis genügt ein Personalausweis oder Reisepass.

069pr Abb.: gz

Umtauschkurse

1 Kč	=	0,038 €/0,04 CHF
1 €	=	26,48 Kč
1 CHF	=	24,14 Kč

(Stand: Juni 2017)

ten zu 100, 200, 500, 1000, 2000 und 5000 Kč. Geld sollte man erst in Tschechien umtauschen, da man hier bessere Konditionen erhält. Von einem **Geldumtausch** auf der Straße ist unbedingt abzuraten. Eine sichere Methode ist, in einer Bank Bargeld in tschechische Kronen zu tauschen, die Gebühr hängt von den Bestimmungen der Hausbank ab. Die meisten Geldinstitute sind an Wochenenden allerdings geschlossen. Der Bankautomat ist die einfachste Variante der Bargeldbeschaffung. Die Gebühren liegen je nach Bank bei mindestens 2 % der abgehobenen Summe, für die Umrechnung wird der aktuelle Wechselkurs der jeweiligen Bank angewendet. **Bei den Wechselstuben ist große Vorsicht geboten:** Die Abschläge bewegen sich zwischen 1 und 30 %. **Man sollte vorher immer nach dem exakten Auszahlungsbetrag fragen** – da gelegentlich mit Verkaufs- statt Ankaufskursen oder Kursen geworben wird, die nur für den Tausch großer Beträge gelten. Größere Hotels, Restaurants und Geschäfte akzeptieren EC- und Kreditkarten, in touristischen Gegenden kann man öfters auch mit Euro zahlen (vorher fragen).

Prag ist schon lange keine billige Stadt mehr. Vor allem im Zentrum sind die Preise für Unterkunft und Verpflegung nur noch geringfügig günstiger als in anderen europäischen Metropolen. Die **Preise** sind saisonal abhängig. Für ein Doppelzimmer in einem eleganten Hotel in der Innenstadt zahlt man im Sommer durchschnittlich 140–150 €. Wer aber im Spätherbst oder Winter nach Prag fährt, kann viel Geld sparen – der Durchschnittspreis für ein 4-Sterne-Hotel liegt dann bei ca. 110 €, oft auch darunter. Die Vielzahl an Hotelbetten zwingt Hoteliers, mit günstigen Angeboten zu locken. Es lohnt sich also, sich zu informieren und zu vergleichen.

Abseits der Touristenstrecken findet man viele preiswerte Lokale, die für 250 bis 300 Kč (9–11 €) ein ganzes Menü auftischen, für bescheidenere Ansprüche empfehlen sich einfache Kneipen. Wirklich billig sind in Prag die Fahrkarten für öffentliche Verkehrsmittel, etwas günstiger als im westlichen Ausland sind auch die Eintrittspreise für kulturelle Veranstaltungen – und Alkohol (vor allem Bier).

Den Euro hat Tschechien noch nicht, aber zumindest schon mal den passenden Hotdog

Hunde

Der Transport von Hunden ist **im öffentlichen Nahverkehr kostenlos,** ausgenommen auf der Flughafenlinie AE. Es gilt **Maulkorbpflicht.** Für die **Einreise** nach Tschechien sind der internationale Ausweis für Kleintiere (sog. „Pet Passport") und eine Bescheinigung über eine Tollwutimpfung erforderlich. Der Hund muss über einen **Chip** oder eine **Tätowierung** zur Identifizierung verfügen. Im Umgang mit Hunden ist Prag (noch) ziemlich gelassen: In öffentlichen **Parks** besteht in bestimmten Bereichen **keine Leinenpflicht.** Allerdings diskutiert die Stadtverwaltung gerade über eine neue Hundeverordnung (Stand: Frühjahr 2017), die das freie Laufenlassen von Hunden in den Parks restriktiver handhaben soll. Ob sie durchgesetzt wird, ist fraglich. Die meisten **Unterkünfte** sind hundefreundlich, verlangen für die Vierbeiner allerdings eine Gebühr.

Informationsquellen

Infostellen zu Hause

- **Deutschland:** Tschechische Zentrale für Tourismus, Wilhelmstraße 44, 10117 Berlin, Tel. 030 2044770, www.czechtourism.com
- **Österreich:** Tschechische Zentrale für Tourismus, Penzinger Str. 11–13, 1140 Wien, Tel. 004318920299, www.czechtourism.com

Infostellen in Prag

Die Visitor Centres des Prager Informationsdienstes (Tel. +420 221714714, www.praguecitytourism.cz/en/our-services/tourist-information-centres) sind die wichtigsten Auskunftsstellen vor Ort. Sie vermitteln Unterkünfte, verteilen kostenlose Stadtpläne, Informationsbroschüren, Kulturprogrammvorschauen und verkaufen Touristenfahrkarten und diverse Eintrittskarten.

- ℹ170 [H6] **Visitor Centre – Prague City Tourism im Altstädter Rathaus,** Staroměstské náměstí 1, tägl. 9–19 Uhr
- ℹ171 [I8] **Visitor Centre – Prague City Tourism am Wenzelsplatz,** Václavské náměstí/Ecke Štěpánská (Info-Kiosk), tägl. 10–18 Uhr
- ℹ172 **Visitor Centre – Prague City Tourism am Flughafen,** Terminal 2, Ankunftshalle, tägl. 8–20 Uhr
- ℹ173 [I7] **Visitor Centre – Prague City Tourism Na Můstku,** Rytířská 12, tägl. 9–19 Uhr

Prag im Internet

- **www.prag.cz:** allgemeine Informationen über Prag, die Geschichte der Stadt und den Verkehr sowie eine breite Auswahl von Restaurants im Zentrum und Unterkünften mit Last-Minute-Angeboten, auch auf Deutsch
- **www.prague.eu/de:** offizielle Internetseite von Prague City Tourism mit allen Informationen für die praktische Organisation einer Pragreise: Anreise, Unterkunft, ärztliche Notdienste und vieles mehr. Detaillierte Beschreibung der wichtigsten Sehenswürdigkeiten.
- **www.dpp.cz/de:** offizielle Informationen des Prager Verkehrsamtes, Hinweise zu den öffentlichen Nahverkehrsmitteln und konkreten Verbindungen (in deutscher Sprache)
- **www.cd.cz/de:** offizielle Seite der Tschechischen Bahn, mit Fahrplänen, Fahrpreisen und Bahnverbindungen in der Tschechischen Republik und ins Ausland (auf Deutsch)
- **www.jizdnirady.idnes.cz/autobusy/spojeni:** Busverbindungen im In- und ins Ausland (auch auf Deutsch)
- **www.ticketpro.cz:** Eintrittskartenvorverkauf für kulturelle Veranstaltungen in Prag (in Tschechisch und Englisch).
- **www.hrad.cz:** Infos über die Prager Burg, ihre Geschichte, Veranstaltungen (Englisch).
- **www.radio.cz/de:** Auf der Internetseite der deutschen Redaktion des Tschechischen Rundfunks, deren Sendungen man auch im Internet hören kann, findet man aktuelle Nachrichten und interessante Hintergrundberichte.

Prag-Apps

- **EUNIC:** 2014 gestartete App mit Infos zu aktuellen und geplanten Veranstaltungen der Kulturinstitute der EU-Länder in Prag (kostenlos für Android und iOS)

- **m.lunchtime.cz:** täglich aktualisierte Tagesmenüs in Prager Restaurants (kostenlos über den Smartphone-Browser aufrufbar)
- **TAXIcheck:** Preisgekrönte App der tschechischen Firma Et Netera, mit der sich betrügerische Taxifahrer entlarven lassen. Virtuelle Berechnung der tatsächlichen Fahrtkosten und optimalsten Routen (1,49 € für Android, 2,29 € iPhone).
- **Pubtran** zeigt die die beste Option für öffentliche Verkehrsmittel an, inkl. Fahrplan und Umsteigemöglichkeiten (kostenlos für Android).

Publikationen und Medien

Jeden Donnerstag erscheint die deutschsprachige **„Prager Zeitung"** (www.pragerzeitung.cz), die Informationen zu Politik, historischen Ereignissen, Sport und Kulturveranstaltungen und dazu gute Touristentipps bietet. Die Zeitung liegt in größeren Hotels aus oder ist an Zeitungskiosken am Wenzelsplatz 25 erhältlich. Dort bekommt man auch **Tageszeitungen** und Zeitschriften aus Deutschland, Österreich und der Schweiz. Auch **Stadtpläne** sind an Zeitungsständen und in den meisten Hotels erhältlich, außerdem noch in vielen Buchläden und Tourismusbüros. Die Visitor Centres (s. S. 126) verteilen Infobroschüren und Kulturprogramme auf Englisch.

Internet

Die meisten Hotels, Bars, Cafés und Fast-Food-Restaurants bieten kostenloses **WLAN.** Die Adressen von Internetcafés in Prag und in der Tschechischen Republik findet man unter www.netcafeguide.cz.

Unsere Literaturtipps

- *Peter Demetz:* ***Prag in Schwarz und Gold*** *(nur noch antiquarisch erhältlich). Der Literaturwissenschaftler kennt wie kaum ein anderer die tausendjährige Geschichte seiner Heimatstadt, die er spannend und kenntnisreich erzählt. Ein unübertroffenes Standardwerk.*
- *Hartmut Binder:* ***Prag. Literarische Spaziergänge durch die Goldene Stadt.*** *Auf Spaziergängen führt der Kafka-Spezialist in die schillernde Welt der Prager Literatur und stellt deutsch- und tschechischsprachige Schriftsteller vor: Franz Werfel, Rainer Maria Rilke, Max Brod, Jan Neruda, Egon Erwin Kisch und Jaroslav Hašek, aber auch zeitgenössische Autoren wie Ota Filip, Pavel Kohout, Milan Kundera.*
- *Lenka Reinerova:* ***Das Traumcafé einer Pragerin*** *(antiquarisch erhältlich). Sie war die letzte deutschsprachige Autorin in Prag und hat alle gekannt: Egon Erwin Kisch, Bodo Uhse, Franz Carl Weiskopf und Anna Seghers.*
- *Leo Perutz:* ***Nachts unter der steinernen Brücke.*** *Im Zentrum dieses historischen Romans über das Prag des 16. Jh. steht das magische Prag mit dem Rabbi Löw und dem Golem.*
- *Jaroslav Rudiš:* ***Die Stille in Prag.*** *Der melancholische, aber temporeich erzählte Roman eines der interessantesten tschechischen Schriftstellers der Gegenwart schildert anhand von fünf unterschiedlichen Protagonisten den Alltag in Prag.*

Medizinische Versorgung

Die Erste-Hilfe-Behandlung im Notfall ist in der Tschechischen Republik in der Regel kostenlos. Touristen aus EU-Ländern und der Schweiz können im Falle einer Erkrankung grundsätzlich medizinische Leistungen in staatlichen Krankenhäusern in Anspruch nehmen, die Kosten werden von ihrer Krankenversicherung erstattet. Dazu benötigt man als gesetzlich Versicherter die Europäische Krankenversicherungskarte, die von der eigenen Krankenkasse ausgegeben wird, allerdings keine Rückholversicherung beinhaltet. Daher wird zusätzlich der Abschluss einer **Auslandsreisekrankenversicherung** angeraten. Privatversicherte bezahlen wie immer die medizinische Leistung und rechnen danach mit ihrer Versicherung ab.

- 174 **Hospital Na Homolce,** Roentgenova 2, Stadtteil Motol, www.homolka.cz, Metro A: Nemocnice Motol, Tel. 257273289, Notfalldienst nachts, Wochenende, Feiertage: Tel. 257272191. Gut ausgerüstetes Krankenhaus mit fremdsprachigem Dienst.
- 175 [H10] **Medizinische Fakultät der Karlsuniversität,** U nemocnice 2, Metro B: Karlovo náměstí, Tel. 224961111 (Zentrale). Die meisten Ärzte des Universitätskrankenhauses sprechen deutsch oder englisch.
- 176 [G8] **Privatklinik Poliklinik in der Národní** (Poliklinika na Národní), Národní 9, 3. Stock, Metro B: Národní třída, Tel. 222075120, Mo.–Fr. 8.30–17 Uhr, www.poliklinika.narodni.cz. Krankenhaus in zentraler Lage, die meisten Ärzte sowie die Rezeptionistinnen sprechen englisch, einige auch deutsch.
- 177 **HNO Klinik,** Fakultätskrankenhaus, Dr. Aleš Hahn (spricht deutsch), Šrobárova 50, Tel. 267161111 (Zentrale)
- 178 **Kinderärztin Dr. Barbara Taušová** (spricht deutsch und englisch), Poliklinika Soukalova 3355/3, Tel. 244403114
- 179 **Canadian Medical Center,** Veleslavínska 1, www.cmcpraha.cz/en-US (auf Englisch), auch hier praktiziert die Kinderärztin Dr. Taušová, Tel. 235360133. Professionelle Privatklinik mit englischsprachigen Ärzten. Teuer.
- 180 [I8] **Apotheke mit Bereitschaftsdienst: Lékárna (Apotheke),** Palackého 5, Metro A, B: Můstek, Tel. 224946982
- 181 [H8] **Zahnärztlicher Bereitschaftsdienst:** Spálená 12, Stadtpoliklinik, Tel. 222924268, Mo.–Do. 19–6 Uhr, Fr. 16–6 Uhr, Sa./So. 24 Std.

Mit Kindern unterwegs

Auch für Kinder hat Prag einiges zu bieten. Auf dem Gipfel des **Laurenziberges** 52 etwa kann man mit den Kindern spielen, ein Picknick machen, die Aussicht auf die Türme der Stadt genießen oder wie Prager Familien die **Sternwarte** und das verwinkelte **Spiegellabyrinth** (s. S. 67) besuchen. Im Sommer lässt sich die Stadt nicht nur zu Fuß oder mit der Straßenbahn, sondern zum Teil auch mit einem **Ruder- oder Tretboot** erforschen. Die Boote werden auf der Moldauinsel Slovanský ostrov beim Nationaltheater 32 ausgeliehen (s. S. 105), wo es auch einen beliebten **Spielplatz** mit einem Kinderzug gibt. Dieser stellt eine Kopie eines historischen Dampfzuges dar. Sichere Kinderspielplätze findet man auch auf dem Laurenziberg 52 neben dem Eingang, auf der nördlichen Seite der Kampa-Insel 34 oder an der Vlašská auf der Kleinseite. Begeistert sind Kinder immer wieder von den Porträtmalern, Straßenmusikern und Gauklern auf der Karlsbrücke 16, beliebt sind auch die Schiff- und Pferdekutschenfahrten. Ein beliebtes Spektakel ist auch die Wachablösung auf der Burg 42. Bei schlechtem Wetter kann man das **Spielzeugmuseum** (s. S. 76) oder das **Marionettentheater** (s. S. 97) besuchen.

Wer lieber aktiv bleiben möchte, wird sich im **Aquapalace** wohlfühlen (s. S. 108), wo es speziell für Kinder einen Wasserspielplatz gibt. Das **Nationaltheater** 32 und die **Laterna Magica** (s. S. 97) bieten Vorstellungen auch für Kinder und Jugendliche. Im **Technischen Museum** (s. S. 75) und im **Karel-Zeman-Museum** (s. S. 74) dürfen die Kleinen viele Exponate auch mit ihren Händen erkunden. Ein Erlebnis für die ganze Familie ist der Besuch des **Zoologischen Gartens** (siehe rechts), im Sommer fahren auch Schiffe dorthin.

2016 eröffnete **Hamleys**, der älteste Spielwarenanbieter der Welt, in der Altstadt seine neue Filiale. Neben einer riesen Auswahl an Spielzeug gibt es hier auch ein Karussell, eine Rutsche und vieles mehr.

182 [I7] **Hamleys,** Na Příkopě 18, Metro A, B: Můstek, tägl. 10–20 Uhr

Notfälle

- **Notruf:** Tel. 112 (auch auf Deutsch)
- **Rettungsdienst, Krankenwagen (Záchranná služba):** Tel. 155
- **Polizei (Policie):** Tel. 158
- **Stadtpolizei (Městská policie):** Tel. 156
- **Feuerwehr (Hasiči):** Tel. 150
- **Unfall- und Pannenhilfe für Autofahrer:** Tel. 1230, 1240

Spaß für Groß und Klein: der Prager Zoo

EXTRATIPP

Der Prager Zoo

Der sehr sehenswerte Prager Zoo liegt im Norden der Stadt direkt gegenüber dem Schloss Trója 55 und ist beinahe so populär wie die Burg. Jedes Jahr werden neue Besucherrekorde vermeldet. Auf einer Fläche von 60 ha Größe leben rund 5000 Tiere, darunter Przewalski-Pferde, von denen es weltweit nur etwa 120 gibt. Ein Sessellift verbindet den unteren mit dem oberen Teil des Zoos.

•183 **Zoologická zahrada Praha,** U Trojského zámku 3/120, Metro C: Nádraží Holešovice, dann mit Bus Nr. 112 bis Zoologická zahrada, Tel. 296112230, www.zoopraha.cz, tägl. Nov.–Feb. 9–16 Uhr, März 9–17 Uhr, April/Mai/Sept./Okt. 9–18 Uhr, Juni–Aug. 9–21 Uhr (Kasse bis 19 Uhr). Eintritt 200 Kč, für Kinder von 3 bis 15 Jahre, Studenten und Rentner bis 70 Jahre 150 Kč, über 70 Jahre 1 Kč, Familienticket 600 Kč

Polizeitstationen und Fundbüros

184 [H7] **Polizeistation,** Bartolomějská 14, Tel. 974851700. Polizeistation in der Altstadt mit 24-Stunden-Betrieb.

185 [I7] **Polizeistation Můstek,** Jungmannovo náměstí 9, Tel. 974851750 (24 Std.). Anlaufstelle für Touristen, die im Zentrum Prags bestohlen wurden oder einen Verlust melden wollen. Mit Dolmetscher.

186 [E6] **Polizeistation,** Vlašská 3, Tel. 974851730 (Station auf der Kleinseite, nahe der US-Botschaft). Man spricht Englisch.

•**187** [G7] **Städtisches Fundbüro (Ztráty a nálezy),** Karolíny Světlé 5 (Straßenbahnlinien 6, 9, 18, 22, Haltestelle Národní divadlo), nur wenige Minuten vom Nationaltheater 32 entfernt, Tel. 224235085. Zuständig auch für Fundsachen in öffentlichen Verkehrsmitteln. Unmittelbar nach dem Verlust solle man sich an das Infozentrum des Prager Verkehrsunternehmens wenden (Tel. 296191817). Ein Fundbüro befindet sich auch **am Flughafen** (24 Std, Tel. 220115005, für verlorene Gepäckstücke: Tel. 220114483) und **am Hauptbahnhof** (Tel. 840112113).

Wer seine **Reisedokumente verloren** hat, geht zur nächsten Polizeidienststelle und meldet dort den Verlust. Das Verlust- bzw. Diebstahlprotokoll der tschechischen Polizei ist notwendig, damit man von der Botschaft einen Reiseausweis für die Rückfahrt erhält. Am besten kopiert man wichtige Dokumente vor der Reise und bewahrt sie getrennt von den Originalen auf. Mitzubringen sind zwei Lichtbilder. Notfalls geht man zum nächsten Fotoautomat. Einer befindet sich z. B. in der Metrostation Muzeum (unterirdisch), Ausgang Vinohradská.

Kartensperrung

Bei **Verlust der Debit-(EC-), SIM-** oder der **Kreditkarte** gibt es für Kartensperrungen eine **deutsche Zentralnummer** (unbedingt vor der Reise klären, ob die eigene Bank diesem Notrufsystem angeschlossen ist). **Aber Achtung:** Mit der telefonischen Sperrung sind die Karten zwar für die Bezahlung/Geldabhebung mit der PIN gesperrt, nicht jedoch für das **Lastschriftverfahren mit Unterschrift.** Man sollte daher auf jeden Fall den Verlust zusätzlich **bei der Polizei zur Anzeige bringen,** um gegebenenfalls auftretende Ansprüche zurückweisen zu können.

In **Österreich** und der **Schweiz** gibt es keine zentrale Sperrnummer, daher sollten sich Besitzer von in diesen Ländern ausgestellten Debit-(EC-) oder Kreditkarten vor der Abreise bei ihrem Kreditinstitut über den zuständigen Sperrnotruf informieren.

Generell sollte man sich immer die **wichtigsten Daten** wie Kartennummer und Ausstellungsdatum **separat notieren,** da diese unter Umständen abgefragt werden.

› **Deutscher Sperrnotruf:** Tel. +49 116116 oder Tel. +49 3040504050
› **Weitere Infos:** www.kartensicherheit.de, www.sperr-notruf.de

Öffnungszeiten

Im Zentrum öffnen die Geschäfte in der Regel zwischen 8.30 und 9.30 Uhr und schließen um 18 oder 19 Uhr. Einkaufen kann man auch an Wochenenden und an vielen Feiertagen. Viele Lebensmittelgeschäfte öffnen bereits um 7 Uhr, mehrere kleine Läden (im Zentrum) schließen erst um Mitternacht. Große Kaufhäuser kann man wochentags bis 20 Uhr besuchen, samstags und sonntags bis 18 Uhr. Banken in der Altstadt sind von Montag bis Freitag von 8 oder 9 Uhr bis 17 Uhr geöffnet, Behörden von 8 bis 12 Uhr und von 13 bis 16 bzw. 17 Uhr. Viele Museen sind montags geschlossen.

Post

✉188 [J7] **Hauptpost (Hlavní pošta),** Jindřišská 14, Metro A, B: Můstek, Tel. 221131111, www.cpost.cz, tägl. 2 Uhr morgens bis 24 Uhr. Frankierte Briefe und Postkarten kann man auch in die orangefarbenen Briefkästen werfen. Die anderen Postämter sind meist Mo.–Fr. 8–18 Uhr und Sa. 8–11 Uhr geöffnet.

Radfahren

Nur etwa ein Prozent der Prager nutzt ein Fahrrad als Verkehrsmittel. Kein Wunder: Ein Radfahrer wird häufig im Straßenverkehr missachtet, lebt sogar gefährlich, weil nicht wenige Autofahrer auch noch aggressiv reagieren. Auf den Straßen gibt es nur wenige Radwege, und wer dennoch ins Zentrum radelt, muss durch Abgaswolken und Autoschlangen hindurch. Die Stadtverwaltung plant sogar, die Radfahrer ab Sommer 2017 komplett aus dem engsten Zentrum zu verbannen (Stand: Mai 2017). Das Fahrrad wird man dann schieben müssen. Außerhalb des Zentrums sieht es etwas besser aus: In Randbezirken und Vororten sind mehrere asphaltierte Radwege angelegt, vor allem die grünen Strecken entlang der Moldau sind zu empfehlen. Der **Letná-Park** und **Stromovka** (s. S. 105) eignen sich zum Radfahren. Den Letná-Park, einen grünen Hügel zwischen Hradschin und dem Stadtteil Holešovice, erreicht man am besten, wenn man die Brücke Čechův most und die anschließende Straße überquert und die Treppe hochsteigt. Man kann aber auch mit der Straßenbahn 1, 8, 12, 25 und 26 fahren und an der Haltestelle Sparta oder Letenské náměstí aussteigen. Auf vielen Stadtplänen sind die Radwege eingetragen. Fahrräder und E-Bikes können gemietet werden:

S189 [I6] **Praha Bike,** Dlouhá 24, Metro B: Náměstí Republiky, Tel. 732388880, www.prahabike.cz (englisch), 15. März–15. Okt. tägl. 9–20 Uhr, 16. Okt.–14. März tägl. 10–17 Uhr. Für 4 Stunden zahlt man 14 €, für 10 Std. 20 €. Es werden auch organisierte Gruppenfahrten, E-Bike- und Segway-Touren angeboten.

Schwule und Lesben

Verglichen mit anderen postkommunistischen Metropolen ist Prag **gegenüber Homosexuellen aufgeschlossen.** Die Websiten www.praguesaints.cz und www.prague.gayguide.net (englisch) informieren über aktuelle Events und Szenetreffs. In der Stadt haben sich zwei Szeneviertel herausgebildet: In der Nähe des Wenzelsplatzes 25 und im Stadtteil Vinohrady, wo es viele Gay-Bars und Discos gibt.

190 [M9] **Club Termix,** Třebízského 4a, Metro A: Jiřího z Poděbrad, Tel. 222710462, www.club-termix.cz, Mi.–Sa. 22–6 Uhr. Angesagter Szenetreff mit einer intimen Tanzfläche und guten Cocktails.

191 [H7] **Friends,** Bartolomějská 11, Metro B: Národní třída, Tel. 226211920, www.friendsclub.cz/index.php/en, tägl. 19–6 Uhr. Populäre, gayfreundliche Bar und Disco im Zentrum von Prag.

192 [M10] **Pension Arco,** Donská 13, Metro A: Náměstí Míru, Straßenbahn 22,

Haltestelle Krymská, Tel. 271740734, www.arco-guesthouse.cz. Die Pension hat ein gutes Preis-Leistungs-Verhältnis und heißt gern Homosexuelle willkommen, was auch am netten schwulen Besitzer liegt. DZ (mit WLAN) 30–55 €.

Sicherheit

Die Kriminalitätsrate liegt nicht höher als in anderen europäischen Großstädten, schwere Gewaltdelikte sind laut Statistik deutlich zurückgegangen. Dafür nimmt die Kleinkriminalität zu. **Taschendiebe** sind in der Metro, Straßenbahn und an touristischen Zentren wie Karlsbrücke 16, Karlova Straße, Wenzelsplatz 25, Altstädter Ring 4 oder auf der Burg 42 unterwegs. Vorsichtig sollte man bei einem Bummel über den nächtlichen Wenzelsplatz 25 sein, dann sind nämlich auch Betrunkene und Diebe unterwegs. Größere Geldbeträge, Wertsachen und Dokumente sollte man im Hotelsafe aufbewahren. Auf keinen Fall sollte man Geld auf der Straße wechseln! Wie überall muss man eine verlorene oder gestohlene Kreditkarte sofort sperren lassen. Immer noch verbreitet sind Autoeinbruch und **Autodiebstahl**, auch wenn die Zahl dieser Delikte rückläufig ist. Auch hier gilt: Besser vorbeugen – also das Auto auf bewachten Parkplätzen oder in Parkhäusern abstellen und keine Wertsachen darin lassen. Polizisten verhalten sich korrekt, eine Quittung für ein **Bußgeld** sollte man jedoch verlangen. Ein Geschädigter geht am besten mit einem Übersetzer (das kann auch ein freundlicher Mitarbeiter oder der Besitzer der Pension sein) zur Polizei, die ein Protokoll verfasst und aushändigt.

Sprache

Englisch ist bei jungen Tschechen wie in den meisten europäischen Ländern am beliebtesten, aber immer mehr lernen als zweite Fremdsprache Deutsch. Nicht wenige ältere Menschen sprechen passabel Deutsch. Auch in Hotels oder Pensionen kann man sich in der Regel auf Englisch oder Deutsch verständigen. Ein Tscheche wird eher überrascht sein, wenn der Tourist versucht, sich mit ihm auf Tschechisch zu unterhalten und wird das sehr positiv aufnehmen. Man ist gut beraten, wenn man in Läden und Restaurants auf Tschechisch zumindest „Danke", „Bitte", „Guten Tag" und „Auf Wiedersehen" sagen kann. Für das bessere Kennenlernen der Sprache empfehlen wir den Sprachführer „Tschechisch – Wort für Wort" der Kauderwelsch-Reihe aus dem Reise Know-How Verlag.

Stadttouren und Rundfahrten

› Organisierte **deutsprachige Führungen und Rundfahrten** (auch individuell) kann man in den Visitor Centres buchen (s. S. 126). Einen Schalter findet man zum Beispiel im Erdgeschoss des Altstädter Rathauses 5, wo sich auch die Tourguide-Zentrale der Stadt befindet (Mo.–Fr. 9–19, Sa./So. 9–17 Uhr). Für eine klassische Stadtführung auf Deutsch („Zum ersten Mal in Prag", Treffpunkt Altstädter Rathaus) zahlen zwei Personen zusammen etwa 1600 Kč, eine Tour dauert 3 Std. Auch themenspezifische Rundgänge werden angeboten (Infos, Preisliste, Onlinebuchung: www.eshop.prague.eu/catalog/en/privatni-pruvodci/cokruzky.html, auf Englisch). Bei Gruppen ab vier Pers. wird es günstiger, jeder zahlt 500 Kč.

- **Themenspezifische Spaziergänge** zur Prager Neustadt, neueren Geschichte, eine Gespenstertour oder eine Kneipentour organisiert u. a. **Prague Walks:** Na Bělidle 4, Tel. 608973390, www.praguewalks.com.
- Unter dem Namen **Free Walking Tours** werden in vielen Städten weltweit (fast) kostenlose, populäre Rundgänge angeboten. Die Stadtführer erwarten freilich ein Trinkgeld, üblich ist, mindestens 10 € zu geben. In Prag werden sie z. B. von SANDEMANs NEW Europe angeboten (Telefonzentrale in Berlin +49 30 51050030, www.neweuropetours.eu/prague/en/home#, man spricht Englisch).
- In der Karlova Straße [G7], in der Mostecká [F6] und an der Kreuzung Rytířská und Melantrichova [I7] kann man Fahrten in einem tschechischen **Oldtimer** der Marke „Praga“ buchen (mit Fahrer). Für eine einstündige Fahrt zahlt man je nach Wagentyp 1850–2450 Kč pro Wagen (1–4 Pers). Angeboten werden auch Nachtfahrten: **Oldtimer History Trip,** Tel. 776829897, www.historytrip.cz.
- Die Anlegestelle für **Schifffahrten** auf der Moldau ist zwischen den Brücken Palacký most und Jiráskův most entlang der Rašínovo nábřeží [G9], Metro B: Karlovo náměstí: **Prager Passagierschifffahrt,** Tel. 224930017, www.paroplavba.cz/de. Angeboten werden Moldaurundfahrten (ganzjährig, einstündige Rundfahrt p. P. 250 Kč, Nov.–Mitte März ab der Anlegestelle Čechův most), **Linienfahrten zum Zoo** oder zur Talsperre Slapy. **Evropská vodní doprava** (www.evd.cz, Tel. 724202505, Büro: Dvořákovo nábřeží, bei der Brücke Čechův most [H5]) und ihre Partnerorganisation Prague Boats (www.prague-boats.cz/de, gleiche Kontaktadresse) bieten ganzjährig Schifffahrten von der Anlegestelle Čechův most (am Hotel Intercontinental) an. Einstündige Ausflüge kosten p. P. 290 Kč, dreistündige mit Musik und Dinner (ab 19 Uhr) 990 Kč.
- Für nostalgische Gefühle sorgt die Fahrt mit der **historischen Straßenbahn Nr. 91.** Sie verkehrt in der Saison zwischen Depot Střešovice, Prager Burg und Ausstellungsgelände, man kann beliebig ein- und aussteigen. April–Mitte Nov. Sa., So. und Feiertage stündlich 12–17.35 Uhr, p. P. 35 Kč, Reiseroute: Prager Burg, Kleinseitner Platz, Nationaltheater, Wenzelsplatz, Náměstí Republiky und Messegelände (Výstaviště). Fahrkarten bekommt man in der Straßenbahn.
- Die Abfahrtsstelle für Rundfahrten in **Pferdekutschen** ist der Altstädter Ring (Pony Travel, www.ponytravelsro.cz, April–Dez. tägl. 10–22 Uhr, 20-minütige Fahrt pro Kutsche 800 Kč).
- **Organisierte E-Bike- und Segway-Touren** bietet Ecotours (Náměstí Curieových 43/5, beim Hotel Intercontinental, Metro A: Staroměstská, Tel. 724006800, www.ecotours.cz, tägl. 10–19 Uhr). **Achtung:** Seit 2016 gilt in den Fußgängerzonen der historischen Innenstadt ein Segway-Verbot. Die Betreiber müssen ihre Kunden entsprechend informieren.

Telefonieren

- **Vorwahl für Tschechien und Prag:** 00420 – dann die meist mit 2 beginnende Teilnehmernummer (ohne Ortsvorwahl!)
- **Vorwahl nach Deutschland:** 0049
- **Vorwahl für Österreich:** 0043
- **Vorwahl für die Schweiz:** 0041
- **Telefonauskunft für Anschlüsse im Inland:** 1180, im **Ausland:** 1181
- Mit **Handys** kann man in Prag einwandfrei telefonieren.
- Seit Juni 2017 werden **keine Roaming-Gebühren** für Telefonate im EU-Ausland mehr erhoben.

Unterkunft

Das Angebot reicht vom Stockbett in der Jugendherberge bis zum Luxuszimmer oder Appartement im 5-Sterne-Hotel. Besonders in der **Hochsaison** (Mai–Sept.), während der Osterfeiertage, zu Weihnachten und vor allem an Neujahr ist eine Reservierung nötig – vorzugsweise online (das gilt auch für die Nebensaison). Die Übernachtung ist dann oft um 25 bis 40 %, an Neujahr sogar um 100 % teurer als sonst. Gerade bei kurzfristigen Reisen sollte man abwägen: Ein Zimmer im Zentrum ist zwar teurer, dafür spart man aber Zeit und Geld für Taxis und öffentliche Verkehrsmittel. Viele Hotels und Pensionen bieten bei **Onlinebuchung** Nachlässe, Pauschalangebote, Last-Minute-Preise und Frühbucherrabbatte. Ein Blick ins Internet lohnt sich auf jeden Fall: Viele Prag-Websites enthalten nützliche Bewertungen von Hotelgästen.

Unterkunftsvermittlung

- **Visitor Centres** (s. S. 126)
- **Accomodation Service,** Haštalská 7, Metro B: Náměstí Republiky, Tel. 224813002, www.apartment4rent.cz. Vermittelt u. a. billige Unterkünfte in Studentenwohnheimen.
- **Stop City,** Belgická 36, Metro A: Náměstí Míru, Tel. 222521233, www.stopcity.cz. Auf Kurzaufenthalte spezialisierte Agentur.

Preiskategorien

Für eine Übernachtung im Doppelzimmer inklusive Frühstück:

€	bis 1850 Kč (bis 70 €)
€€	1850–3400 Kč (70–130 €)
€€€	3400–5300 Kč (130–200 €)
€€€€	über 5300 Kč (über 200 €)

Empfehlenswerte Unterkünfte

Die von uns ausgewählten Unterkünfte liegen entweder im historischen Zentrum Prags oder sind mit öffentlichen Verkehrsmitteln gut erreichbar.

Altstadt

193 [H7] **Dominikanerkloster bei der Kirche des hl. Ägidius** €, Husova 8, Metro B: Národní třída, http://hostel.op.cz, Tel. 601559266, WLAN. **Sehr günstig, meditative Atmosphäre:** saubere, zweckmäßig eingerichtete und trotz zentraler Lage sehr ruhige Einzel-, Doppel- und Dreibettzimmer mit eigener Dusche und WC im Dominikanerkloster im Herzen der Altstadt. Den Gästen steht eine Gemeinschaftsküche zur Verfügung. Im schönen Klostergarten kann man es den hier lebenden Mönchen gleichtun und meditieren.

194 [I5] **Hotel Casa Marcello** €€€, Řásnovka 1, Metro B: Náměstí Republiky, Tel. 222311230, www.casa-marcello.cz/de, WLAN. **Perfekt gelegen, dennoch ruhig:** In der malerischen und ruhigen Gasse Řásnovka steht dieses charmante und gediegene Hotel, das früher einmal ein Adelssitz war. Der Altstädter Ring liegt gleich in der Nähe.

195 [H7] **Hotel Cloister Inn** €€-€€€, Konviktská 14, Metro B: Národní třída, Tel. 224211020, www.hotel-cloister.com, WLAN. **Zentral und nicht teuer:** Das Gebäude gehörte früher zu einem Franziskanerinnenkloster. 1950 wurde es von der kommunistischen Staatssicherheit besetzt und im heutigen Frühstücksraum wurden die Geheimagenten geschult. Die Zimmer sind modern eingerichtet, die unter dem Dach gelegenen Räume verfügen über eine Minibar. Das Hotel eignet sich für Familien mit Kleinkindern, auch einige behindertengerechte Zimmer stehen zur Verfügung.

196 [H7] **Hotel Dům U krále Jiřího (Haus Zum König Georg)** €€, Liliová 10, Metro A, B: Národní třída, Tel. 261264369, www.hotelkinggeorge.cz/en, WLAN. **Preisgünstig und mit Jazzbar.** Diese sympathische, in historischem Gemäuer untergebrachte Pension befindet sich zentral zwischen der Karlsbrücke und dem Platz Betlémské náměstí. Die Zimmer sind mit Stilmöbeln eingerichtet und haben einen Fernseher, eine Minibar und einen Tresor. Am schönsten sind die Appartments mit Deckenbalken im Dachgeschoss. Gayfreundlich. Im gleichen Gebäude ist auch die Jazz-Bar Blues Sklep (s. S. 96) untergebracht.

197 [I6] **Hotel Josef** €€€, Rybná 20, Metro B: Náměstí Republiky, Tel. 221700901, www.hoteljosef.com, WLAN. **Stylish, mit eigener französischer Bäckerei:** Mehrfach wurde das 4-Sterne-Hotel „Josef" für sein modernes Design ausgezeichnet. Von den Zimmern in der oberen Etage und von der Dachterrasse hat man eine schöne Aussicht auf die Türme der Teynkirche. In der Umgebung gibt es Restaurants und Bars, alle wichtigsten Sehenswürdigkeiten der Altstadt sind zu Fuß erreichbar.

198 [J6] **Hotel Paris** €€€, U Obecního domu 1, Metro B: Náměstí Republiky, Tel. 222195666, www.hotel-paris.cz/de, WLAN. **Jugendstil vom Feinsten:** Das herrliche Gebäude von 1904 besticht durch prunkvolle Stilelemente und Kunstwerke der Jahrhundertwende, bunte Mosaikwände und Holzvertäfelungen in Gemeinschaftsbereichen, 86 individuell und modern eingerichtete Zimmer mit eleganten Bädern und Internetanschluss. Die Zimmer der Kategorie „Executive" ermöglichen einen weiten Blick auf die Altstadt und sind noch geräumiger als die der Kategorie „Deluxe". Hotelgäste können auch den hoteleigenen „Wellness & Spa"-Bereich kostenlos nutzen. Im berühmten Café de Paris (s. S. 85) kann man sich bei dezenter Pianomusik entspannen.

199 [H7] **Hotel Savic** €€€, Jilská 7, Metro A, B: Můstek, Tel. 2242485557, www.savic.eu, WLAN. **Historische Gemäuer, schöne Bäder:** Das 4-Sterne-Hotel lässt keine Wünsche offen: Man wohnt hier mitten in der historischen Altstadt, die Zimmer sind geräumig und geschmackvoll mit klassischen Möbeln aus Mahagoniholz eingerichtet, das Frühstück ist reichhaltig und die großen marmornen Bäder luxuriös. Auf Wunsch kann man ein Zimmer mit Himmelbett bekommen.

200 [H7] **Hotel U Červené židle** €€, Liliová 4, Metro B: Národní třída, Tel. 296180018, www.redchairhotel.com, WLAN. **Klein und familiär:** In der gleichen Straße wie „Haus Zum König Georg" steht auch das charmante und empfehlenswerte Hotel „Zum roten Stuhl". Es ist in einem Haus aus dem 15. Jh. eingerichtet worden. Zur Zimmerausstattung gehören Sat-TV und eine Minibar. Gegen Gebühr (10 €) erhält man eine mobile Klimaanlage.

201 [I5] **Travellers' Hostel** €, Dlouhá 33, Metro B: Náměstí Republiky, Tel. 777738608, www.travellers.cz. **Mitten im Ausgehviertel:** Zweckmäßig eingerichtetes, stets volles Hostel mit Mehrbett- und Doppelzimmern mit Gemeinschafts-, aber auch privaten Badezimmern in zentraler Lage. Das Frühstück kostet extra.

Neustadt

202 [H8] **Best Western Hotel Páv** €€, Křemencova 13, Metro B: Národní třída, Tel. 221502111, www.hotel-pav.cz/de, WLAN. **Einfach und sauber, Haustiere erlaubt (gegen Gebühr):** Angenehmes Mittelklassehotel in schönem Gebäude mit klassizistischer Fassade. Gleich in der Nähe befinden sich die Geschäftsstraße Národní třída, zum Nationaltheater 32 braucht man etwa 10 Minuten. In der Hochsaison kann es hier laut werden, man sollte ein Zimmer nach hinten und in den oberen Etagen verlangen.

203 [I10] **Hotel 16** €€, Kateřinská 16, Metro B: Karlovo náměstí, WLAN, Tel. 224920636, www.hotel16.cz. **Wohlfühlatmosphäre in bequemer Innenstadtlage:** Kleines, sauberes und sehr freundliches Hotel mit gutem Preis-Leistungs-Verhältnis und einer günstigen Verkehrsanbindung zum Zentrum. Zum Frühstück gibt es u. a. leckere Palatschinken (Pfannkuchen). Mit der Metro ist man in 5–7 Minuten im Zentrum.

204 [H8] **Hotel Elite** €€€, Ostrovní 32, Metro B: Národní třída, Tel. 211156500, www.hotelelite.cz/de, WLAN. **Zentrumsnah und gemütlich:** Das Gebäude aus dem 14. Jh. wurde 2001 komplett renoviert und zu einem romantischen Mittelklassehotel umgebaut. Die Zimmer sind mit Stilmöbeln ausgestattet, besonders hübsch ist die denkmalgeschützte Suite mit einer beeindruckenden Renaissancedecke aus dem 17. Jh. Im Sommer kann man im schönen Innenhof sitzen.

205 [H10] **Hotel U Svatého Jana** €€, Vyšehradská 28, Metro B: Karlovo náměstí, Tel. 222560243, www.hotelusvatehojana.cz/en, WLAN. **Ehemalige Pfarrei mit schönem Garten:** 2014 komplett renoviertes Hotel mit 14 komfortablen Zimmern (alle mit eigenem Bad) für eine bis vier Personen in einem schönen historischen Gebäude. Die nächste Metrostation ist etwa acht Gehminuten entfernt. Die Zimmer, die zur Straße führen, sind laut, die hinteren ruhiger. Im Sommer kann man im Garten sitzen und die romantische Atmosphäre dieses Ortes genießen.

206 [I9] **Miss Sophie's Hostel** €, Melounova 3, Metro C: I.P. Pavlova, Tel. 246032621, www.miss-sophies.com, WLAN. **Lässig, unweit des Zentrums:** Sauberes, modernes und sehr empfehlenswertes Hostel mit freundlicher Atmosphäre und jungem, fremdsprachigem Personal.

› **Pension U Medvídků** €€, Na Perštýně 7, Metro B: Národní třída, Tel. 224211916, www.umedvidku.cz, WLAN. **Mit eigener Brauerei:** Im Erdgeschoss befindet sich ein populäres Bierlokal (s. S. 81), in den drei Stockwerken darüber eine renovierte Pension. In einigen Zimmern sind noch historische Dachbalken und Malereien im Renaissancestil erhalten – diese sind dann etwas teurer und auch größer als die anderen. Zum Wenzelsplatz 25 kann man bequem zu Fuß gehen.

Kleinseite und Hradschin

207 [E6] **Hotel Constans** €€-€€€, Břetislavova 39, Metro A: Malostranská, Straßenbahn 12, 20, 22, Haltestelle Hellichova, Tel. 234091818, www.hotelconstans.com. **Historisches Ambiente, eigene Garage, romantische Lage:** Das hübsche, intime Hotel in einem Gebäude aus dem 17. Jh. beherbergt geräumige, stilvoll eingerichtete Zimmer, manche von ihnen mit historischen Balken. Die Mitarbeiter sind sehr freundlich, ein großer Vorteil ist die eigene Garage (gegen Gebühr) – im historischen Stadtkern eher eine Ausnahme. Die deutsche und US-Botschaft befinden sich eine Straße weiter. In der Umgebung gibt es mehrere urige Lokale und Kneipen.

208 [C6] **Hotel Loreta** €, Loretánské náměstí 8, Metro A: Malostranská, Straßenbahn 22, Haltestelle Pohořelec,Tel. 233310510, www.hotelloreta.cz/de, WLAN. **Romantisch und ruhig:** Tipp für Paare und Singles, die die einzigartige Atmosphäre des Burgviertels genießen wollen. Die Mitarbeiter dieses kleinen Hotels, das eher den Charakter einer Familienpension hat, sind stets um ihre Gäste bemüht, die gemütlichen Zimmer und der Frühstücksraum sind im französischen Landhausstil eingerichtet. In unmittelbarer Nähe steht die Loretokapelle, deren nostalgischen Glockenklang man im Haus hört. Zur Burg 42 sind es höchstens fünf Gehminuten.

209 [C6] **Hotel Questenberk** €€, Úvoz 15/155, Metro A: Malostranská, Straßenbahn 22, Haltestelle Pražský hrad, www.questenberk.cz, Tel. 220407600, WLAN. **Am Fuß der Prager Burg, mit traumhafter Aussicht:** Hinter den historischen Gemäuern dieses Hotels fühlt man sich bestens aufgehoben. Gemütliche Zimmer mit hohen Decken (einige auch mit Balken), und vor allem die unschlagbare Dachterrasse des Hotelrestaurants mit tollem Blick auf die Stadt sorgen dafür. Einige Zimmer haben Fenster „mit Aussicht" und kosten etwas mehr, sind ihren Preis aber wert.

210 [D6] **Hotel Sax** €€€, Jánský vršek 3, Metro A: Malostranská, Tel. 257531268, www.hotelsax.cz/de, WLAN. **Fans von Austin-Powers-Filmen werden es lieben:** Das relativ kleine, elegante Hotel besticht durch seine Zimmer im herrlichen Retrostil der 1960er- und 1970er-Jahre und durch die romantische Lage im Gewirr der Kleinseitner Gassen. Zur Burg **42** sind es nur wenige Gehminuten. Das Hotel verfügt auch über einen kleinen SPA-Bereich, eine Terrasse und einen Fitnessraum.

211 [F7] **Pension Dientzenhofer** €, Nosticova 2, Metro A: Malostranská, Straßenbahn 12, 20, 22, Haltestelle Hellichova, Tel. 257 311 319, www.dientzenhofer.cz, WLAN. **Günstig, romantische Lage:** Einfache, freundliche Pension in historischen Gemäuern, mit geräumigen, sauberen Zimmern (besonders schön ist das Zimmer Nr. 7 im Dachgeschoss) und einem hervorragenden Preis-Leistungs-Verhältnis. Die Möbel sind zwar etwas ausrangiert und alt, wer sich daran aber nicht stört, wird sich hier wohlfühlen. Die Lage ist Top: Zur Karlsbrücke **16** sind es nur wenige Gehminuten, dennoch herrscht hier Ruhe. Für den bewachten Parkplatz neben der Pension muss man – wie fast überall im historischen Zentrum – extra zahlen. Haustiere sind erlaubt.

212 [F5] **Pension Pohádka** €€, Valdštejnská 4a (Eingang durch das Frühstückscafé), Metro A: Malostranská, Tel. 257214153, www.pensionpohadka.cz/de/home, WLAN. **Geschmackvolle Zimmer in perfekter Lage:** Die freundliche Minipension „Märchen" findet man unterhalb der Prager Burg **42**. Ihre Eigentümer beschäftigen sich eigentlich mit Herstellung und Verkauf traditionellen tschechischen Spielzeugs. Fünf Zimmer (zwei von ihnen erstrecken sich auf zwei Etagen) mit schmiedeeisernen Betten und pastellfarbenen Wänden bieten genügend Komfort, rechtzeitige Reservierung ist notwendig.

EXTRAINFO

Buchungsportale

Neben Buchungsportalen für **Hotels** (z. B. www.booking.com, www.hrs.de oder www.trivago.de) bzw. für **Hostels** (z. B. www.hostelworld.de oder www.hostelbookers.de) gibt es auch Anbieter, bei denen man **Privatunterkünfte** buchen kann. Portale wie www.airbnb.de, www.wimdu.de oder www.9flats.com vermitteln Wohnungen, Zimmer oder auch nur einen Schlafplatz auf einer Couch. Diese oft recht günstigen Übernachtungsmöglichkeiten sind nicht unumstritten, weil manchmal normale Wohnungen gewerblich missbraucht werden. Wenn die Stadt regulierend eingreift, kann das zu kurzfristigen Schließungen führen. Eine Buchung unterliegt also einem gewissen Restrisiko.

Smíchov und Vinohrady

213 [J10] **Alqush Downtown Hotel** €-€€, Legerova 15, Metro C: I. P. Pavlova, Tel. 226538911, www.alqush-hotel.cz, WLAN. **Freundlich, optimales Preis-Leistungs-Verhältnis:** Gutes Stadthotel mit 23 hübschen, mit weißem Mobiliar, blumigem Stoffdekor und rotem Teppich eingerichteten Zimmern. Zur Ausstattung gehören auch eine Klimaanlage, Wasserkocher, eine Minibar und eine Safe.

Einige Zimmer sind behindertengerecht gestaltet. Zur Metrostation gelangt man in 5 Minuten, zum Wenzelsplatz sind es etwa 15 Gehminuten. Das Hotel steht an einer vielbefahrenen Straße, besser also ein Zimmer nach hinten buchen.

214 [G10] **Botel Admiral** €€, Hořejší nábřeží, Metro B: Anděl, Straßenbahn 7, 10, 16, Haltestelle Zborovská, Tel. 257321302, www.admiral-botel.cz. **Idylle auf dem Schiff:** Eines von mehreren Hotelschiffen mit engen, sauberen Kabinen, die für zwei bis drei Nächte gut sind, für einen längeren Aufenthalt allerdings zu wenig Platz bieten. Von den Zimmern auf der Flussseite und dem gemütlichen Frühstücksraum – bei schönem Wetter auch von der Bordterrasse aus – hat man eine herrliche Aussicht auf das Nationaltheater 32 auf der gegenüberliegenden Moldauseite, das man nach einem 15-minütigen Spaziergang erreichen kann.

215 [L9] **Hotel Anna** €, Budečská 17, Metro A: Náměstí Míru, Tel. 222513111, www.hotelanna.cz/de, WLAN. **Freundliches Familienhotel, gute Lage:** Saubere und gemütliche Zimmer in einem Jugendstilgebäude aus dem Jahr 1892 im Prager Prestigeviertel Vinohrady. Das Hotelpersonal ist sehr hilfsbereit, die U-Bahn-Station nur 200 m entfernt und wer gehen will, ist in etwa 15 Minuten am Wenzelsplatz 25.

216 [L9] **Hotel Claris** €, Slezská 26, Metro A: Náměstí Míru, Tel. 222522508, www.claris.ubytovani-hotel-praha.eu/Unterkunft-Praha-2.htm, WLAN. **Zweckmäßig und sehr günstig:** Schlichtes Hotel ohne persönliche Note, dafür aber in guter Lage in einer Seitenstraße nahe dem hübschen Friedensplatz. Ins Zentrum fährt man 2 Min. mit der U-Bahn.

217 [F8] **Hotel Julian** €€-€€€, Elišky Peškové 11, Metro B: Anděl, Tel. 257311144, www.julian.cz, WLAN. **Dachterrasse mit herrlicher Aussicht:** Kleines, elegantes Hotel mit freundlichem Personal, gepflegten, pastellfarbenen Zimmern, einer Terrasse mit Blick auf die Burg 42 und entspannter Atmosphäre. Im Winter sitzt man in einer englischen Bibliothek mit Kamin. Es gibt behindertengerechte Zimmer und zwei Familiensuiten.

218 [E8] **Hotel Petr** €-€€, Drtinova 17, Metro B: Anděl, Straßenbahn 9, 12, 15, 20, Haltestelle Arbesobo náměstí, Tel. 257314071, www.hotelpetr.cz, WLAN. **Hervorragendes Preis-Leistungs-Verhältnis, zentrumsnah:** 40 saubere Standardzimmer, gutes Frühstück, hilfsbereites Personal und günstige Lage – das sind die wichtigsten Gründe, warum „Petr" stets gut besucht ist und die Gäste wiederkommen. Zu Fuß ist man in 20 Min. beim Nationaltheater und somit im Zentrum, mit der Straßenbahn fährt man nur vier Minuten. In der Umgebung findet man mehrere Lokale und den modernen Geschäftskomplex Anděl, wo man gut shoppen kann.

› **Pension Arco** € (s. S. 131). **Freundliches Budget-Hotel:** Gay- und heterofreundliche Pension im schönen Stadtteil Vinohrady mit gepflegten und preisgünstigen Zimmern und Appartements.

Holešovice

219 [M3] **Sir Toby's Hostel** €, Dělnická 24, Metro C: Nádraží Holešovice, Straßenbahn 6, 12, Haltestelle Dělnická, www.sirtobys.com, Tel. 246032611, WLAN. **Modern, international und sehr freundlich:** saubere Zimmer mit Gemeinschaftseinrichtungen, auch Schlafsäle für vier bis acht Personen. Mit kleiner Bar, im Sommer sitzt man gesellig im Innenhof.

Camping in Trója

220 **Camping Sokol Trója,** Trojská 171a, Metro C: Nádraží Holešovice, Bus 112, Haltestelle Čechova škola, www.sokolcamping.cz, Tel. 233542908, WLAN. **Verkehrsgünstige Lage:** Grüne Anlage neben dem Schloss Trója 55 mit 75 Stellplätzen, Restaurant und guter Infrastruktur. Ganzjährig geöffnet.

Verkehrsmittel

Prag hat ein **sehr gut funktionierendes öffentliches Verkehrssystem**, das im Vergleich mit anderen Hauptstädten auch **preisgünstig** ist. Die **Tickets** *(jízdenky)* sind für Metro, Straßenbahn *(tramvaj)* und Bus gültig und müssen vor dem Einsteigen bzw. vor dem Betreten der Metrostationen in Automaten entwertet werden. Sie können in Automaten in der Nähe vieler Haltestellen oder in Eingängen zu Metrostationen gekauft werden; erhältlich sind sie auch in Kiosken, Informationszentren des Prager Verkehrsbetriebes (Dopravní podnik hl. města Prahy) und häufig in Hotels und Reisebüros. **Fahrkartenkontrollen** sind häufig und die Prager Kontrolleure rigoros: Alle Schwarzfahrer müssen zahlen. Der Kontrolleur muss eine Quittung ausstellen. Fahrkartenpreise (Stand: Sommer 2017):

- **Einzelfahrkarten mit Umsteigemöglichkeit:** 32 Kč, für Kinder (6–15 J.) und Senioren (65–69 J.) 16 Kč, ab 70 J. (für EU-Bürger mit Ausweis) frei. Mit dem Ticket kann man mit U-Bahn, Straßenbahnen und Bussen 90 Min. lang fahren. Die Fahrkarten, die 30 Minuten gültig sind, kosten 24 Kč, für Kinder und Senioren 12 Kč.
- Für größere **Gepäckstücke oder Fahrräder** muss eine Extrafahrkarte für 16 Kč gekauft werden.

Infostellen Prager Verkehrsbetrieb:

- U-Bahn-Linien A und B, Unterführung der Metrostation Můstek, tägl. 7–21 Uhr
- U-Bahn-Linie B, Station Anděl, tägl. 7–21 Uhr (in der Unterführung, Ausgang Plzeňská)
- U-Bahn-Linie C, Hauptbahnhof (in der Halle, neben dem Eingang zur Metrolinie C, Richtung Letňany), Mo.–Fr. 6–22, Sa./So. 7–21 Uhr

EXTRATIPP

Fahrkartenvorrat

Es kann sehr nützlich sein, sich mit Fahrkarten gut einzudecken. Die Automaten funktionieren schon mal nicht oder nehmen nur Münzen, die man im Zweifelsfall dann gerade nicht bei sich hat.

- Auf dem Flughafen Václav Havel, Terminal 1 und 2 (Ankunftshalle), tägl. 7–21 Uhr
- Alle Infos unter www.dpp.cz, Tel. 296191817, tägl. 7–21 Uhr

Touristen-Fahrkarten

Sie sind in den Infozentren des Prager Verkehrbetriebes oder in den Visitor Centres des Prager Informationsservice erhältlich.

- Für eine **24-Stunden gültige Fahrkarte** zahlt man 110 Kč, die Kinderfahrkarte (6–15 Jahre) kostet 55 Kč.
- Eine **3-Tages-Karte** kostet 310 Kč, es gibt keine Vergünstigung für Kinder ab 6 Jahre oder für Senioren.

Metro

Die Metro ist das schnellste und bequemste Verkehrsmittel in der tschechischen Hauptstadt. Das Metrosystem besteht aus drei Linien. Die **grüne** Strecke markiert Linie A, **gelb** steht für Linie B und **rot** für Linie C. Die Züge verkehren zwischen 5 und 24 Uhr im 4- bis 10-Minuten-Takt, in der Hauptverkehrszeit sogar alle 3 bis 5 Minuten. Die Umsteigestationen sind Muzeum (hier kreuzen sich die Linien A und C), Můstek (Linien A und B) und Florenc (Linien B und C).

Bus und Straßenbahn

Das Bus- und Straßenbahnnetz ist sehr dicht ausgebaut, die Fahrpläne sind an den einzelnen Haltestellen angebracht. Busse fahren hauptsächlich in die Außenbezirke Prags. Auch viele Straßenbahnen verkehren bis in die Vorstädte. Die Tageslinien fahren von 4.30 bis 24 Uhr (in den Stoßzeiten im 5-Minuten-Takt), nachts fahren die Straßenbahnen bis 4.30 Uhr. Die Nachtlinien haben eine andere Nummerierung: Bei Straßenbahnen werden die Hauptstrecken von den 50er-Linien befahren, bei Bussen sind es die Linien 501–513 und 601–607.

Taxi

Prager Taxifahrer haben nach wie vor keinen guten Ruf. Die Stadt hat den Betrügern unter ihnen den Kampf angesagt – bisher ohne viel Erfolg. Manche Taxifahrer verlangen deutlich höhere Preise, als von der Stadt festgelegt wurde. Auch auf das Taxameter ist dann kein Verlass, es kann manipuliert worden sein. Wir raten davon ab, ein Taxi auf der Straße anzuhalten oder in eines der Taxis am Wenzelsplatz 25, am Altstädter Ring 4, in der Národní třída oder an einem der Prager Bahnhöfe zu steigen. Sie sind immer teurer als ein Funktaxi auf Bestellung, in die man bedenkenlos einsteigen kann. Sollte man kein Funktaxi bekommen, muss man noch vor Fahrtantritt den Fahrpreis für die gewünschte Strecke erfragen – offizielle Höchstpreise liegen bei 40 Kč Grundgebühr plus 28 Kč/km. Ausgewählte Taxi-Vermittlungszentralen mit 24-h-Service:

- **AAA Radio Taxi:** Tel. 14014 oder 222333222, www.aaataxi.cz
- **City-Taxi:** Tel. 257257257, www.citytaxi.cz
- **Profi Taxi:** 14015, www.profitaxi.cz

Wetter und Reisezeit

Nach Prag kann man zu jeder Jahreszeit reisen. Am angenehmsten sind die Temperaturen im Frühjahr, wenn in den Gärten der Kleinseite und auf dem Laurenziberg der Flieder blüht. Die Gassen sind dann nicht so überlaufen wie in der Hauptsaison zwischen Ostern und Ende September. Im Herbst, wenn über der Moldau dichter Nebel aufsteigt, zeigt sich Prag von seiner melancholischen Seite. Sehr reizvoll ist die Stadt auch um die Weihnachten mit Weihnachtsmärkten, festlichen Konzerten und einer traumhaften Atmosphäre in den Gassen. Ein Erlebnis sind die ausgelassenen Open-Air-Silvesterpartys auf dem Hradschin, der Karlsbrücke 16 oder dem Wenzelsplatz 25. Während der Ferien im Juli/August flüchten die Prager vor Hitze und Touristen aus ihrer Stadt.

Wetter in Prag

Durchschnitt	Jan	Febr	März	Apr	Mai	Juni	Juli	Aug	Sept	Okt	Nov	Dez
Maximale Temperatur	1°	3°	8°	14°	19°	22°	24°	24°	20°	14°	7°	2°
Minimale Temperatur	–5°	–4°	–1°	3°	8°	11°	13°	12°	9°	5°	1°	–3°
Regentage	14	13	13	12	14	14	14	13	12	13	15	15

ANHANG

005pr Abb.: he

Kleine Sprachhilfe

Aussprache

Tschechische Wörter werden auf der ersten Silbe betont. Vokale mit Akzent (z. B. á, é, í) werden gedehnt, die ohne Akzent kurz ausgesprochen.

- das tschechische *č* wird wie das deutsche „tsch" ausgesprochen
- *c* wie „ts"
- *š* wie „sch"
- *ž* wie das „j" im Wort „Journalist"
- *z* ist stimmhaft wie das „s" in „Siegel"
- *s* wird stimmlos wie in „Essen" ausgesprochen
- *v* spricht man wie ein „w" aus
- *ň* klingt wie „nj"
- *ě* spricht man als „je" aus
- *ů* als langes „u"
- *ř* ist am schwierigsten auszusprechen, man soll versuchen, es einfach als „rsch" auszusprechen

Allgemeines

Dobré jitro!	Guten Morgen!
Dobrý den!	Guten Tag!
Dobrý večer!	Guten Abend!
Ahoj!	Hallo!
Na shledanou	Auf Wiedersehen
Jmenuji se...	Ich heiße...
Nerozumím	Ich verstehe nicht
děkuji	danke
prosím	bitte
ano/ne	ja/nein
promiňte, prosím	entschuldigen Sie, bitte
není zač	nichts zu danken
nevadí	das macht nichts
pošta	Postamt
policie	Polizei
lékař	Arzt
nemocnice	Krankenhaus
jak?	wie?
Pomoc!	Hilfe!

Schilder

otevřeno	geöffnet
zavřeno	geschlossen
záchody, toalety, WC	Toiletten, WC
vstupné	Eintritt
vchod	Eingang
východ	Ausgang
noviny	Zeitung

Wichtige Phrasen

Jak se máte/máš?	Wie geht es Ihnen/dir?
Mluvíte německy?	Sprechen Sie Deutsch?
Je mi líto...	Tut mir leid...
Kde je...?	Wo ist...?
Kolik to stojí?	Wie viel kostet das?
Vezmu si to.	Ich nehme es.
Prosím Vás, kde je...?	Bitte, wo ist...?
Kolik je hodin?	Wie spät ist es?
Hledám...	Ich suche...
Potřebuji	Ich brauche...
Máte...?	Haben Sie...?

Allgemeine Zeitbegriffe

teď	jetzt
pozdě, později	spät, später
dnes	heute
zítra	morgen
včera	gestern
ráno	Morgen
poledne	Mittag
odpoledne	Nachmittag
večer	Abend
noc	Nacht
den	Tag
týden	Woche
měsíc	Monat
rok	Jahr

Wochentage

pondělí	Montag
úterý	Dienstag
středa	Mittwoch
čtvrtek	Donnerstag

+++ Die wichtigsten Wörter mit dem Bonus-Audiotrack des Kauderwelsch-

pátek	Freitag
sobota	Samstag
neděle	Sonntag

Orientierung

dálnice	Autobahn
doleva/doprava	links/rechts
přímo	geradeaus
most	Brücke
náměstí	Platz
ostrov	Insel
semafor	Ampel
ulice	Straße

Im Hotel

cena	Preis
jednolůžkový pokoj	Einzelzimmer
dvoulůžkový pokoj	Doppelzimmer
se sprchou/vanou	mit Dusche/Bad
s balkónem	mit Balkon
se snídaní?	mit Frühstück?
Kde mohu prakovat?	Wo kann ich parken?
Kolik stojí pokoj na noc?	Wie viel kostet das Zimmer pro Nacht?
Máte volný pokoj?	Haben Sie ein freies Zimmer?

Unterwegs

informace	Auskunft
jízdenka, jízdenky	Fahrkarte, Fahrkarten
kolej	Gleis
letiště	Flughafen
nádraží	Bahnhof
tramvaj	Straßenbahn
zastávka	Haltestelle

Im Restaurant

bezmasá jídla	fleischlose Gerichte
brambory	Kartoffel
čaj	Tee
dezert	Nachspeise
grilovaný	gegrillt
guláš	Gulasch
hovězí maso	Rindfleisch
jehněčí maso	Lammfleisch
kachna	Ente
králík	Kaninchen
káva	Kaffee
...s mlékem	... mit Milch
...s cukrem	... mit Zucker
knedlíky	Knödel
maso/drůbež	Fleisch/Geflügel
maso z diviny	Wildfleisch
minerálka	Mineralwasser
pečivo	Gebäck
polévka	Suppe
oběd	Mittagessen
omáčka	Soße
opékaný	gebraten
ovoce	Obst
pivo	Bier
příbor	Besteck
předkrm	Vorspeise
přílohy	Beilagen
rajčina	Tomate
ryba	Fisch
rýže	Reis
smažený	paniert
snídaně	Frühstück
sůl/pepř	Salz/Pfeffer
sýr	Käse
svíčková	Lendenbraten
šunka	Schinken
večeře	Abendessen
vejce	Eier
vepřové maso	Schweinefleisch
víno	Wein
...červené/bílé/ růžové	... rot/weiß/ rosé
voda	Wasser
zelenina	Gemüse
zelí	Kraut
zmrzlina	Eis
Jídelní lístek, prosím	Die Speisekarte, bitte
Dobrou chuť!	Guten Appetit!
Na zdraví!	Zum Wohl!
Účet, prosím!	Rechnung, bitte!
Chutnalo Vám?	Hat es geschmeckt?
Bylo to velmi dobré!	Es war sehr gut!
ne moc	nicht so sehr

Register

Die Autoren

Eva Gruberová kennt Prag seit ihrem Studium an der Karls-Universität. Nach ihrem Studienaufenthalt in Deutschland kehrte sie 1997 nach Prag zurück und arbeitete jahrelang als Journalistin für das ZDF und die slowakische Tageszeitung „Sme“. Auch nach ihrer endgültigen Übersiedelung nach Deutschland bleibt Prag ihre Lieblingsstadt, die sie immer wieder besucht.

Helmut Zeller, Redakteur der Süddeutschen Zeitung, lernte durch seine Frau die Stadt kennen. Der einzigartige Zauber Prags hat ihn seitdem nicht mehr losgelassen.

Schreiben Sie uns

Dieses Buch ist gespickt mit Adressen, Preisen, Tipps und Daten. Unsere Autoren recherchieren unentwegt und erstellen alle zwei Jahre eine komplette Aktualisierung, aber auf die Mithilfe von Reisenden können sie nicht verzichten. Darum: Teilen Sie uns bitte mit, was sich geändert hat oder was Sie neu entdeckt haben. Gut verwertbare Informationen belohnt der Verlag mit einem Sprachführer Ihrer Wahl aus der Reihe „Kauderwelsch“.

Kommentare übermitteln Sie am einfachsten, indem Sie die Web-App zum Buch aufrufen (siehe Umschlag hinten) und die Kommentarfunktion bei den einzelnen auf der Karte angezeigten Örtlichkeiten oder den Link zu generellen Kommentaren nutzen. Wenn sich Ihre Informationen auf eine konkrete Stelle im Buch beziehen, würde die Seitenangabe uns die Arbeit sehr erleichtern. Unsere Kontaktdaten entnehmen Sie bitte dem Impressum.

Impressum

Eva Gruberová, Helmut Zeller

CityTrip Prag

7., neu bearbeitete und komplett aktualisierte Auflage 2017

ISBN 978-3-8317-2998-2
Printed in Germany

Druck und Bindung:
Media-Print, Paderborn

Herausgeber: Klaus Werner
Layout: amundo media GmbH (Umschlag, Inhalt), Peter Rump (Umschlag)
Lektorat: amundo media GmbH
Karten: Ingenieurbüro B. Spachmüller, amundo media GmbH
Anzeigenvertrieb: KV Kommunalverlag GmbH & Co. KG, Alte Landstraße 23, 85521 Ottobrunn, Tel. 089 928096-0, info@kommunal-verlag.de
Kontakt: Osnabrücker Str. 79, 33649 Bielefeld, info@reise-know-how.de

Alle Angaben in diesem Buch sind gewissenhaft geprüft. Preise, Öffnungszeiten usw. können sich jedoch schnell ändern. Für eventuelle Fehler übernehmen Verlag wie Autoren keine Haftung.

Bildnachweis

Umschlagvorderseite und Umschlagklappe rechts: Eva Gruberová/Helmut Zeller
Soweit ihre Namen nicht vollständig am Bild vermerkt sind, stehen die Kürzel an den Abbildungen für die folgenden Fotografen, Firmen und Einrichtungen. Eva Gruberová/Helmut Zeller: he/gz | fotolia.com: fo | Jiří und Iva Gebeltovi: jig

Moldau
A
NEMOCNICE MOTOL
Petřiny
Nádraží Veleslavín
Bořislavka
Dejvická
Hradčanská
Malostranská
Staroměstská
B
ZLIČÍN
Stodůlky
Luka
Lužiny
Hůrka
Nové Butovice
Jinonice
Radlická
Smíchovské nádraží
Anděl
Karlovo náměstí
Národní třída

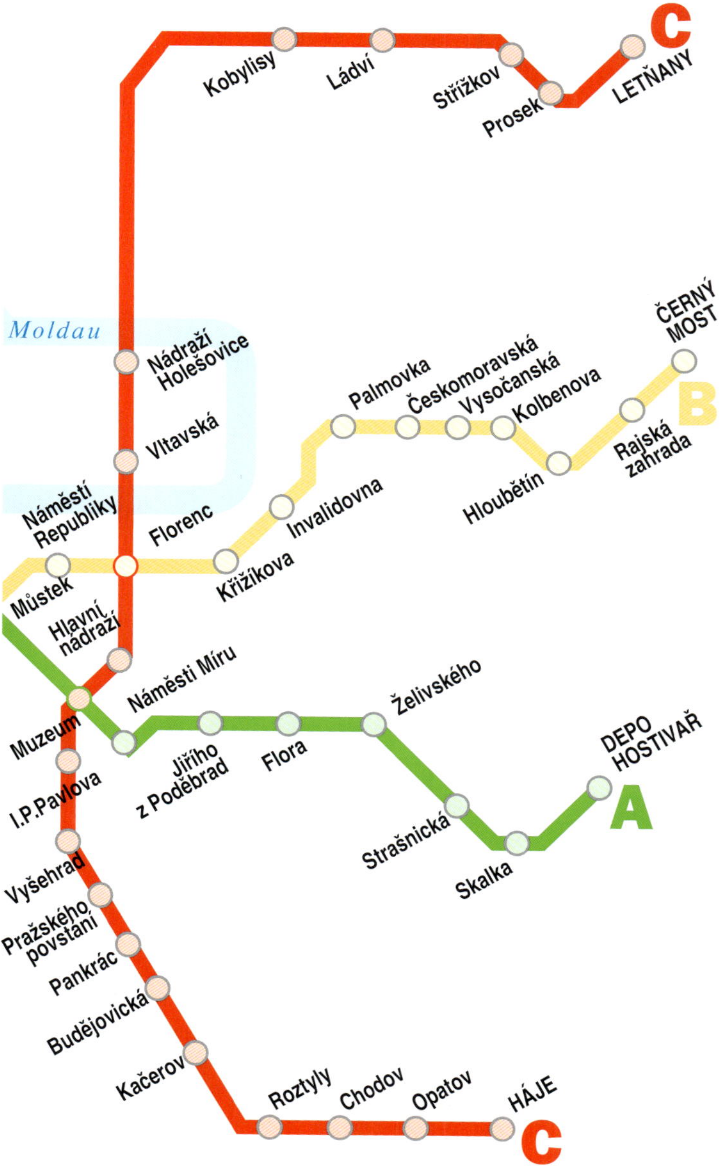
C
Kobylisy
Ládví
Střížkov
Prosek
LETŇANY
Moldau
Nádraží Holešovice
Vltavská
Náměstí Republiky
Florenc
Můstek
Křižíkova
Invalidovna
Palmovka
Českomoravská
Vysočanská
Kolbenova
Hloubětín
Rajská zahrada
ČERNÝ MOST
B
Hlavní nádraží
Muzeum
Náměsti Míru
Jiřího z Poděbrad
Flora
Želivského
Strašnická
Skalka
DEPO HOSTIVAŘ
A
I.P.Pavlova
Vyšehrad
Pražského povstání
Pankrác
Budějovická
Kačerov
Roztyly
Chodov
Opatov
HÁJE
C

1 cm = 300 m
0
1 km
Hanspaulka
Bubeneč
Jugoslávských partyzánů
Dejvice
Evropská
Evropská
Svatovítská
Pod kaštany
Ořechovka
169
Milady Horákové
Mariánské hradby
Jelení
Hradčany (Hradschin)
Střešovice
Jelení
Příkop
Prager Burg
42
Senát
Nábřeží Edvarda Beneše
Patočkova
Keplerova
Sternberg-Palais
Waldstein-palais
Rudolfinum
Karlsbrücke
16
Loreta
Myslbekova
Kirche des hl. Nikolaus
38
Kreuzherren-kirche
Kloster Strahov
Malá Strana (Kleinseite)
Smetana-Museum
Museum Kampa
Petřín
s. Umschlag vorne
Střelecký ostrov
Národní
Vaníčkova
Strahovský tunel
Pod stadiony
Resslova
V botanice
Zborovská
Rašínovo nábřeží
Plzeňská
Plzeňská
Nádražní
Vrchlického
Villa Bertramka
Vltavská
Radlická
Svornosti
Podolské nábřeží
Košíře
Smíchov
1
2
3
4
5
6
7
8
9
10
11
A
B
C
D
E
F
G

☐ Liste der Karteneinträge Seite 152

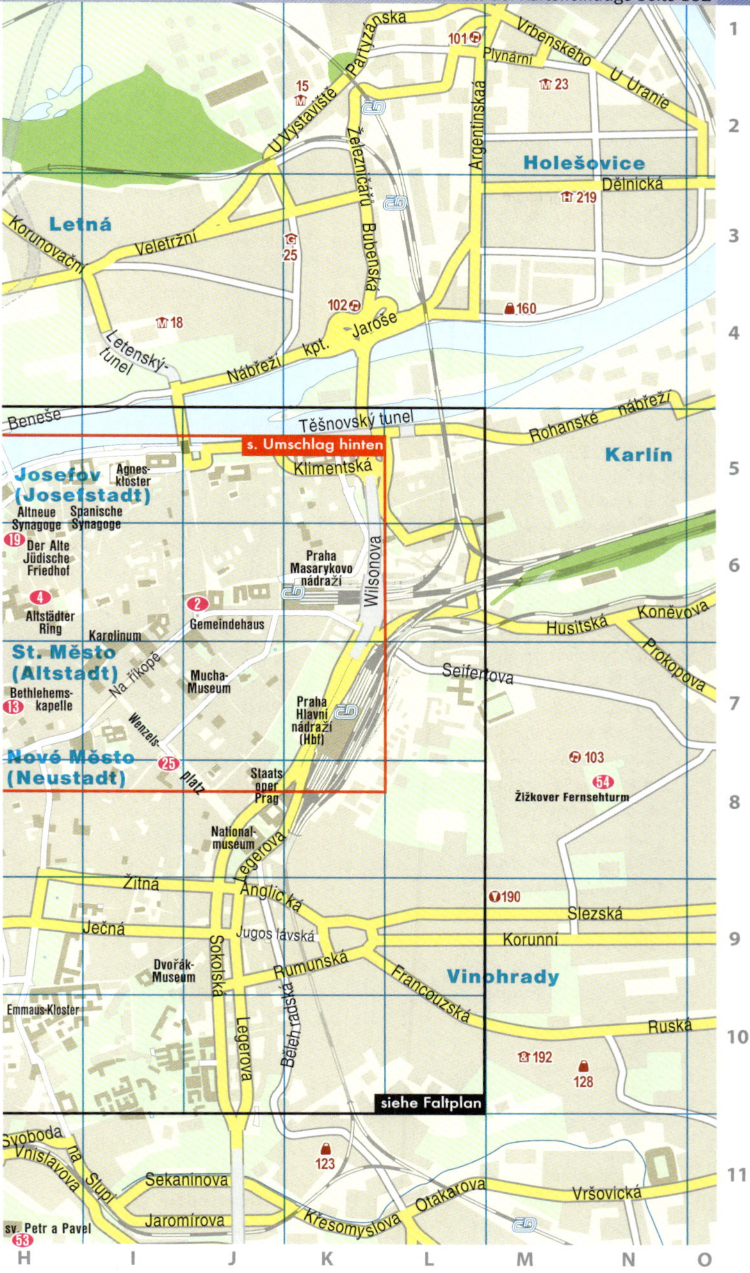

Liste der Karteneinträge

Hier nicht aufgeführte Nummern liegen außerhalb der abgebildeten Karten. Ihre Lage kann aber wie die von allen Ortsmarken im Buch mithilfe der Web-App angezeigt werden (s. rechts).

Prag mit PC, Smartphone & Co.

QR-Code auf dem Umschlag scannen oder **www.reise-know-how.de/citytrip/prag17** eingeben und die **kostenlose Web-App** aufrufen (Internetverbindung zur Nutzung nötig)!

★ **Anzeige der Lage und Satellitenansicht aller** beschriebenen Sehenswürdigkeiten und weiteren Orte
★ **Routenführung** vom aktuellen Standort zum gewünschten Ziel
★ **Exakter Verlauf** der empfohlenen Stadtspaziergänge
★ **Audiotrainer** der wichtigsten Wörter und Redewendungen
★ **Updates** nach Redaktionsschluss

GPS-Daten zum Download

Auf der Produktseite dieses Titels unter www.reise-know-how.de stehen die GPS-Daten aller Ortsmarken als KML-Dateien zum Download zur Verfügung.

Stadtplan für mobile Geräte

Um den Stadtplan auf Smartphones und Tablets nutzen zu können, empfehlen wir die App „Avenza Maps" der Firma Avenza™. Der Stadtplan wird aus der App heraus geladen und kann dann mit vielen Zusatzfunktionen genutzt werden.

Die Web-App und der Zugriff auf diese über QR-Codes sind eine freiwillige, kostenlose Zusatzleistung des Verlages. Der Verlag behält sich vor, die Bereitstellung des Angebotes und die Möglichkeit der Nutzung zeitlich und inhaltlich zu beschränken. Der Verlag übernimmt keine Garantie für das Funktionieren der Seiten und keine Haftung für Schäden, die aus dem Gebrauch der Seiten resultieren. Es besteht ferner kein Anspruch auf eine unbefristete Bereitstellung der Seiten.

Zeichenerklärung

- Hauptsehenswürdigkeit
- [L6] Verweis auf Planquadrat im Cityatlas

- Arzt, Apotheke, Krankenhaus
- Bar, Klub
- Bierkneipe
- Café, Eiscafé
- Denkmal
- Galerie
- Geschäft, Kaufhaus, Markt
- Hotel, Unterkunft
- Imbiss
- Informationsstelle
- Jugendherberge, Hostel
- Kirche
- Metro
- Museum
- Musikszene, Disco
- Parkplatz
- Pension
- Polizei
- Postamt
- Restaurant
- Sehenswürdigkeit
- Sonstiges
- Sporteinrichtung
- Straßenbahn-Halt
- Synagoge
- Theater
- Vegetarisches Restaurant
- Weinstube

- Spaziergang Nr. 1 (s. S. 11)
- Spaziergang Nr. 2–4 (s. S. 13, S. 16, S. 19)
- Shoppingareale
- Gastro- und Nightlife-Areale

Abkürzungen

Abkürzungen in Adressangaben:

Nám.	*náměstí*	Platz
Ul.	*ulice*	Straße
Nábř.	*nábřeží*	Ufer
Tř.	*třída*	Allee